国家出版基金项目
“十三五”国家重点出版物出版规划项目
安徽省文化强省建设专项资金项目

悠悠儿时情

Долгое-долгое детство

[苏联] 穆斯泰·卡里姆◎著
力　冈◎译

安徽师范大学出版社
·芜湖·

图书在版编目(CIP)数据

悠悠儿时情 /(苏)穆斯泰·卡里姆著；力冈译. — 芜湖：安徽师范大学出版社，2018.1

(力冈译文全集；6)

ISBN 978-7-5676-3278-3

Ⅰ.①悠… Ⅱ.①穆… ②力… Ⅲ.①短篇小说－小说集－苏联 Ⅳ.①I512.45

中国版本图书馆CIP数据核字(2017)第259007号

悠悠儿时情　[苏联]穆斯泰·卡里姆◎著　力 冈◎译
YOUYOU ERSHI QING

责任编辑：潘 安
装帧设计：刘 畅 桑国磊
出版发行：安徽师范大学出版社
芜湖市九华南路189号安徽师范大学花津校区
网 址：http://www.ahnupress.com/
发 行 部：0553-3883578 5910327 5910310(传真)
印 刷：浙江新华数码印务有限公司
版 次：2018年1月第1版
印 次：2018年1月第1次印刷
规 格：880 mm×1230 mm 1/32
印 张：11.625
字 数：275千字
书 号：ISBN 978-7-5676-3278-3
定 价：72.00元

力冈先生文学翻译的历史意义

——序《力冈译文全集》

刘文飞
中国俄罗斯文学研究会会长

在力冈先生诞辰91周年的今天，在力冈先生去世20年后的当下，在洋洋19卷23册的《力冈译文全集》面世的此刻，我们终于可以试着归纳一下他的文学翻译所具有的历史意义了。

一

力冈先生的文学翻译苦行僧形象是具有典型意义和感召力量的，这是中国老一辈俄苏文学翻译家留下的一个苍凉背影，也是他们为自己建起的一座“非人工的纪念碑”。翻译是一项苦差事，是需要坐冷板凳的，是一项付出和回报往往不成正比的工作，是一种注定要与孤独和寂寞为伴的工作。文学翻译至少需要出色地掌握两种语言，而好的外语或许能让人找到另外一种更为轻松、更有利可图的工作，好的翻译家若用其母语来进行创作，大约自己也能写出像样的文学作品来。可是，文学翻译似乎像电子游戏、像吸食鸦片一样是一种能让人上瘾的事情，一旦上手，一旦品味到其中的甘苦，往往便欲罢不能。始自玄奘的翻译姿态和翻译精神，似乎成了中国一代又一代译者的宿命，即专注和吃苦，苦修和执着。

力冈先生1926年生于山东乡间，自幼失去母亲，生活贫苦，到他上中学时，家乡被日寇占领，他流亡河南、甘肃、陕西等地。1950年，他考入哈尔滨外国语专门学校俄语专业，毕业后志愿来到安徽师范大学任教，不久就开始了文学翻译工作，陆续在报刊上发表一些短篇译作，至1956年，他的单行本译作《里雅希柯小说集》已由上海新文艺出版社推出。然而次年，他便在反右运动中蒙冤，被开除公职，押往新生耐火材料厂劳教。1960年7月，他因“劳动表现突出”被摘掉右派帽子，重返学校，他在教学之余立即重拾译笔，在短短数月间便译出苏联作家艾特马托夫的中篇小说《查密莉雅》，这篇译作在《世界文学》杂志1961年第10期刊出，引起轰动，“力冈”这一译家大名从此进入人们的视野。就在力冈先生准备大展宏图、施展拳脚的时候，“文化大革命”却突如其来，1968年，他再度被逐出校园，下放至宣城地区新田公社劳动改造，直到“文革”结束后的1978年方得以重返讲台，此时他已过天命之年，用他自己的话说就是：“噩梦醒来，已是人生的黄昏。”文学翻译需要天赋，但也是一种力气活，在对于一位翻译家而言的黄金时期，即30—50岁，力冈先生却两度蒙冤，两度再拾译笔，重新开始，这需要何等的勇气和坚韧！他两落三起的翻译经历，几乎就是20世纪五六十年代中国的俄苏文学翻译家们跌宕起伏的人生经历的缩影，就是那一时代中国知识分子命运的象征。令人惊讶的是，重返译坛的力冈先生以超乎常人的工作激情和翻译速度，在1978年后的20年间陆续出版20余部译著，平均每年一部，总字数达700余万。在20世纪80年代，最初几部译著的出版使力冈先生挣到了以当时标准看相当不菲的稿酬，甚至成为所谓“万元户”，但他似乎无暇也无意去享受自己的劳动成果，依然粗茶淡饭，素衣裹身，与此同时却以更大的热情继续译事，终日伏案，不懈地爬格子。1997年2月，力冈先生因肝癌病在芜湖弋矶山医院逝世，据家人说，他在生命的最后时刻仍在念叨着未译完的最后一部译作《罪与罚》。我们或许可以说，他是被文学翻译累死的；我们肯定可以说，文学翻译是他最为看重的毕生事业。

力冈先生少年时四处漂泊，中年时命运多舛，老年时病魔缠身，他的一生似乎都不是给最需要安宁和平静的翻译家所准备的；力冈先生的职业是教师，他偏居小城，又不善交际，这些似乎都不构成他迅速成长为一位全国著名翻译家的前提条件。但是，正如吴笛教授在他纪念力冈先生的文章中所言：“他的一生就是用出人意料的成就表现了悲怆的境界。面对种种意想不到的遭遇和不公，他并没有沉沦，也没有片面地记恨，而是在艰难的岁月中怀着对人性的憧憬，将厄运升华为创作的动力，在逆境中不忘呼唤人性和仁爱，将种种遭遇视为生命中的财富，在悲怆的境界中抒写诗意人生，毫不气馁地追求生命的意义，在自己所献身的俄罗斯文学翻译事业中，做出了杰出的贡献。”

普希金说过：“译者是文明的驿马。”笔者曾对此说法加以引申：“如果说广义的译者是文明的驿马，那么专事文学翻译的人士便是‘文学的驿马’了。凑巧的是，在汉语中，译者的‘译’和驿马的‘驿’不仅同音，而且在词源、词形和词义上也很相近，区别似乎仅在于后者为‘马儿’而前者是‘文人’（言者）。……用在驿站间往复奔波的马儿来形容译者，每个有过译事经验的人大约都能在这个比喻中品味出某种艰苦和辛酸，甚至是束缚和无奈。……既要有出众的能力还要有忍辱负重的秉性，日复一日的奔波只能换得微薄的粮草，还得时刻提防路途中遍布的坑洼和沼泽，能善此业者非驿马莫属也。”力冈先生就是这样一匹忍辱负重、砥砺前行的“文学的驿马”。力冈先生以他的作为告诉我们，文学翻译是一项可以托付终生的事业，是一种富有意义的存在方式；力冈先生及其文学翻译活动是一种燃烧生命的举动，一个与命运抗争的典范，同时是他的翻译意志奏出的一曲凯歌。

二

力冈先生是在中国改革开放的热潮中展开他最积极的翻译活动的，他的大部分译作出版于20世纪80年代。浏览一下力冈先生的译作书目，可以发现出版于80年代的译著有十余部之多，计有格鲁兹杰夫的《高尔基传》（与济凯合译，江西人民出版社1980年版）、冈察尔的《爱的归宿》（安徽人民出版社1983年版）、巴巴耶夫斯基的《野茫茫》（浙江文艺出版社1983年版）、艾特马托夫的《白轮船》（外国文学出版社1984年版）、阿列克谢耶夫的《儿时伙伴》（山东文艺出版社1984年版）、波利亚科夫的《别林斯基传》（黑龙江人民出版社1985年版）、普希金的《暴风雪》（春风文艺出版社1985年版）、肖洛霍夫的《静静的顿河》（漓江出版社1986年版）、帕斯捷尔纳克的《日瓦戈医生》（与冀刚合译，漓江出版社1986年版）、帕斯捷尔纳克的《含泪的圆舞曲——帕斯捷尔纳克诗选》(与吴笛合译,浙江文艺出版社1988年版)、卡里姆的《悠悠儿时情》(安徽文艺出版社1989年版)和格罗斯曼的《风雨人生》(漓江出版社1991年版)等。从这个目录还可以看出,力冈这一时期的译作总体上以苏联当代文学作品为主要翻译对象。

20世纪80年代是中国当代史上的一个特殊时期,那是一个文化转型期,甚至可以说是中国现当代的一场文艺复兴,是一个文化觉醒的黄金时期。在那场汹涌壮阔的思想解放运动中,在整个改革开放后中国当代文化的建构过程中,对外国文学和外国文化的翻译和介绍起到了无可替代的重要作用,中国当今的现代化,从某种意义上说就是一种“被翻译过来的现代化”。那是一个文学的时代,也是一个翻译文学的时代;那是一个开放的时代,更是一个对外国优秀文学和文化开放的时代,在精神上饥寒交迫的国人首度面对外国文学的盛宴,饕餮之余,最应该感谢的就是那一时代的翻译家。在中国改革开放后出现的外国文学翻译热潮中,俄苏文学也是重要的译介对象之一,力冈先生的译著也和其他众多翻译作品一样,是对改革事业的添砖加瓦,是为思想解放运动注入的燃料,对当时中国社会的文化重建、国民文化性格的重塑起到了重要作用。

中国的俄国文学翻译始自19世纪末,在五四时期出现第一个高潮,如今人们在探讨五四运动的起因时,常将俄国的文学与德国的马克思主义和法国的启蒙思想并列为三大思想资源,由此不难看出俄国文学在当时中国社会所发挥的强大思想作用。后来,在抗日战争时期,在新中国成立之后的50—60年代,俄苏文学再度发挥“军火”和“样板”功能，而在改革开放时期，包括俄苏文学在内的外国文学，又一次成为国人解放思想、放眼世界的意识形态工具和思想武器。如果说，鲁迅那一代翻译家是“给起义的奴隶偷运军火”的人，那么，改革开放时期的这一代中国翻译家同样是为国人“盗火”的普罗米修斯，功莫大焉，没有包括力冈先生在内的这一代翻译家的辛勤工作，国人的思想解放就是难以想象的。如果我们把出生在19、20世纪之交的翻译家如鲁迅、瞿秋白、蒋光慈、茅盾、巴金、耿济之等视为中国第一代俄国文学翻译家，那么20世纪第一个十年前后出生的姜椿芳、曹靖华、戈宝权、查良铮、汝龙、满涛、叶水夫等就是第二代，而力冈以及去年去世的草婴和刚刚去世的高莽等人则构成中国的俄国文学翻译家的第三代方阵，这一代翻译家同样以自己的辛勤努力为中国的思想启蒙和文化构建做出了历史性的贡献。

中国第三代俄国文学翻译家的工作也对当代中国文学的发展进程产生了深远影响。在20世纪80年代初起，俄苏文学在中国的译介出现一个“井喷”现象，十余年间，全国近百家出版社先后出版的俄苏文学作品多达近万种，在译作的种类和印数上，可能要高出此前所有同类出版物的总和。在这样一种铺天盖地的外国文学译介热潮中，受益的不仅仅是中国的读者，自然也包括中国的作家。王蒙在他的《青春祭》（作家出版社2006年版）一书中写道：“我们这一代中国作家中的许多人，特别是我自己，从不讳言苏联文学的影响。是爱伦堡的《谈谈作家的工作》在50年代初期诱引我走上写作之途。是安东诺夫的《第一个职务》与纳吉宾的《冬天的橡树》照耀着我的短篇小说创作。是法捷耶夫的《青年近卫军》帮助我去挖掘新生活带来的新的精神世界之美。在张洁、蒋子龙、李国文、从维熙、茹志鹃、张贤亮、杜鹏程、王汶石直到铁凝和张承志的作品中，都不难看到苏联文学的影响。张贤亮的《肖尔布拉克》、张承志的《黑骏马》以及蒋子龙的某些小说都曾被人具体地指认出苏联的某部对应的文学作品；这里，与其说是作者一定受到了某部作品的直接启发，不如说是整个苏联文学的思路与情调、氛围的强大影响力在我们的身上屡屡开花结果。”这里提到的张承志，就对力冈先生的译作赞不绝口，曾感慨：“我恨不得倒背如流！”由此不难窥见力冈先生的译作对改革开放时期中国作家产生的影响。

三

1984年，漓江出版社推出力冈先生重译的《静静的顿河》，这是新时期名著重译的第一部，而自90年代起，力冈先生更将名著重译当成首要任务，相继重译了多部俄国文学经典，如托尔斯泰的《复活》（译林出版社1992年版）和《安娜·卡列尼娜》（浙江文艺出版社1992年版）、屠格涅夫的《猎人笔记》（河北教育出版社1994年版）、莱蒙托夫的《当代英雄》（河北教育出版社1994年版）等，他作为翻译家的最后一项工作，就是重译陀思妥耶夫斯基的《罪与罚》。力冈先生是俄国文学经典著作重译的倡导者和先行者之一，他几乎将他翻译艺术炉火纯青的最后十年都用在了名著重译上。

文学名著重译始终是译界的一个有趣话题。中外文学史上的名作原著，无论出现在什么时代，一代又一代读者捧读的均为同一个文本，而文学名著的译本，即便是著名的译本，却常常会随着时间的推移而“衰老”，会被所谓“新译”所取代。日本著名斯拉夫学者、契诃夫的日译者沼野充义有一次曾对笔者说，被译成日语的契诃夫作品每20—25年便要新译一次，以适应新一代的读者。他的话让笔者大吃一惊，可转而一想，外国文学作品的汉译其实也有着大致相同的命运，尽管其存活期未必一定就是20—25年。汉语文学中的原创名著，如唐诗宋词元曲，如《三国演义》《水浒》《西游记》《红楼梦》，自然在任何时代都不需要也不允许做任何文字加工，可汉语文学中的翻译名著，即便是近现代翻译大家们的著名译作，如严复译的《天演论》、林纾和魏易译的《黑奴吁天录》、鲁迅译的《死魂灵》等，如今也会让人觉得不无“过时”之感，至少会让当下的读者阅读不畅。也就是说，文学名著是永恒的，不朽的，它们的译作却是相对短命的。笔者曾在一篇文章中对名著重译现象作过一番思考：首先，从读者方面看，读者为什么会在面对原作和译著时持有不同的阅读态度呢？他们对于原作和译作这种不同的阅读取舍究竟源自何种阅读心理呢？这种厚此薄彼的取向究竟是先天的还是后天的，是产生在翻译活动出现之后还是之前，这种倾向与文学名著重译这两者之间究竟存在着什么样的互动关系呢？其次，从译者的角度看，在进行重译和新译时究竟该如何面对已有的译作，尤其是已有的优秀译作，是刻意回避，还是尽量汲取原有译作的经验和精髓呢？如果对原有译作尤其是名译作的经验和精髓有所汲取，又该如何避免抄袭的嫌疑和版权的纠纷呢？如果对前辈翻译家宝贵的翻译经验视而不见，每位新译者均另起炉灶，真的能做到青出于蓝吗？如果新译在翻译质量上无法与旧译比肩，甚至不如旧译，那么重译的意义和价值又何在呢？最后，从翻译实践活动自身来看，用16、17世纪的汉语去翻译莎士比亚当然是可笑的，但是，用21世纪的汉语网络语言去翻译莎士比亚就一定具有历史的必然性和合理性吗？不断地重译、新译，会在多大程度上减少或抹去原作的时代感和历史感，把每一部新译作都作为当下的作品来读，是不是一种最大程度的误读呢？

力冈先生在进行文学名著的重译时，不知是否也曾遭遇此类问题，但他在晚年义无反顾地执着于重译，一定是一种有意识的抉择。我们猜度，他在他翻译事业的黄金时段做出这一重大转向，可能有如下几种原因：首先，他觉得在他之前的译本还有继续加工的余地，还有再度提升的空间。力冈先生重译的这几部俄国文学名著在他之前早已有过出自名家的名译，它们是不止一代中国读者捧读的对象，但力冈先生却不畏权威，另辟蹊径，公开与多位前辈翻译大家打擂台，这或许是力冈先生个人性格的一种显现，但他敢于“叫板”，无疑因为他自信他可以比之前的译著译得更好，或至少能译出他自己与众不同的特色。其次，在译出十多本书后，作为一名富有经验的翻译家，力冈先生大约也会产生出如何超越自己的问题，重译名著，既可以与前辈译家一较高低，同时也能时刻与俄国文学史上的名著及其作者进行跨越时空的深度交流，这无疑是一种更富有挑战也更富有趣味的工作。最后，名著之所以成为名著，就因为它们往往具有更为完满的艺术价值和更为恒久的艺术生命，翻译这样的作品，无疑更能呼应社会的阅读需求，赢得更大的社会意义。

力冈先生晚年重译的多部名著如今仍在一次又一次地再版，这说明力冈重译的俄国文学经典具有长久的生命力，也说明他当年重译名著的抉择是正确的。一位翻译家，只要他的译作还能出版，还能被人阅读，这位翻译家就还活着，好的译作就是译者的生命之延续。从更为广泛的意义上说，力冈先生是我国改革开放之后名著重译之风的倡导者之一，而名著重译，对于深化我们对外国文学经典的理解和认识、对于发展我们的翻译实践和理论而言，都是极具历史意义的。

四

力冈先生是一位翻译家，也是一位大学老师，教书育人是他的本业。作为恢复高考后步入安徽师大外语系俄语专业的20名学生之一，笔者有幸受教于王老师（力冈本名王桂荣，我们当时都称他“王老师”）。记得先生1978年从插队的宣城乡村回到安徽师大后，不久就开始给我们授课，他教的是“文学选读课”。先生是一个颇为“另类”的老师：他上课不用现成的教材，没有固定的教案，就以他当时正在进行的翻译工作为授课内容；他在教室里不来回走动，几乎不做板书，仅端坐讲台，摊开那本他正在翻译的原著，一旁摆着一摞他最新出炉的译稿，按部就班、一句一句对照着讲下去。对文学没有兴趣、对文学翻译没有兴趣的学生，听这样的课或许会感到无味，当时王老师课的课堂气氛也的确有些沉闷单调，但王老师并不在意，只管自顾自地讲下去，他会讲他为什么要这样译，讲到兴奋处，他会突然提高嗓门，用带有山东腔的口音高声朗读他最得意的译文段落，读完后，他会抬起眼睛，久久地盯着天花板，似在掩饰眼里涌出的泪水。记得是在讲解《当代英雄》时，他时时指出其他译者，甚至是非常著名的翻译家的错误，并向我们分析这些错误之所以出现的可能的原因，他也时常让我们在他的译文中“挑错”或为他的译文“润色”，如果我们偶有所得，他往往显得比我们还要高兴。与王老师的文学选读课构成呼应的，是我们在大三时学的翻译课，翻译课教师张本桂先生常常给我们一些原文片段，让我们动手翻译，并在下一次翻译课上让译文出色的同学朗诵其译文，并对他认为好的译文再逐字推敲。正是在力冈先生以及张本桂先生和其他老师的精心培养下，安徽师大俄语专业涌现出一大批俄罗斯语言文学专业的人才，其中多位如今已成为国内知名的翻译家，有译著面世的人更多达十余位，如吴笛、张杰、周启超、吴嘉佑、冯华英、朱少华、陈建硕和刘文飞等。名不见经传的安徽师大俄语专业，在短短二三十年间居然成为中国的俄语文学翻译家的摇篮，王老师在天之灵也会因此而深感欣慰！

我们这个俄国文学译者群体的崛起，在很大程度上要归功于力冈先生及其同事们的言传身教。首先，他在课堂上逐字逐句的中俄文对照讲解，他关于译者甘苦的诉说，对于有志于文学翻译的学生而言弥足珍贵，这其实就是一个文学翻译的工作坊和实验室，让我们当年在初步掌握俄语后不久便接触到了俄语翻译的真谛,亲眼目睹了一位翻译家的工作过程和工作方式。其次,他既与我们分享他的翻译过程,也与我们分享他的翻译收获,记得我们在校时,他和济凯先生合译的《高尔基传》已经出版(江西人民出版社1980年版),他送给全班同学每人一本译著,并用规整的笔迹在扉页上题字签名,不难想象,我们接到这样的馈赠时会多么激动,同时也会觉得译书和出书不再是一件遥不可及的事情。最后,他以他的翻译行为和翻译意志告诉我们大家,庙小并不妨碍念经,更不妨碍修身。他在翻译课上不畏权威,真诚地点出翻译名家们的长处和短处,让我们较早地感受到某种翻译民主精神,并从而确立自己的翻译人格。在他之前的大翻译家往往都生活和工作在大城市,而他在成名后却安居小城,潜心译事,他的存在方式构成一种垂范和激励,使我们很早就意识到,一位翻译家原本可以在任何环境里成长和工作。力冈先生作为一位翻译家的作为和风骨,为他的学生们树立起一个光辉的榜样。

五

力冈的文学翻译有着其鲜明独特的文字风格。译者作为一部作品中的"被动创作者",究竟应不应该体现其风格,这也是翻译学中一个争论已久的问题,一个见仁见智的问题,有人认为,译者的责任就在于原封不动地传导原作的风格,而不能擅自发挥,喧宾夺主。但是,译作毕竟是由译者用另一种语言进行的文学再创作,译者个人的修辞习惯和语言风格不可避免地会在其译作中得到体现，也就是说，所谓"译者风格"实际上是难以避免的。在这种情况下，如何让译者的风格与作者的风格相互接近、相互吻合，往往就成了决定译作成败的关键因素之一。译者无法在作品的风格范畴里肆意妄为，但译者毕竟有权利选择与自己相近的原著，或者说，选择自己较容易处理的翻译对象，或者说，在一部作品的翻译过程中更注重在自己的风格较易发挥的地方施展拳脚。原作风格和译者风格的吻合虽是一个可遇不可求的事情，但一旦相遇，便是译者的幸事，也是原作者的幸事，更是读者的幸事。

在力冈先生的译著中，较之于人物对话和心理描写，大段落的抒情和大场面的写景似乎得到了译者更为精心的处置，他往往能借助这些段落营造出一种悲凉壮阔、哀婉抒情的氛围，更确切地说，他往往能细腻精准地传导出原作中的此种氛围。力冈先生钟情于这样的段落，钟情于这种文学氛围的营造和传导，无疑与他饱经沧桑的生活经历相关，也是他既刚正不阿又侠骨柔情的性格使然，更是他的审美趣味和文字风格的要求。他的几部译著在书名翻译上的处理，就在一定程度上体现了他的这一追求。巴巴耶夫斯基的小说原名 *Приволье*，这是一个很"地道"的俄语单词，意为"广阔的地方""无拘无束"等，力冈成功地将其译成《野茫茫》，这个译名既契合小说描写苏联斯塔夫罗波尔草原地区生活的主题，也暗含着我国著名的北朝民歌《敕勒歌》所具有的苍茫壮阔的抒情力量。卡里姆的小说原题 *Долгое-долгое детство*，力冈先生最初发表在《世界文学》上的译文题为《漫长漫长的童年》，后来出版单行本时，他将书名改为《悠悠儿时情》，

“漫长漫长的”和“悠悠”这两种均使用了叠词的译法都是对原文题目中的修辞手法和诗意情绪的准确再现，但“悠悠”较之“漫长漫长的”似乎更符合中文习惯，再加上之后的“儿时情”，无疑更有抒情味。冈察尔的小说 *Берег любви* 通常被译为《爱的彼岸》或《爱之岸》，力冈先生却译为《爱的归宿》，译者似乎也是在有意地“拓展”作为小说描写对象的爱情的辐射范围。力冈最重要的译作之一《生活与命运》最初的译名是《风雨人生》，力冈是在20世纪80年代末结束此书的翻译的，想必他在译完这部作品时，回顾自己和社会遭遇的种种磨难，不禁百感交集，故将格罗斯曼的原书名 *Жизни и судьба* 译成《风雨人生》。需要说明的是，在广西师范大学出版社不久前再版力冈先生的这部译著时，笔者建议将译著的书名改为《生活与命运》，因为这部小说如今已与托尔斯泰的《战争与和平》并列，而作者格罗斯曼在为这部小说取名时也的确是对托尔斯泰那部史诗的有意模仿，“生活与命运”和“战争与和平”，都是对人类生活最高程度的归纳和概括。

我们或许可以将力冈先生的文学翻译风格概括为“大气的诗意”或“壮阔的悲凉”，即一种融悲剧与抒情于一炉、广阔的画面感与内在的节奏感相互呼应、一气呵成的连贯调性和力透纸背的史诗感相映成趣的译文风格。在他精心翻译的《静静的顿河》和《日瓦戈医生》等巨著中，他的译笔很好地传达出了原著中原本就饱含的由抒情性、悲剧性和史诗性抱合而成的小说整体氛围，而在《生活与命运》的翻译中，他的这一风格又得到了更为充分的彰显。请读一读这部史诗长篇的结尾：“在这种宁静中，会想起去年的树叶，想起过去的一场又一场风雨，筑起又抛弃的窠巢，想起童年，想起蚂蚁辛辛苦苦的劳动，想起狐狸的狡诈和鹰的强横，想起世间万物的互相残杀，想起产生于同一心中又跟着这颗心死去的善与恶，想起曾经使兔子的心和树干都发抖的暴风雨和雷电。在幽暗的凉荫里，在雪下，沉睡着逝去的生命——因为爱情而聚会时的欢乐，四月里鸟儿的悄声低语，初见觉得奇怪、后来逐渐习惯了的邻居，都已成为过去。强者和弱者、勇敢的和怯弱的、幸福的和不幸的都已沉睡。就好比在一座不再有人住的空了的房子里，在和死去的、永远离开这座房子的人诀别。但是在寒冷的树林中比阳光明丽的平原上春意更浓。在这宁静的树林里的悲伤，也比宁静的秋日里的悲伤更沉重。在这无言的静默中，可以听到哀悼死者的号哭和迎接新生的狂欢……"这一史诗性的小说结尾写得好，译得也好，善于再现悲剧抒情风格的翻译家力冈先生的功力和风格在这里体现得淋漓尽致，炉火纯青！

俄国诗人叶夫图申科在1986年访问中国之后，深为中国俄苏文学翻译家们忍辱负重、坚持不懈的精神所感动，写下一首题为《中国翻译家》的诗作，在由笔者译成中文的这首诗的最后，诗人写道："知识分子的良心，/就是一家出版社，/它仍能工作，/即便没有印刷机，/无论监狱、瘢迹还是侮辱，/它仍能用诗句的春燕/把各个民族连系。/翻译家们在做什么？/他们让各国人民相互走近，/越过国境，/越过谎言的沼泽地。/总有一天，要用他们的姓氏/为巨轮命名，/稻穗和麦穗，/会向他们鞠躬致敬。/伟大的译文，/就像神的预言。/翻译过来的细语，/会成为震耳的呼喊。/但愿能有一座纪念碑，/献给无名的翻译家，/那最为可敬的基座，/就由无数的译著垒成！"我们相信，力冈先生的译著，应该也被垒入这座纪念碑的基座；力冈先生的名字，应该也被刻上这座纪念碑的碑身！

二〇一七年初秋于京西

译　序

在文学史上，有一些诗人写过少量小说。诗人的小说依然带有浓郁的诗意，无穷的情趣，格外耐人寻味。在文学史上，有不少小说带有自传成分。作家大都将自己的经历、自己的感情、自己的心血倾注进去，因此这样的小说格外真实，格外感人。而且，写这样的作品往往是在作家的暮年，在经历了漫长的人生道路之后，所以往往带有回顾与总结性质，作品往往具有丰厚的内涵与深刻的哲理。《悠悠儿时情》就是苏联著名老诗人卡里姆在晚年写出的这样一部带有自传成分的小说，是一部散文诗体小说。

小说完成于1978年。薄薄的一本小说，获得文坛与广大读者极高的赞誉，因而于1984年获得苏联最高文学奖——列宁文艺奖。

穆斯泰·卡里姆是苏联巴什基尔族人。1919年生于农民家庭。十四岁开始发表诗作，十八岁出版第一本诗集，十九岁参加作家协会。1940年毕业于巴什基尔师范学院语文系，一心想做教师。然而卫国战争爆发，他上了前线。正是在战场上，他感到“自己不仅是个战士，而且是个诗人”。后因伤留在战地报社工作。战后便从事专业创作。

卡里姆早期创作有《队伍出发了》《春天的声音》两部诗集。卫国战争时期写成两部充满激情的长诗《十二月之歌》《乌利马斯巴依》。战后的诗集有《仙鹤飞来的时候》《江河对话》《追忆逝去的年华》。还有诗体悲剧《月蚀之夜》《萨拉瓦特》《普罗米修斯，不要扔掉火种！》。其中，《追忆逝去的年华》获苏联国家奖，《月蚀之夜》获斯坦尼斯拉夫斯基奖，《普罗米修斯，不要扔掉火种！》与本书同获1984年列宁文艺奖。

《悠悠儿时情》由系列短篇组成。小说带有自传成分，但与一般自传体小说不同。本书不是以个人生活经历为主线，而是通过自己的感受，回忆和追思童年的生活、儿时的伙伴、自己的亲人和故乡人。视角主要不是对准自己，而是对准周围的人和事。小说的叙述也不拘泥于通行的严谨结构形式。笔触随着作者的思路行进，有时会出现时序倒置、空间跳跃，不时出现抒情的插笔、深沉的感叹。因为通过诗人的感受，又加上活泼自由的叙述形式，作品很自然地带有浓厚的浪漫主义色彩。

小说中写了许许多多人物，一个个栩栩如生。有重墨渲染的，有着笔不多的，有的只是在一个情节中出现一次，就像“跑龙套的”，但都给人留下鲜明的印象。大多数人物都是善良的，充满了深厚的人性和人情味，但又各有各的性格，而其中贯彻始终的中心人物是作者的大娘，这是一个十分感人的形象。如作者在小说中说的，“一切都围着她转，我这一生都在围着她转”。大娘是叙述者“我”的父亲的大老婆。“我”的生母是“小娘”，然而由大娘把“我”抚育成人。大娘是接生婆，她把她接下地的孩子都当自己的孩子看待。她心地善良，宽厚，贤惠，在家里和村里都受到人们的尊敬，是作者刻意塑造的理想的母亲形象。作者，也就是“我”，终生将大娘视为自己的精神支柱。

小说中写了许多故事，最感人的是阿克云朵斯的故事。阿克云朵斯是作者以诗的语言、诗的情致刻画出的一个美丽、聪慧、能干、热情的女子形象。她本是一个外地的姑娘，为了能够见到她爱上的人，嫁给了这个村里去求婚的另一个人。“为了短暂的幸福，宁愿下地狱。”最后她的情人和丈夫都在战争中牺牲了。她收养了情人的孩子，作为自己的精神寄托和对情人的怀念。评论家称赞这篇故事为“一首爱的颂歌，也是一首爱的悲歌”，“是苏联小说的最新成就之一”。

大娘和阿克云朵斯都是作者倾注全部感情塑造的美好形象。这样的形象确实十分感人，给人极大的美的享受，激发人的美好感情。

人性是人类的最高美德。表现出深厚人性的作品，最能感人，最富有生命力。苏联在过去的一个历史阶段中，发生了许许多多残酷的事，人性在文学中也成为禁区，许多正直和有良心的作家的作品不能发表。最近一些年来，文艺界获得解放，禁锢在作家心中的人性的火花炽热地迸发出来，这部作品便是一曲真挚感人、充满激情的人性的颂歌。

苏联的列宁文艺奖每两年颁发一次，得这一奖的一般只有一人。若干年来，得此奖项的作品都实际表现了深厚的人性，又具有很强的艺术魅力的佼佼者。《悠悠儿时情》正是这样的作品。

在本作品获得列宁文艺奖的当年,《世界文学》杂志便选出其中若干篇章,约我译出,刊登在该刊1984年第六期上。书名译为《漫长漫长的童年》。刊出后,读者反应异常强烈。《世界文学》编辑部曾约我译出其余部分,以便出单行本,但我为了将《静静的顿河》按期译出,就没有从命。现将其余部分译出,并对已发表的部分进行修订,以便交出版社出书。书名改译为《悠悠儿时情》,比原来译名更为确切。

力 冈

一九九四年五月

目 录

预先要说的话

本书写的是一些对神奇事没有失去信念的人。这些人有点儿古怪、奇特、不安生、天真……他们的生活多多少少超脱我们平常的生活，也许多多少少有点儿可笑，多多少少有点儿可悲。他们彼此相处，也要比一般人更宽厚、更仁爱些；不喜欢慌不及待地怪罪别人，指责别人。不论遇到死亡，不论遇到幸福，这些人都处之泰然。高兴起来不发狂，悲伤起来不颓丧。

也许有人要问："难道你们村里全是这样的人吗？"那我就预先回答：

"我看见的只是这样的人，另外一些人不知为什么没有记住。"

还有，也许有人会觉得，这本书里说到死好像说多了些。但愿读者不要感到奇怪。生和死有平等的权利。但是，说到死，那就是强调生的价值，生的意义和生的乐趣。

这些遭际，如我上面说的，基本上是跟我共同生活过或共同走过一段人生道路的一些人的遭际。我给一些太好的人和极坏的人换了名字,其余的仍用本来的名字。

讲故事的人是我自己,又不单是我自己……

一切都在旋转

原来我还活着。我看到冷冰冰、蓝湛湛、一动不动的天空，看到冻结在这蓝天上的铜盘似的太阳。兴许是有人朝它那疲惫无神的圆脸扔石头，太阳吓得不住地哆嗦着——哆哆哆……哆哆哆……看样子，太阳待不长久了，很快就要掉下来了……

我还活着。我听到，就在眼前，有一股小小的泉水汩汩地向外冒——汩汩汩……汩汩汩……

我渐渐清醒过来。现在已经清清楚楚地听出来：在胸膛左边，血跟气掺和着，一股一股地向外冒。不疼，也不难受。好像这不是我，而是别的什么人。而我呢，我正背着两捆电线往前沿阵地上拉线。我跟着在我面前飞速移动的影子，在光光的田野上跑着，只有迫击炮弹时而密集、时而稀疏地在两旁爆炸。我的影子长长的，就是说，太阳才出来不久呢。我的影子飞着飞着，忽然撞到田埂上一棵孤零零的橡树上。就在这一刹那，我面前忽然冒起一大堆火，接着就熄灭了。但是最后有一颗小小的火星朝我胸膛上撞了一下，我跑着跑着停了下来，身子向后仰了仰，摇晃起来……

我一个劲儿地摇晃着。哦，不是的，现在是大地在摇晃我，我就像坐在摇篮里一样。蓝天一会儿跑得高高的，一会儿跑到跟前。那个背着电线跑的士兵跟我渐渐走到一块儿，离得越来越近，渐渐成了一个人。这就太好啦！要是彼此错过了，那才可惜呢。

是的，我已经活啦。橡树的枝叶在我头顶上轻轻摆动着，橡树周围，一群孩子手拉着手在跳圆环舞。孩子们当中有我，有我的妹妹萨莉莎、弟弟伊里亚斯。起先我们唱一支挺欢快的歌儿，后来就叽叽喳喳地叫了起来，又争，又吵，又哭，然后又和好。可是不管怎么样，我们却一直在转圈圈儿，转呀，转呀……而且不光是我们，连大地，连蓝天，都在围着橡树转。太阳也转，月亮也转，眨巴着眼睛的星星也转……只有橡树站定了，一动也不动。

但是橡树已经不是橡树，而是我的大娘了。而且也不光是小家伙们，我们全家——我爹、我的小娘、我的哥哥姐姐们都在围着她转。就连我们家的一对大灰马、两头花奶牛、牛犊，那些羊、鸡和鹅，也都围着她转圈圈儿。我们的幸福与欢乐，不幸与悲伤，日常的操心事和今后的盼头，都围着她转悠；我们生存的天地和遭际，都围着她转。我的大娘是这一生活圈子的不可动摇的中心，所以她站得稳稳的、牢牢的，好像不知道什么是痛苦和悲伤、什么是衰老和死亡，脸上总是带着和蔼的笑容……

晨光在橡树叶子中间跳动着。没有我，这是晨光在摇晃着树叶，于是树叶就轻轻地摆动。大地上没有战争，也没有死亡。只是不知为什么还是一个劲儿地敲打着太阳——砰砰砰……砰砰砰……

不知从哪里飞来几只很难看的鸟，翅膀上还带着黑黑的十字，也在天空打起圈子。高射炮弹爆炸的白烟在几只鸟周围跳起舞来。我仰面躺着，看得见我上面的一切。忽然从几只鸟的肚子里飞出一只只黑色的小鸟儿。它们不问情由恶狠狠地朝我直冲下来。每一颗炸弹都对准了我，单单对准了我。我数着：一、二、三、四、五……九、十、十一……全对着一个人，不是太过分了吗？好家伙，来啦……一声爆炸，大地哆嗦起来……又来啦，好家伙……

我可不愿意在一昼夜之内死两次。这一辈子我好不容易积攒到二十二岁——一天一天、一小时一小时、一分钟一分钟地积攒着，可是现在忽然这么一下子，说，你完蛋吧。我才不干呢。我想一骨碌爬起来，找地方躲一躲。可是爬不起来。我只能翻过身来，脸朝下趴着。这时候响起一连串的轰隆声。每爆炸一声，我就往地上贴一贴，往地里钻一钻。

我觉得不好意思起来。怎么，我是田老鼠不成，拿鼻子拱起地来啦？打起仗来在同志们当中并不算胆小鬼，这会儿就撑不住啦？是不是谁也看不见你，独身一人的时候，就会怕呢？……其实，谁想看见你，总能看见的。比如说，你所爱的人就能看见你。因为时间和空间都不能把所爱的人隔开嘛。从容镇定地迎接死亡，不慌不忙——也是一种大丈夫气概。千万别着慌！

我重新仰面躺下。就让死神来吧，哪怕死神对直望着我的眼睛，我都不在乎啦。可是，这一次死神没有来。死神用钢铁碎片在我二十二岁的生命史上打了个记号，就从一旁走了过去。爆炸声停了，天空又是清澈而明朗。一片寂静，静得叫人着急，甚至都有点可怕。

忽然田野上响起一声令人毛骨悚然的惨叫，扎在我心上。是呻吟，是哭号，也是祷告——我这一辈子从来没听到过这样的叫声。我挺了挺身子，等着。等了很久。没有再叫第二声，但是这一声永远留在了我心里。就是说，在这战场上，有一个人随着最后的一口气，向人世间发出了告别的叫声。

就在这一刹那间，几十个另外的声音忽然热热闹闹地响了起来，一声声十分清脆。这已经是新生婴儿向自由自在的人世间发出的第一声呼唤。我小时候，这种声音听得太多了。就在这可怖的、这清新的战场的早晨，第一声呼唤和告别人世的叫声在我心中合在了一起。现在我该记着这两种声音，直到我的最阴暗、最凄凉的日子来临，都不会忘记了，因为两道堤岸才能约束住一道流水，同样，时光也要在两道堤岸中间流过：一道堤岸叫消亡，一道堤岸叫永恒。可是一个人往往为此付出自己的一生——想把两边堤岸连接起来：用木头、石头、钢铁，用各种各样的念头和幻想造桥。大水把桥冲掉，暴风把桥摧毁，大火转瞬间使桥化为灰烬。一代人死去，新的一代生出来，又干起代代相传的事情：造桥。因为人的心中永远存在这样两种叫声。

……我忽然觉得，橡树好像晃荡起来，后来又站住不动了。有人小心翼翼地把我抬了起来，放到担架上。抬起来就走。抬着我的脚的一头的是一个孱弱的小兵，我只能看到他那耷拉着的双肩和又黄又苍白的瘦脸，看到肮脏的汗水在两边颧骨上流着，像两条弯弯曲曲的小河。他的两只深棕色眼睛凝神望着我，带有一种魔力……它们好像在召唤我到很远很远的地方去——到慈悲的境界，到无忧无虑的岁月里去。或者相反，是想把我诱骗到凶险而阴森的异地，到了那里连魂都不能回来？"别看我吧……"我想说，"把我留在这里吧。"但是我嘴里出来的只是鲜血。我还发现他的下巴上有一道斜斜的伤疤。大概那是一道旧伤痕。苍白的脸，深棕色的眼睛，下巴上的伤疤——这一切结成了一个结。这是一个什么样的结呢？这个非常吃力地抬着我这血肉模糊、沉甸甸的身躯的人，又是谁呢？我想不起来，脑子没劲儿了，刚要鼓起劲儿想一想，劲儿就散了。以后我会想起他来的，会清清楚楚地想起他来。这会儿他正磕磕绊绊，用靴子犁着土地，把我从死神刚刚跟我开过玩笑的战场上往下抬。

我离开那战场已经有三十年了。我在恍惚中把它当成了我的大娘的那棵橡树是不是还活着，我不知道。而我的大娘还在那个早晨以前很久，就离开了人世。在她去世的那一天，正下着漫天的大雪，下呀，下呀，她的坟头很快就白白的了，但是直到今天，不论天晴天阴，不论是百花盛开的日子，不论是风雪呼啸的天气，我的大娘都处在我的生活场地的中心。大家都围着她转，我的童年、少年时代、发育成长的时代和成年时代，都在围着她转，我这一生都在围着她转。

我记得：扶着我站起来和搀着我走的第一只手就是她的手。我们常常在一块儿走，她常常这样领着我走：用她那又软和又结实的手搀着我的听话的手。现在你来看，我们手拉着手，急急忙忙朝下街头走呢。有人大概会觉得奇怪："他们慌着上哪儿去呀？"要是有人这样问，那我就回答："接生去。"

接 生

大家都把我大娘叫接生婆、产婆，给我也起了外号，叫“接生佬”。我还很小，勉勉强强能够到她那白坎肩的口袋。那口袋真是神仙口袋。水果糖，葡萄干，甜饼干，李子干，炒豌豆——各种各样好吃的东西常常从里面变出来。有时候还会有铜钱在里面响起来。(我们已经知道钱的力量啦！)一句话，这口袋是个万宝囊……

现在你瞧：我把手一伸，两个老大的杏干就滚到了手里。我马上把一个杏干放进嘴里。我们没有狼吞虎咽的习惯，好吃的东西拿到手不兴一口气吃掉。这一个杏干我就要咂摸到晚上了。另一个我藏到今天头一次穿的一条新裤子的口袋里，等我们回到家里，这个杏干我要分给妹妹和弟弟吃。也许，从今天起，我的口袋会成为他们的神仙口袋呢。“手越是大方，东西越是来得顺当。”这是我大娘说的嘛。

我们朝我们这条街下头的黑脸尤马古尔家走去。他的老婆害“孩子”病。这消息是面如死灰的黑脸尤马古尔亲自跑来告诉我们的。他说完了，不等回答，就跑走了。不用说，找人接生，跟请人做客完全不一样。是的，谁要是来请人去做客，会斯斯文文地走到上座，在椅子上坐下来，不慌不忙，慢条斯理地跟主人一起念上一阵经文，然后才问起人畜平安。虽然他也许是你的近邻，对你的一切了如指掌，可还是要仔仔细细问上一番。就兴这样嘛。其实这种风俗并不是毫无意义的——这是等我长大了才明白的。是的，请客的人既然要请你去做客，他就要亲耳听听，亲眼看看，你家中一切是否平安，人是否健康，心里是否安宁。因为一个人心神不定，是没有心思坐酒席的。

还应当说一说，在我们村里，人和人交往不仅根据亲族关系，而且还按照地位和财产状况，各有各的圈子，各有各的一伙儿。每一伙人通常都有自己的酒宴歌：

财主喝蜜酒喝得醉醺醺，
中不溜儿的喝土啤酒开开心。
穷人只有趴到冰窟窿上
喝两口冷水过过瘾。

我爹属于喝土啤酒的一伙儿。这我十分清楚。至于黑脸尤马古尔，虽然不久前庆贺过新房建成，但是离开冰窟窿还是不多远。不用说，他连我们家的凉水都没有喝过一口。话说回来，我爹也是连一些喝蜜酒的人家的门坎也没有迈过。也许人家没有来请过，也许来请过，他不去。多半可能是他不去。虽然他们那里都是一些体面人物，可是让一个要脸面的人从上座换到门口来坐，是很不相宜的。这是现在我自己做了父亲的时候这样想的。

至于我和我大娘，所有人家的门都给我们开得大大的——不论是低矮的泥土小屋的门，还是铁房顶、高台阶的房屋那俄罗斯式的大门。我知道，有些门本来对我们是不开的，但是自会有人开。试想想吧，不管哪一家，春天或者秋天，白天或者夜里，晴天或者下雨，只要时候一到，孩子就要出生。而为了要迎接孩子出生，就要找我跟我大娘去。

“亲姐，你一出门就要带上他。”不久前我小娘指了指我，说。

“是啊，瓦齐法，有他这个无罪的灵魂跟着我，女人们生起孩子好像都要容易些。”

“也许……”小娘令人不解地、亲热地笑起来，“真是的，瞧这两个人互相依恋到什么地步。”

“丈夫的骨血嘛，也有我的一小份儿。所以我依恋嘛。”大娘说罢，好像叹了一口气——也许不是叹气。

“丈夫的骨血——我的一小份儿”是什么意思呢？这句话过了很多年我才明白。

“你这话对，”小娘说罢，低下头去，好像做了错事似的，“你不论做什么，都合情合理。”

“咱们各有各的心思，各人心里想什么，都有自己的道理。咱们两个人对人对事不是全部都一样。也许我有道理，但我有道理不是说你没有道理。”

这番话实在费解。我的大娘和小娘说的每一个词儿分开来我好像都懂得。但是连在一起，这些话的意思就在头脑里待不住，就要飞掉，像烟一样消失在空中。但是心里会留下难过和模模糊糊的惶惶不安情绪。

这种把我的心切成两半的苦恼心情，很多年都不肯离开我。因为这两个女人的感情将伴随我走过所有的道路。她们的双重的爱，会使我产生双重的忧愁，就像有两个月亮，必然会出现两个影子一样。是的，有两个娘爱我，我也就尽量把自己的爱平分给她们。我把自己分成两半。将来有一天，我不仅尝到这种爱的甜，也要尝到这种爱的苦。

话说我嘴里含着杏干，跟着我大娘小步跑着。我们来到黑脸尤马古尔家门前。黑脸尤马古尔正在贮藏室门前搓绳子，现在扔下活儿，跑来开门。我大娘立即朝房里走去。现在我该自己管自己了。房里我是不能去的，这我早就知道了。又敦实又有劲的黑脸尤马古尔眏了眏肿眼皮底下的那小小的眼睛，向我大娘恳求说：

"让我生个男孩儿吧，请多多费神，大婶，我这是头一个孩子呀，我一辈子忘不了你。"

我大娘轻轻地拍了拍他的脊梁。

"好吧，要是由我挑，我就挑一个男孩儿。你去吧，忙你的事情吧。"她说完，就走进房里去了。

"多多费神啊，大婶。"黑脸尤马古尔的嘴唇不知为什么哆嗦着。

他又回到贮藏室前搓起自己的绳子。我爬到离他不远的一根木头上，舒舒服服地坐了下来。我一举一动都很斯文，很懂得分寸——我是接生婆的儿子嘛。不相干的事我不插手,不碍大人的事。自己找块合意的地方坐下来,叫人看看我的耐性。所以就连生孩子的人家的大人都不会朝我喊:“喂,小家伙!”而是规规矩矩喊我的名字。

我坐了不少时候,才拿定主意跟黑脸尤马古尔说说话儿。

“你搓绳子做什么?”我开口说。

“做套马索。搓起绳子,时间过得快。绳子没完没了,搓就是啦。”

黑脸尤马古尔一向是个不爱说话的人。有人说,要他说话,除非用锹从他嘴里挖。可是今天他的舌头抖搂开了。他停了一会儿,又说:

“在这世界上,伙计,一切都靠绳子系着。要是没有绳子,这世界就散啦。”

这话真对啊!没有绳子,就没法过日子。听了他的话,我十分吃惊,就没有说话,黑脸尤马古尔也没有说话。他搓一阵子,就留心听听房里的动静,再搓上一阵子,又听听。我已经急得难受起来了。

“套马索什么时候能搓好?”

“孩子没生下来就得一直搓……”

“噢哟!要是一下子生不出来呢?”

“生得出来。而且我剥的树皮有整整一大车,搓五天也搓不完。”

我大娘露了两面。有一个年轻女人挑了三担水来。天已经快到黄昏时候,那个杏干在嘴里早就咂摸光了。杏核儿我不由得也收进了红箱子，就是说，咽进了肚子。肚子里已经完全空了，只有这颗杏核儿在里面晃荡。快到牲口回栏的时候，那个挑水的女人才给我们送来吃的，虽然只有干的，但总是先垫了垫肚子，我觉得好受些了。

我又坐到那个木墩上，黑脸尤马古尔依旧忙活着搓那堆树皮，要是把这套马索拉长，现在大概就能抻到清真寺的瓣月徽上。搓了很多很多。

“你为什么要搓这么长？”

“我要放到这间贮藏室里存起来。等到哈比布拉满了十七岁，我就交给他。”

“等满了十七岁，要套马索干什么呢？”

“你问为什么吗？那你就听我说说……”

他那小小的眼睛忽然睁得大大的，眼睛里并且流露出一种神奇的光。这种光先是弥漫在他那宽宽的脸上，后来就跑到套马索上，于是我觉得，那一圈一圈地落在草地上的，不是黄黄的、用树皮搓成的套马索，而是这个一点儿不英俊的人的眼睛里流出的一条金色的光带。我真想伸过手去摸一摸，可我怕的是，我一摸，神奇的光会熄灭。

“你就听我说说……”黑脸尤马古尔又把这句话重复了一遍。他的声音这会儿也不像原来那样尖细了，而是越来越沉厚有力，是从胸腔中发出来的声音。“可以想到，这孩子会唱歌儿……”

人的眼睛没有见过、人的耳朵没有听到过的秘密，就要在我面前展开了。我等着。

他倾听着。但是房里静得很，什么也听不到。哈比布拉还没有发出信号。

“你看，那是天边，”黑脸尤马古尔伸了伸下巴，朝远处点了点，“天边再过去，有一座很高很高的山，叫乌拉尔山。山顶上是一片黑压压的、密密丛丛的树林，森林里有一片圆圆的空地，空地上有一个圆圆的湖。那湖周围有七十抱，深得没有底。湖里没有鱼，也没有别的小活物，只有一匹金鬃银蹄的马，叫阿克布萨特。这匹马跑起来像风一样，飞起来像鸟一样；你盼着的，它给你送来；已经过去的，它给你追回；你想什么，它给你做什么；它跟人说人话，跟神说神话——就是这样一匹奇马。在最短的夜里，在榛树刚刚开花、椴树开始滴蜜和青草灌浆的时候，阿克布萨特就要划开湖面，抖动着金鬃出来了。只要天没有开始放亮，这马就一直在空地上啃青草，不怕人，不躲着人。你要是瞅准了，把七十抱长的套马索套到马脖子上，这马就是你的了。这种事只有那种白天能看见星星、夜里能打到野兽的好汉才能做得到。一天顶一个月，一个月顶一年——我的儿子就会是这种长法。等他满了十七岁，他就背上这七十抱的套马索，去逮这幸福的神马。老天爷会保佑他逮到的……”

我坐着，心里暗暗羡慕起来。这个哈比布拉的运气真不坏呀！还没有生下来，神马已经在圆圆的湖边丛林里啃着青草等着他了，而且连套马索都搓好了。这套马索就在夕阳的光辉中泛着金色，整整十七年后就要套到神马的脖子上。而很快就要出生的哈比布拉，就要变成一个金头发、银指甲的大力士，一下子出现在我的面前。我们盼着的就是这样一条好汉！

黑脸尤马古尔讲到这里讲完了，好像有点儿泄气。他带着期望的神情朝房子那边看了看,就又搓起套马索。

天渐渐黑了下来。就像水面冻住了那样,静静的蓝天也冻住了。我的心又飞到那个湖上。不是这个还没有生下来的哈比布拉,而是我自己手握套马索坐在湖边。神马的漂亮的头马上就要从水里露出来。瞧,马已经钻出来,跳出水来,抖开金鬃,用老大老大的声音叫了起来!“生啦!”黑脸尤马古尔甚至蹲起来了,“生啦!我儿子生下来啦!”

他本想朝房里跑去,但猛然站住,又转过身来,跑回贮藏室门前,加劲儿搓了起来,手快得叫眼睛都跟不上了。接生婆没有来向他报喜,他应该耐心等着。但是,看样子他简直要憋不住了,急得实在够呛。

我耷拉着腿,平心静气地坐在木头上。干着急有什么用呢?到时候会来告诉我们的。既然已经生下来,就不会再退回去,明显的事情嘛。可是为什么我大娘还不来呢?我也有点慌了。黑脸尤马古尔那眼皮底下又露出惊慌不安的眼睛。他扔下活儿,叹了口气。那美丽的林中空地,那空地上的湖,湖边的马,都已经消失在暮色中。盘在草地上的金带又成了一根可怜的、树皮搓成的套马索。我都不敢朝房子那边看:怕房门打开,怕从里面传来可怕的坏消息。当然,不会的,这是不可能的,我大娘在里面呢。

又一声啼哭从房里传了出来,这一声比前一阵啼哭更高、更响亮。黑脸尤马古尔哆嗦了一下。是的,这声音一旦响起,就不会马上停住。

若干年后,在一个晴朗的早晨,我刚躺在一棵橡树底下,田野上响起一个人临死时告别人世的叫声,接着在我记忆里又响起另一种叫声，就是这种叫声，就是这声音撞击我的心。

我大娘出现在台阶上。

“大喜，尤马古尔！”她说着，站在那里一动不动。

尤马古尔转眼工夫来到她跟前，跪了下来。

“是男是女？”

“两个儿子。”

“两个？一下子就是两个？为什么是两个？第二个该叫什么名字呀？”

“哎，你呀，真是傻瓜，两个比一个好嘛。取名字吗，想必不是难事，挑一个就是了。”

“是的，是的，两个好，好……名字能取得到。感谢安拉！”他就跪在那里对主表示感谢，拜起主来，“为这桩喜事，大婶，我送你一头羊。不，送两头！感谢安拉！”

“你疯啦！说实在话：你人穷，手脚倒不小。一头羊羔就富富有余啦。”

我们干接生这种事以来，这类情形——我指的是一胎生两个——只有过两次。黑脸尤马古尔就轮到了！在这种情况下，一头小羊羔当然是少了点儿。但我不好再说什么——产婆自己说过了，不能再多要了。

大娘走下台阶，拍了拍黑脸尤马古尔的脊梁，说：

“但愿你的两个儿子生下来快乐、幸福，给你们添福。你老婆可真是好样儿的。一个女人是不是真正值钱，就要看她生孩子的时候怎么样。你女人很了不起。”

好啦，孩子生下来啦，诸位会以为，事情完啦，带上两只喜羊回家吧。才不呢，对我们表示的恭敬和酒宴现在才刚刚开始呢。要热闹整整一个星期，也许还要长些。

就兴这样嘛。

不论谁家生了孩子，不管是穷是富，从第二天早晨起，三姑六姨，左邻右舍，就要带着各种各样好吃的东西，纷纷上门来了。雪白的面包刚刚放到桌上，薄饼已经在过道里的热锅子上嗞啦嗞啦响了，像星星点点的月光似的蜜饯正端上台阶，蹲在盘子上的填馅儿的鸡，就闪着太阳光斑似的油光，神气活现地进了院子，这鸡还没有接下，又有人提着提盒进了大门，还有人带着礼物经过窗前，上街头又有人带着东西过来了……还有……谁有什么就送什么(有的人不仅这样，自己没有，还要向别人借)——我们这里就是这样向新生婴儿馈送礼物的。

茶炊从早到晚都不离开桌子。上座的鹅毛垫子上坐的是接生婆，跟她坐在一块儿的——你们猜，是谁？——是我。我们要坐上整整一个星期，有时甚至还要长些。说实在的，这种日子美极了，不过也有一项缺点，那就是洗澡。为了对婴儿表示庆贺，天天要烧澡堂。大娘是天天都要洗的，等大家都洗过了，也把我领进去，用肥皂给我擦，用洗澡笤帚在我身上抽。都说，这样长得快些。这自然够我受的，但是我忍着。好在一件事倒霉，百件事如意。洗过了澡，我们又可以坐到上席上，带着一身汗水，高高兴兴地就着蜜糖喝茶了。

明天我就要成为黑脸尤马古尔家的贵客，就要坐到上宾席位上。可是现在，只给我一小罐牛奶、一块面包，而且让我睡在贮藏室的地上。没关系，常言说，就算是兔皮袄，一个冬天也穿不坏。

一个晚上也能忍受过去。从明天起，好日子就来了。

好日子来了。我刚刚醒来，就闻到房里传出的一股热油气味，那气味刺得鼻子都有点痒痒。过了一个星期之后，我才牵着一头雪白的羊羔，我大娘牵着我的手，我们三个——我大娘、我、黑脸尤马古尔送的羊羔——一同朝家里走去。

当然，不是天天都有小孩子出世，大多数日子都是白白过去的。干我们这种事，轮空是经常会有的。在这样的日子里，我就跟小伙伴们玩个够，玩个痛快。只不过玩也有玩腻的时候。于是我苦闷起来，又想听听婴儿自己做自己的报信人，用哭声报告自己的出世，还想在一旁看看高兴得发了狂的父亲干一些怎样可笑的事情，想看看做母亲的不久前还疲惫无神、很不好看的脸怎样舒展开，放起光来。

有一次，我从窗帘的缝儿里看见年轻的母亲第一次给孩子喂奶。小东西的嘴刚刚挨到奶头，做母亲的那苍白、疲惫的脸就放出光来，于是母子两人就跟鹅毛褥子一起上了天，鹅毛褥子变成了一片云彩，云端里怡然自得地飘游着两个人——孩子和母亲。为什么要这样，为什么在高兴的时候，不是驾云就是飞呢？于是我害怕起来：我这么一看，他们会一下子掉到地上的，——我赶快闭上眼睛，走开了。

如果村子里很长时间没有人生孩子，我还有一个救急的好办法。但是只有到万不得已的时候，只有实在憋急了的时候，才这样干。

我家菜园里有一丛榛子树。这是一种神树。如果在半夜里，在榛树开花的短短一瞬间，你能摘到一朵花；如果有胆量用锋利的刮脸刀在自己的手上一划；如果能把花儿塞到皮肉里，你就能变成叫人看不见，没有形体的幽灵。想到哪里，就到哪里；想干什么，就干什么——谁也不能阻拦。后来，我手上的力气大了一些，心里的胆量也大了一些，我手拿我爹那锋利的刮脸刀在这丛榛树底下坐了多少个黑沉沉的夏夜啊！

榛树怎样开花，我当然一回也没有看到，但是不论那时候，不论现在，岁月的白灰已经洒遍当年的黑发的时候，我都相信，而且今后还会相信：一年中有一回，在寂静无声的半夜里，黑黑的榛树会开满鲜艳的花儿，要是没有这种信念，我的生活就会失去一点什么……

目前我还没有胆量夜里一个人坐在菜园子里。我只有小小的舌头——想什么，就央求什么。在最神圣的时刻，在我爹去参加午祷的时候，我就走到菜园里，在榛树前跪了下来。这神树应该能懂我的话，也能懂神的话的。所以我举起双手，通过树直接对上天说起话来。至于怎样对上天说话，我早就跟我大娘学会了。主要的是，只管奉承，怎么奉承都不过分，他就喜欢这一套。

“主啊！”我说，“你的力量和恩德无边无涯，无穷无尽。我们所有的指望、所有的心愿都靠你的恩典。愿你多多开恩，让孩子生了又生，生了又生。让无罪的灵魂带着对你的崇信来到世上吧。答应我的祈求吧！至高无上的主啊，你听见了吗？”

榛树的叶子轻轻地沙沙响着，大概我的祈求上天已经听到了，并且答应了。

老天爷虽然喜欢奉承，但还是很守信用的，这一点应当承认。过两天，顶多三天，不一定在村子的哪一头，就会有男孩或女孩出世。但是，如我上面已经说的，这是我不得已才采用的方法。因为遇到小事都要去麻烦上天，实在感到很不好意思。

就这样一天天过去，心肠好，嘴巴甜，一切都顺顺当当。这日子有什么好说的！不仅大娘的白坎肩口袋里常常有好东西，我的口袋里也常常有好东西。有些东西又转到弟弟、妹妹手里，就连我的好朋友阿斯哈特遇到这种机会也不会空手回家。

真想不到，这种日子完了，这都怪孩子们，他们觉得我简直就像漂在汤上的油，一齐眼红起来，于是就讽刺我，成天喊“接生佬”“接生佬”。“接生佬”又怎么样？连我哥哥都拿我这样喊着玩儿。有什么了不起的！

但是，后来的情形大大地刺疼了我的自尊心。这些不怀好意的孩子先是把“接生佬”变成了“男产婆”，我忍了；他们又进一步，把“男产婆”干脆简化成“产婆”，我也忍了。可是忽然有一天我变成了……“大肚脐”。这可丑死了！我眼里一下子黑了下来……我都不能在街上露面了。只听到左面右面都在喊：

“喂，大肚脐！”

“怎么样，接生饼好吃吗？……大肚脐！”

“喂，大肚脐，叫我们看看大肚脐！”

“大肚脐！大肚脐！大肚脐！”

外号叫“黄瓜头”的哈米季扬——是我们当中最老实的一个，连他也龇牙喊起来。

说实在的，当时我对我的一些小伙伴们感到十分厌恶，他们也对我相当冷漠。照样跟我玩儿的,只有阿斯哈特一个了。

现在过的日子,完全不像以前那样了。就是村子里有人生孩子,我再也不那样高兴了。我很少跟大娘一块儿去了。而且如果我不想去,她也不劝我去了。

"瞧,你都这么大了……"她一面说,一面抚摩着我的脸蛋。她跟别人亲热,都是拍脊梁,只有跟我亲热才这样。她那软软和和的手一挨到我的脸,我就变得很小很小……

时光一天天流过,不论是恩是怨,是真情还是冤屈,也都渐渐过去,渐渐被忘却,可是"大肚脐"谁也没有忘记。这个外号一辈子都跟定了我。村子里很多人连我的真名字都不知道了。而且我自己也已习惯。要是有人喊我的真名字,我还要四处看看,看看是不是在喊别的什么人。而且"大肚脐"在我们这一带,也许在全世界只有一个。也许这还真不坏呢。现在我甚至都喜欢这个外号了。但是,在我不习惯的时候,有多少倒霉事和苦头落到我头上,我流过多少苦恼的眼泪啊,真数不清。我曾经奋不顾身地跟这外号流血搏斗,用手推,用脚踹,用牙咬,用指甲抓,想把它摔掉。但是我掐得越凶,这外号在我身上就粘得越结实。

第一场激烈的搏斗就是这样的……

这就是过节

今天过节。古尔邦节。我老早老早就盼着过节,对过节着了迷。节日慢慢走近,一天近似一天。终于来到了。节日的光辉,就像映照在天边云层里的曙光似的,老早就温暖着我的心。太阳还没有出来,天地间已经很明亮了。古尔邦节要来时就是这样。节日还离得很远,这儿已经很亮了。

昨天夜里我怎么也睡不着。脑子里一个劲儿地翻腾着各种各样的想法。等节日一到,世上的一切马上就全变了。就会像我大娘说的故事那样:水和火融合在一起;狼和羊到一块儿,同群相处;坏人都变成好人;敌人都变成朋友。我又高兴,又惶恐。我为羊担心,狠毒的狼可别无意中把羊咬死。我也为火担心,高傲的水可别无意中把火浇灭。我也为朋友提心吊胆,敌人可别使坏心眼儿,加害朋友……

不过我还是欢喜得不得了。欢喜的开端是一顶黑丝绒绣花小圆帽和一双崭新的胶皮套靴。这是我大哥穆尔塔萨到城里去卖面粉时买来给我做节日礼物的。

小圆帽等着我的剃得光光的脑袋瓜儿,套靴等着我的到处是裂口的脚丫儿,已经等了很多天,等着很着急了。让它们等吧。我等它们也等得很着急呢。还有呢,我大娘还把我身上量了量,给我做了一条带白条的红裤子,还有两个口袋。

顺便说说:四十多年以后,我在欧洲一些最繁华的城市里看到许多奇装异服的青年穿着这种带条的红裤子。我在心里说:哼,这有什么新奇的?这种裤子我们早就穿过了,我们早就时髦过了。欧洲这种裤子外形虽然很像我在古尔邦节穿的裤子,但我总觉得不如我们的裤子够味儿。

一个人一下子得到这么多好东西,这么多好的穿戴,你们大概会吃一惊吧?光吃惊还不够呢,应该吓一跳才是。瞧,横竿上还搭着一样蓝蓝的东西呢。那是什么?是一件缎纹布斜领褂子!是阿布杜拉·布兰的老婆莎莉法给我做的。

就这样从头到脚把我打扮起来,让我过节。说也奇怪,一穿上好看的新衣服,心情也好像富实了,鲜亮了。我就要这样像王子一样走到街上去。真正过节,只有在大街上。节日如果在家里过,就不算过节,一点意思也没有。

还有一样高兴的事等待着我,那可是最最高兴的事,我很想暂时保密,但是,看样子,保也保不住。好吧,既然提起来,我就说一说。今天白天我要和孩子们一块儿到阿克玛纳伊湖上去洗马,然后我就和大娘一块儿把我家的灰骗马套到大车上,趁傍晚凉爽时候出门,上萨依兰去,到我大姐盖尼加玛家去走亲戚;盖尼加玛是我大娘生的女儿,早已出嫁了。我当车把式。到了萨依兰,天天会有人请我们坐酒席,还要请我们坐上座。我们坐上座已经坐惯了,所以很懂得规矩和礼节。在这种场合,我的黑色小圆帽、胶皮套靴、红裤子和蓝褂子就真正派用场了。这些东西一上身,就显得神气了。难怪前几天大娘说:“人是衣裳马是鞍。”这样说,也就不难明白,是谁一心要把我打扮得像王子一样呢。正是我大娘呀!

……许多人已经到下街头排成长队,前往清真寺做祈祷了。走走停停,唱一阵赞美歌再往前走。我爹也出了门,加入了他们的行列。古尔邦节这一天的早饭是在祷告以后才吃。今天我家吃的是黍子面烙饼。大娘今天不论做什么吃的,都要弄得手指头上的油直往下滴。过节真是大不一样呀!

我把新裤子的一个口袋装满了葵花子,另一个口袋装满了李子干儿,便走出门来,站在大门口。村子里到处是香喷喷的气味,使人垂涎欲滴。家家的煎锅都在忙不迭地煎东西。就连那些一年到头见不到牛奶和油的人家,今天厨房里也不停地传出嗞啦嗞啦的声音。有的烙油饼,有的煎肉饼,有的炸圆子,有的炸肉包子。再过一会儿,不等这些小吃食儿的香气散去,又散发出炖肉的气味。这时候踮起脚深呼吸,闻一闻村里的气味,是令人心醉的!

一只只燕子在我头顶上飞舞,像用剪刀在剪空气。麻雀在青青的草地上蹦跳。连鸟儿也和人一块儿过节了。

“喂,大肚脐!喂,俄高加索!”从沙吉别克胡同里传来沙吉杜拉的声音。他喊我呢。还没看到他的影子,就听到他的声音了。他是我们的队长。他只要一喊你的名字，你就得什么都不管，马上跑到他跟前去。他不喜欢喊第二遍。我立即应声朝他奔去。

“俄高加索！”这一次鼻音很重的瓦列金也用命令的口气又喊了一遍。

“俄高加索”是我的另一个外号，是我打仗的代号。

不久前我们孩子们凑到一块儿，要打仗玩儿，像往常一样，分成两个阵营。但是这一次在开仗之前，每个人都取了一个打仗的代号，以国名为代号。沙吉杜拉在我们当中是最有力气的，就叫“俄罗斯”，瓦列金就叫“德国”，伊斯坎德尔的儿子伊布莱叫“美国”，其余的孩子分别叫“英国”“日本”“法国”“奥地利”“土耳其”“罗马尼亚”“高加索”。我在我们这一伙儿当中是最小的。轮到我这里，国名都被大家取完了，没有了。沙吉杜拉宣布：“再没有什么国家了！”队长这么一说，其余的孩子也就不再动脑筋去想还有没有别的国家了。我起初感到失望，后来就小声哭了起来。

“我怎么办啊？”我小声哭着说，“轮到我，国家就没有了。我怎么这么倒霉呀？别人都有国家，都能打仗玩儿，都能快活，就我一个倒霉，就我一个人站在边上看着别人玩儿。”

沙吉杜拉家尽管是远房的，但和我家毕竟是一族的。大概因此他对我同情起来。他搔了搔他那红红的头发，想出一个很不错的主意：

“我想起来啦，伙计们！地球上还有一个国家，非常勇敢，很不好惹……一句话，是一个了不起的国家。这国家就叫俄高加索！大肚脐！你就叫俄高加索好啦！”

那个“俄高加索”是不是很不好惹，我不知道。可是我觉得很晦气。看样子，沙吉杜拉是有意笑话我，有意给我取一个不愉快的代号，不过我也没有反驳他。“为了拿起一样东西，就得放下另一样。”这是我爹常常说的。“大肚脐”实在没什么了不起的。“俄高加索”能抵一千个“大肚脐”……

看样子，我们的队长要在这节日的早晨发布战斗的号令了。要不然他不会喊我“俄高加索”。

等我跑过去，胡同里已经有许多孩子了。只有阿斯哈特没到。他们有的在嗑葵花子，有的在吃李子干儿。

“瞧呀，瞧呀！”伊布莱绕着我转了一圈，说道，“简直像城里来的小老板！就差一块银链子怀表了。表是没有，链子还是有的，这不是！”他扯搭拉下来的我的裤带头儿。幸亏我的裤带系得结实，没有松开。

这个伊布莱，是我的好朋友阿斯哈特的哥哥，不知为什么他不大喜欢我。

沙吉杜拉起初对我的到来和我的衣服没有怎么注意。他只是轻轻摆了摆手，叫伊布莱不要纠缠我。

“你的裤子两边干吗鼓鼓囊囊的？”过了一小会儿，他用下巴点了点，问道。

“沙吉杜拉大哥，我一个口袋里是葵花子，另一个口袋里是李子干儿。今天的葵花子老大老大的，是列卡廖夫村季莫菲大叔带来的。”

“你这傻小子，反正是要送人，不如把葵花子和李子干儿装到我的口袋里。”

我于是高高兴兴地、一大把一大把从我的口袋里往他那崭新的绿裤子口袋里装，装完了葵花子，又装李子干儿。虽然我一点也没剩下，可是我毫不心疼。这些东西我过去吃过嘛。到末了，为了表示我的大方和热心，我先把右口袋翻出来，然后又把左口袋翻出来，让大家看了看。

“你是好样儿的，不是小气鬼。”队长夸奖我说。

他用自己的大手还给我一把葵花子，又还给我一把李子干儿。宽宏大量、做事公道的人本来就有的。我们的队长就是其中的一个。我的这个沙吉杜拉大哥也是一个很有趣的孩子。他创造过多少玩的花样儿，出过多少谜语呀！这一回他想的花样儿，又像游戏，又像谜语。

“伙计们！”他说。大家一齐望着他的嘴巴。“伙计们，谁家的房子最高？”

大家很自然地一齐朝买卖人沙姆苏拉家的房子望了望。

“沙姆苏拉家的！”伊布莱像往常一样抢先说。

队长抡起骨骨棱棱的大拳头，打在伊布莱的脸上。我们都吓呆了。他又用同样的语调把原来的问题重复了一遍：

“伙计们，谁家的房子最高？”

这一回，和队长同岁的、鼻音很重的瓦列金想表现一下自己的机灵：

“你就是把我杀了，把我勒死，我也要说实在的：最高最高的房子是……集市街上阿赫麦尔毛拉家的房子！如果你不信的话……”瓦列金还没有说出，如果不信的话，又该怎样，同样结结实实的一拳打在他的耳朵上。

这一下子我们都慌了。究竟哪一座房子最高呢？我们都不知道，只有队长知道。而且比所有的高房子都高。又有两个小伙伴试了试自己的运气，说了伊什穆尔扎老汉家的房子和铁匠阿格亮家的房子。他们的回答得到了同样的报酬。

我忽然灵机一动，谜底好像从天外飞来。我高兴得浑身一阵哆嗦，心也怦怦跳了起来。我一说出来，准能叫所有的孩子咋舌头。谁也不知道，就我知道。我不由地大声叫了起来：

"清真寺的塔！"

队长吃了一惊，甚至向后退了两步。他的脸先是白了一阵子，后来又红了，好像是在鼓劲儿。他那点点雀斑的鼻子上冒出汗珠儿。但是他很快就回过神来，又是一个那样的拳头朝我的"面包柜子"(这是我们给嘴取的别名)飞来。可是，那拳头没有飞到，就慢慢搭拉下去。

"清真寺是神的房子，不能和别的房子相比！你连这都不懂，傻瓜！"

如果我说的不是"神的房子"，那握得紧紧的骨骨棱棱的拳头会不会这样客气地从我嘴边缩回去，我不知道。不过，看样子，沙吉杜拉的意图被我搅乱了。

玩的劲头儿没有了。孩子们勉勉强强、很不带劲儿地又猜了几次，但是队长要的却是最准确、最合乎心意的回答。

"我最后再问一遍，谁家的房子最高？"

谁都不肯开口。一阵沉默。只有鼻子哼哼的瓦列金抽了抽鼻子。

因为滑头而被大家称为“狐狸”的晒哈达尔于是说话了。他一开口，就使人浑身感到肉麻。

“这要看从哪一方面说，”“狐狸”说，“沙吉杜拉大哥，从一方面看，你家的屋顶很高，从另一方面看，你家的烟囱差点儿就能抵到云彩。所以，你家的房子应该是最高的。”

有两三个孩子马上随声附和说：

“你家的房子！你家的房子！最高的是你家的房子！”有一个孩子还把帽子朝天上扔去。

队长的脸放起光来。他那红红的头发也泛起黄铜般的光泽。不过他尽量掩盖他的得意心情，只是大模大样地说：

“你们瞧，谁有眼力，谁就能看得出来。应当分清高和矮嘛。”他轻轻地哧了一声，从牙缝里啐了一口唾沫。对晒哈达尔连看也没看。

我们便朝那边看去。街对过一座麦秸顶的房子朝一边歪着，矮得快要钻到地里去，那便是沙吉杜拉的爹卡什福拉大叔的房子。有两个窗子朝着大街，其中一个窗子的最下一格用枕头堵着。而且烟囱也不能说有多么高。不过冒出来的烟是真的，一直朝高处升去。那烟升得很高很高。

我们竟绞尽了脑汁。谜底却就在眼前！正确而恰当的答案找到了，孩子们没有操心事了，更觉得轻松自由了。

不过，在我心里却留下了解也解不开的小小疑团。说实在的，究竟谁家的房子高？后来，等我长大了，我才找到了答案。大概是这样：谁的拳头硬，谁家的房子就高。

清真寺高塔上响起宣礼员呼唤的声音。节日心情又回到我心中。神圣的日子今天降临大地。所有的房子都高,所有的人都一样。在很近很近的地方,也许就在我们的大青山后面,羊和狼在一块儿,同群吃草。放牧羊和狼的是一个小男孩。小男孩脚穿胶皮靴,头戴黑丝绒绣花小圆帽,身穿蓝褂子和红裤子。一会儿羊走到他跟前舔他的手,一会儿狼走到他跟前舔他的手。

我常常像沉浸于幻想一样,忘记世上的一切,这已经成为一种习惯。这会儿就是这样……忽然有人朝我的肚子上捅了一下。我回过神来,是伊布莱站在我旁边,并且嘿嘿地笑着。

“听见没有,哈米季扬在说你呢?”并且表示赞赏,“呦呦呦!……”

“没有,我没听见。”我马上警觉起来。

“他一个劲儿在说:大肚脐,大肚脐。”

我一听就火了。哈米季扬却摇了摇他那长得像黄瓜一样的头,说:

“我没有说,别信他的,我没有说。”

伊布莱却又小声对哈米季扬说:

“看见吗,他的嘴巴在动呢?他这是小声在说话,不让你听见,他说的是:黄瓜头!黄瓜头!”

我于是带着哭腔说:

“我对着太阳发誓:我没有说!哈米季扬是没爹没娘的孩子,在古尔邦节欺侮没爹没娘的孩子,是罪过!”

“嗨,他可是不管什么古尔邦节……他的嗓子眼儿里咕噜咕噜响呢。这是他在心里骂大肚脐。”

哈米季扬的嗓子眼儿里真是在咕噜咕噜响。是的,不是无缘无故的。完全可能是在心里叫我的外号。哼，别看他那种老实样子……看起来，这个猪耳朵、黄瓜脑壳的家伙什么坏心眼儿都有。一股怒气涌到我的嗓子眼儿里，连气都喘不上来了。哈米季扬的外号在我的舌头尖儿上直转悠。就像草叶上的一滴露水，直想往下掉。终于憋不住，掉了下去：

“你那嗓子眼儿里别再咕噜啦，黄瓜头！”

“你别管我的嗓子眼儿！你还是管管你那肚脐吧！”

我怎么也没料到他这一下子。

“你小心点儿，别让我把你的黄瓜头削光了！”

“我把你的肚脐一戳，你的肚子就开花啦！”

“你别吓唬人，黄瓜头！”

“哼，就叫你小心点！大肚脐！”

“黄瓜！黄瓜！”

“大肚脐！大肚脐！大肚脐！”这时候孩子们渐渐站成一个圈子，把我们围住。

“干！干！看你们谁有种！”伊布莱开始给我们鼓劲儿。

其实不要他鼓劲儿也行了。拳头已经攥好，牙齿也咬得紧紧的了。

我先动手打哈米季扬。他朝旁边一闪，嘴里嘟哝着：“别想叫我饶你，咱们有来就有往。”一脚踢在我的肚子上。我捂住肚子，弯下身子。但是我马上鼓了鼓气，狠狠一拳打在他的鼻子上，一下子就冒出血来，我一见了血，心里慌了。哈米季扬却暴跳起来。

“血要用血来还！”他一面叫，一面抓住我的领口。我使劲一挣，哈米季扬手里留下了老大的一块蓝布片。这一下子，我觉得世上的一切都失去了光彩。我们一会儿扭在一起厮打，一会儿挣开，较量拳头。我既不觉得疼，也不觉得恼恨，只觉得来了兴头，打得上了劲儿。孩子们就像栽到地里的桩子似的，站在那里，一动也不动。

只有伊布莱前前后后地跑着，给我们加油。

"要顶住，别松劲儿！"他不知是给谁打气，"看你们谁厉害！"

他的声音好像来自远处，来自森林那边。就在这时候，哈米季扬一拳打在我的眼上，就是说，那时候，也就是在我八岁那一年，就第一次尝到了被打得"眼里冒火星"的滋味。（后来，在人生道路上，命运之神更不手软，多次打得我眼里冒火星。）真的，先是冒火星，后来是一个个的黑圈圈儿在眼前打转转儿。但是我忍住了，并且马上回过神来，死死抓住哈米季扬的一只大耳朵。他没有往外挣，相反，他摇摇晃晃地向我靠近，使足了狠劲儿，用长长的黄瓜头朝我的颧骨撞来……

又打了多久，我不记得了。反正我们又狠狠厮打了好一阵子。我首先把力气用完了。哈米季扬年龄比我大，也比我有力气。他感觉出我没有劲儿了，便用两手搂住我的腰，晃荡了几下，就把我仰面朝天摔倒在地上。有一块尖尖的硬东西扎了我的肩膀一下。大概是一块石头，我只有出气的功夫了。到末了，发了疯的哈米季扬把两个膝盖抵到我的胸膛，一股热乎乎的东西从我的嘴角流出来，流到脸上。我仿佛在往下沉，沉。我想喊："救救我吧，把我们拉开吧！"但是我喊不出来，没有力气喊了。我们四周围的孩子们早就像木桩一样地站着，就是喊，也喊不动他们。

不管怎么喊，他们都听不见。只有眼睛放着光。而且那不像是眼睛，像是没有生命的玻璃球儿。

过了四十四年，类似的事情又一次出现。有一个素来跟我不和的人，拼命攻击起我来。把我、我的妻子、我的事业说得一钱不值，拼命踩我的心，踩得心里冒血。这时候，人们也像桩子一样，一动不动地围着我们观看。然而我的对头已经不是当年我一惹就上了火的本性善良的孩子，旁观者也不是那些无忧无虑的游戏的小伙伴，而是一些服务于同一事业，曾经同甘苦、共患难、共同走过人生道路的成年人。我想，他们会不说公道话吗？谁知，他们就不说话。他们似乎很尊敬我，有些人甚至跟我很要好呀。他们是不是害怕？也许他们心里想："我们常常遇到这种事儿，就让他也尝尝滋味吧。"也许，他们的做法自有其道理吧？

……在这之前，孩子们都没有欺侮过我，没有无缘无故地打过我。他们维护我，不让我受欺侮。这会儿是怎么一回事儿呢？为什么谁也不来把压在我身上的哈米季扬拉开？

忽然这些长着眼睛的桩子动了起来，跑了起来，围着我转起圈儿。不仅是孩子们，而且大地和青天都打起转转儿。这旋转的世界有一个巍然不动的轴，那就是我的大娘。

飞跑的孩子们慢了下来，大地和青天回到自己的位置，停住了。这会儿倒是我自己晃晃悠悠，不知是在飞，还是在游水。我感觉到腮边有一样热乎乎、软和和的东西。我立刻就知道了，这是大娘的手。仿佛是手自动告诉我，这是大娘。

后来，在我的整个一生中，这一双温暖而有力的手都在保护我、抚慰我。这双手是我的不安分的头脑的最可靠、最安全的避难之地。大概，在我告别人世的时候，我要想起的也许很少，值得我怀念和留恋的也许不多，不过我知道，我一定会想起早已去世的大娘的手，一定要怀念和留恋那双手的温暖。不可能不是这样。

静默无声。我在这种奇怪的静默中，不知是在飞，还是在游水。我的头在大娘手上，很好，很安稳。太阳光好像扯了扯我的睫毛，拨开了我的眼睛。我首先看到的是高高的青天，然后看到大娘那感到难受的脸。她两手托着我，大概是往家里走……

把我放在朝街的客房里。平时是不准我们到这儿来的。有时偶然来一下，就觉得是了不起的喜事。可是这会儿我却像个人物一样，伸开胳膊和腿躺在客房的软垫上……不过，胳膊和腿还不能完全伸平。一喘气，胸膛里疼得像火烧火燎一样。连咳嗽都不能咳嗽，一咳嗽就从嘴里往外冒血块子。在我身边放一块红边儿的大手巾，就是擦血的。

没有人说心疼我的话，没有人骂哈米季扬。我爹来过一次。他仔细看了我半天，然后叹了一口气，说：

"没啥，会好的……"

这就是安慰我了。

哥哥们走进来，不声不响地看了看，就出去了，看样子，大人不让弟妹们进来。反正还没有看到他们。小娘俯下身来，用嘴亲了亲我的额头，几颗老大的泪珠儿落到我的脸上。这热乎乎的眼泪好像使我有了生气，打起了精神。我心里产生一股感激之情，很想拿最亲热的话来安慰她。

“别哭，小娘，别哭，我也很心疼你呀……”

“是啊，是啊，你很心疼我，你也很心疼我，”小娘说。“我不是因为这个哭……我没有哭……你还疼吗，好孩子？”

“这会儿一点儿也不疼了，”我说。如果我照实说，小娘会难受的。“古尔邦节还没有完吗？”

“没有，还没有完。你看，好多过节吃的东西。好孩子，吃点儿吧？”

在我面前摆了一个托盘，上面有许多好吃的东西。可是我一看到吃的东西，就觉得恶心起来。

“小娘，你拣些好吃的，去送给阿斯哈特吃吧，”我央求说。“他叫马咬掉一只耳朵。他们家没什么好吃的。”我为了压住恶心，闭上了眼睛。

“好的，孩子。”小娘说过这话，便端起托盘，走了出去。

大娘从另一间屋子里来了。她提来一把大茶壶，让我对着壶嘴喝一种很苦的水。大概是用苦蒿熬的水。真没想到，过节喝这种玩意！嘴里发苦发涩。但是越喝越想喝。

“这能治病，对肝，对腰子都有好处，喝吧，孩子，喝吧。”

过了一小会儿，胸中好像有什么东西掉落了。

……我甚至觉得舒畅了。我已经是在大青山那宽阔的慢坡上，在明丽的阳光下放牧羊和狼。雪白的卷毛羊羔和灰灰的狼崽在一块游玩。蹦蹦跳跳，你追我赶，互相咬耳朵玩。它们的爸爸妈妈，公羊和母羊，公狼和母狼，都站在一旁，看着自己孩子们的亲热劲儿，欢喜得不得了。甚至都欢喜得忘了吃草。一只狼崽扯住了一只不懂事的小羊羔的尾巴。小羊羔拼命咩咩叫了起来，好像简直没有命了，然而它又朝一旁跑了几步，随即飞跑着朝小伙伴狼崽的肋部撞去。这时候所有的公羊和母羊也都发火了，一齐向狼扑去；我还没来得及眨眼睛，羊就把所有的狼撞死了。羊不知道跑到什么地方去了，只有一只只狼的尸体躺在山坡上……

接着又出现了水和火的事儿。水和火在一块儿奔流。河水曲曲弯弯地流着，大火抖着马鬃似的火舌，紧贴着河水奔跑。河水高高兴兴，十分快活，变幻出千万种光彩。天真的河水看见自己的斑斓色彩，便急急忙忙地奔跑。是去过节？还是去参加婚礼？有一滴水，压抑不住自己的快活心情，蹦了起来，无意中落在火上。那火觉得受了欺侮，吐了一下高高的火舌，哧啦一声，便愤怒地朝水里扑去。河水都没来得及开口，没来得及讨饶，就变成了蒸气，像雾一样弥漫开去。那火因为残忍和愚蠢，失去了伙伴；不知是因为恼恨，还是因为懊悔，化成了团儿，朝天边滚着，气势汹汹地发泄着恼恨……在大地上一滴水也没有了。水！

"给你，孩子！"大娘又把那一把茶壶拿过来，让壶嘴对着我，"这就好啦，你睡得很香，"她说，"这会儿已经是早晨啦。"

阳光从小窗户里进来，径直射到我的床头上。我慢慢翻了个身，脸朝着阳光。这时候，小窗洞里小心翼翼地冒出哈米季扬那剃得光光的黄瓜头。先是我看到那光光的头顶，然后是两只耳朵，然后是吓呆了的黑眼睛。他一看见我，那上嘴唇哆嗦起来，不知是想笑，还是想哭。他把额头抵在玻璃上，一动也不动了。我也没有对他说什么。不是因为生他的气，实在是一点劲儿也没有。大娘也看到了他，也没有说话。我们就这样面对面地互相看了老半天。我看着他那痛苦的眼神，觉得受不住，便转过脸去。

“……瞧,这就是过古尔邦节。”我心里想。真奇怪,为什么在节日里人对人特别狠?去年停犁节那一天,城里来的一个流浪汉把黑河的一个手风琴手捅了一刀子。那个手风琴手这一下子要瘸一辈子了。春天,在流冰节的星期五,我们村里的男子汉在姑娘山上街对街地打起了群架,打得头破血流。去年秋天,在夜里猫子街一家的结婚宴席上还打死了一个人。甚至在消夜晚会上,小伙子们也要找机会打架。看起来,人们盼望节日,就是为了在节日里好打架。一打起来,就把想了一年的新衣裳撕成碎片,滚上许多泥巴,还要弄上很多血。骂很多脏话,彼此使劲打嘴巴。一到什么节日,或者有谁家举行婚礼,我们一家人都要为我大哥穆尔塔萨提心吊胆。他也和我一样,很容易上火。喜欢惹事,喜欢打架。盼只盼给他娶亲,让他收一收性子……不过我不相信。因为他太任性了。就比如昨天,天还不亮,他就套上我家的大灰马,耕地去了,就好像没有古尔邦节这回事儿似的……不听我爹的话,也不听大娘的话。因为他们小伙子们之间有一种说法:古尔邦节跟他们“毫无关系”。而且,我爹也并不怎么坚持自己的主张。“我们年纪比你们大些,不过,看起来,你们比我们聪明。”我爹这样说。甚至好像还赞成呢。我大哥穆尔塔萨真是奇怪。他不快快活活地过古尔邦节,却去耕地。可想而知,这真是一个大犟头。

我又转身朝着窗户。我在窗口看到的已经是细长的、带有很深的凹沟的后脑勺了。哈米季扬坐在窗前土台上,望着大街。他一动也不动……第二天,第三天,我都看到他在那儿,我看到的有时是他的脸,有时是他的后脑勺,有时是他的一边腮。

他一直坐在那儿，不论早晨，不论中午，不论黄昏。但等到我第一次出门，他一看见我，就跳起来，跑了开去，连头也不回。“哈米季扬！”我喊道。但是他已经听不见了。

生活照常进行着。我们孩子们打了架又和好，和好了又打架。但是所在的伤痕和怨恨都消得很快，而且消得干干净净。只是哈米季扬以后再没有打过我。不过，“大肚脐”这个外号牢牢地贴到我身上了，揭也揭不掉，撕也撕不下来，简直跟我长在一起了。

再过十四年，在一个夏天的早晨，我要倒在战场上，倒在一棵孤零零的橡树脚下。那时候一块炮弹皮要打进我的胸膛，打穿我的肺，在肺上钻一个窟窿。再过五年，还要从这个窟窿里渗出血来。

……有一段时间，我躺在莫斯科郊区的结核病医院里。屋檐上滴着四月的融雪水。春天对于我们是最危险的时期。因为正是在这大地苏醒、万物重新勃发生机的时候，像我这种人本来就很脆弱的生命之弦，常常在这美好的日子里拉断。

我常常对自己说，如果能挨过这个春天，那我们也可能到草地上走走了。啊，我们多么盼望有这种“可能”呀！我们最大的希望，惟一的寄托就是一点点这种“可能”！

有一天，医院里的人跑来对我说：

“有一名民警，驾着摩托车来了，他问你呢。让他进来吗？”

“民警？……完啦，种种罪行，这一下子都要清算清算啦，”我开玩笑说，“让他进来吧。”

躺着迎接法律的代表是不妥当的。我爬起来，坐着等待。

"能进去吗?"

来人那弯下的头差点儿要碰到天花板。他走进病房之后,好像不知道该把他那特别魁伟的身躯往哪里搁,就愣愣地站住了。他脱下民警帽。一道深深的、断断续续的伤痕穿过整个额头。我首先看到的是这道伤痕。然后我也发现,凝视着我的是一双熟悉而带有伤感神情的眼睛。

"哈米季扬!"我喊道。

但是他没有听见。也许,我并没有喊,只是想喊罢了。忽然这位巨人缩小,变得很小很小,跪在我的床头边。就像当年在我家小窗户前那样,将额头抵在铁床椅背上。

"大肚脐!"他说,"好不容易见到你呀!"他哭了起来。

"哎,哎,黄瓜头,好啦,别哭啦。这样的大男子汉哭鼻子,可是太不像话。"

"憋不住啊,大肚脐。泪水往喉咙眼儿里直冲……"

"好啦,好啦,哈米季扬。快起来吧,请坐。"

"别,别,别管我,让我哭个够。"他说过这话,渐渐不那么激动了。过了一会儿,他不哭了。掏出手帕,擦干了泪水。然后才抬起头来,但是不管我怎样劝他,怎样央求他,他都不肯站起来。

我们互相凝视着,过了好一阵子。

"你好吧?"我说。

我们这才握手问好。我发现,他的右手少了两个手指头。

"好不容易看到你呀,"他又说了一遍,"我以为找不到你了呢,我已经完全绝望了。谁知还是找到了……"

哈米季扬从头到尾说了说找我的经过:

“我收到咱们村里来的一封信，说你害了肺病，在莫斯科住医院。我工作的地方离这儿不远，只有六十公里。所以一到节假日我就骑着摩托车上莫斯科来。我跑了有整整一个月。先是找遍了所有的结核病医院，找不到你。又找遍所有的疗养院，也找不到你。附近的区医院，甚至村医院，我都找遍了。没有，没有，就是没有……我都害怕了，真怕你怎么样了。怕得我一见到挂着‘医院’牌子的房子就打哆嗦。甚至我都恨起‘医院’这个词儿……我真糊涂呀！就没想到往村里打个电报，问问你的住址。这一次我来到这儿，才想到早该这样。可是这一下却找到啦。真像俗话说的：‘上天要是有意，自会指路给你。’今天我已经泄气，不抱什么希望啦，就开着摩托车出城来，这时候一位女子把我喊住，要我带她一截路。我想，好吧，我就做点儿好事吧。我们在路上聊起来。她说，她在这儿当护理员。我问起你。她不知道。虽然绕的圈子不小，但我还是上这儿来了。谁知就在这儿找到了。就是说，一切都是命定的呀！”哈米季扬好像完全平静下来，眼睛看着地板，声音也平和了。只是这种平静没有维持多久。他带着很伤心的神情看了看我，说：

“大肚脐呀！你害的这种病，全怪我。要是我当时不踩你，你不会遭这种罪……全怪我呀！我也不能要求你原谅我。因为如果你原谅了我，你的病就不会好了。这我知道，我知道……再说，我也不要原谅。不应当要！不过有一点你要记住：你的痛苦就是我的痛苦，你有希望，你有信心，就是我的希望和信心。要是可以的话，我情愿割一叶肺给你，把我的灵魂给你一半。我在找你的时候，就在想：也许医生能把我的一叶肺给你安上呢？大肚脐，怎么样？听说，这种事现在能办得到。咱们去对医生说说吧……”

“黄瓜头，你简直疯了，”我想安慰安慰他，“第一，医生刚刚学会开刀医治原来的肺，还不会安新肺。第二，我的肺是法西斯的炮弹片打穿的，怪只能怪法西斯的炮弹。歌子里说的，‘怪不得兵役局，怪只怪法西斯’，你没听到过吗？这事儿同样也怪不得你。”

“我知道。法西斯炮弹，我知道，该怪谁，我也知道。不过，你的肺在古尔邦节那时候搞破了呀。要不然，一块小小的弹片能打得坏你吗？你的肺本来就不结实了啊。唉，小时候呀，小时候真胡闹！”他叹了一口气。

过去常常是这样：哈米季扬不吃劝，只有骂，他才听。我想起了这一点。

“怎么回事儿，黄瓜头，你给我哭灵来啦？”我加大了嗓门儿吆喝道，“我眼下还不打算死哩。可是你一进门，就鼻涕眼泪一齐淌。还算是民警呢……”

“你不会死的，”哈米季扬忽然说，“我流泪，我心里有愧，你别怪我。你别误会我的意思。”

我可怜起哈米季扬，坐在我面前的好像还是以前那个无依无靠、孤苦伶仃的孤儿。

“你不会死的，”他又小声说了一遍，“已经给你开过一次吊了。下一次开吊还早着哩。不能老是为一个人开吊。”

“什么时候开过吊？怎么回事儿？”

“怎么，你不知道？”

“一点儿不知道！”我惊讶地说。

“是在1943年。难道没有人对你说过?”

“没有,谁也没说过……”

“是不是说一说?”

“你说一说吧。听听怎样给自己开吊,大概挺有味道……”

于是哈米季扬说了一件事,那次似乎我没有事,死的是另外一个人。我活下来了。我是活了下来,但不是没有创伤。那件事在我心灵上留下永久不愈的创伤。后来哈米季扬走了。我的目光落在床头小圆凳上放的一个小包上。我打开纸包的一个角,里面是两个皱皱巴巴的黄绿色苹果。

他走了。那是我们最后一次见面,最后一次分手。因为不久我就听到可怕的消息:在一个小站上,一位年轻姑娘遭到一伙喝醉了酒的歹徒侮辱,他挺身上前保护姑娘,歹徒朝他心窝里扎了一刀。据说,那一天还是他的休假日。这消息不是一下子就传到我这里的,所以我连他的追悼会都没有参加。当时他要给我一叶肺,要把一半生命交给我。没过多久,他为了别人的生命,献出了自己的生命,整个的生命,一下子都献出来了。

听到这个消息之后,我心里出现了两种很痛苦的感觉。一种是,我这个儿时伙伴死得这样可怕,这样的意外,这样快;还有一种就是,一想到我还活着,我还平安无事,就觉得歉疚不安。自从哈米季扬对我说过那件事之后,我就觉得,似乎我偷了别人的生命,好像从人家的马群里偷了一匹马,我能活到如今,好像全靠别人借给我的一条命。不管我躺着还是走路,有一个念头老是从我的脑子里往外撞:“欠债,欠债,欠债……”

他对我说那件事,是想鼓励我,安慰我,增强我的信心,他以为这样能使我长寿。然而结果却不是这样，弄得我六神无主，不知怎样才好。下面就是他说的那件事。我把已故的哈米季扬对我说的话原原本本记述如下。

“丢下我年纪轻轻的一个人……”

……德国佬的一颗子弹把我额头上，把这儿的骨头打碎了，我受了震伤，耳朵也聋了，很久不能复原。我回咱们村住了个把星期。我回家的那一天，教师们大概想给大伙儿提提精神，在俱乐部里举办了音乐会。又唱歌，又跳舞，又朗诵诗。

最后上台演唱的是你老婆拉乌莎。大厅里忽然响起一阵不安的耳语声。响过一阵，就静了下来。那一天，你那像白蝴蝶一样美丽娇艳的拉乌莎显得比平时更可爱。有时候会觉得：远方忽然向后退去，头顶上的蓝天越升越高，空气清澈得连刮风都看得见。拉乌莎登上舞台，在这一刹那间，我觉得世界一下子开阔了，天边不知退到什么地方去了，好像所有的大炮一下子都哑了，疼痛消除了，一切惊恐都消失了，所有的伤口都愈合了。好像世间万物都不见了，只剩下拉乌莎一个人。她脸上露出欢喜中带有忧虑的表情，也许是悲伤中带有得意的神气。也许，拉乌莎不是人间的女子。她是自天而降，只停留片刻，只为了唱一支歌……

她唱的是《阿什卡达尔》。她一开始唱，就有一种静得可怕的气氛笼罩在人们的头上。这种气氛越来越浓重，好像眼看着就要塌落下来，把所有的人都压死。只有她的歌声支撑着罢了。

他去打猎，一去无音信，

丢下我年纪轻轻的一个人……

歌子的结尾她唱得特别动情，可以说是沥尽了心血来唱的，也不知为什么大家却没有鼓掌。只有两三个地方吧嗒了几声，而且就连这几声也似乎畏畏缩缩，有点害怕……

忽然后面靠墙的地方有一个女人抽搭了几声，哭了起来。坐在她旁边的女人也跟着她哭起来。我旁边一个女孩子也用双手捂住了脸。一会儿这里，一会儿那里，响起压得低低的哭声，很快整个大厅里就一片哭声了。拉乌莎慌了，她的脸失去了光彩，阴沉下来。看样子，她唱的这曲发自人心深处的歌触动了大家的痛处。因为多少人已经成了“年纪轻轻的一个人”。仗已经打了两年多……人们已经经历了许多，忍受了许多，而一支凄婉而悲切的歌子进入人的心里，会挑起更多的悲伤。人们一齐抽搭起来，再也控制不住了。而且谁也不劝谁，谁也不安慰谁。只有我一个人的眼睛是干的。是不是我的心结了一层石头壳子？

“你们平常在俱乐部里是不是老是这样：自己唱，自己还哭？”我俯身问旁边的女孩子。

“不是，”她说，“只有这一次实在都忍不住。大肚脐的死亡通知书已经来了一个星期了。全村的人都知道，可是谁也不敢告诉拉乌莎。怕她经受不住，因为她太爱他了。”

我慢慢沉入地下……又慢慢回到人间。拉乌莎仍然站在舞台边上。她是那样纤弱，风一吹，便会摇晃，跌倒。可是沉重的悲痛和灾祸就要落到她的肩上。这样弱小的女子怎么受得住呀！

我真想跳起来，呼喊："怎么能这样呀？我们大家为什么要一起折腾这颗清白无辜的心灵？我们这样怜悯她，实际上是害她。到明天，明天我怎么好意思见她？怎么有脸见她呀？"但是我没有喊。也许，他们想得很对，我不对。大概，他们想，趁她还不知道她的命运已经被葬送了的时候，就让她再唱一次吧。哪怕在悲痛要来时把悲痛拦一拦，让悲痛晚来一夜，让幸福在屋檐下多待一夜，也算是给人的一份厚礼。尽管丈夫已死，但要让妻子以为他还活着。哪怕多活一夜也好。

第二天早晨，拉乌莎到学校去之后，我来到你们家。你爹和你娘已经全知道了，但是他们把悲痛藏在心里，想瞒住拉乌莎。但命运是瞒不住的。隐瞒得越久，打击得越疼。于是我们决定收起这种不巧妙的巧计，这种不高明的招儿。我承担了这项艰难的任务。这时候你那小小的儿子安安静静地睡在摇篮里。我看了一眼，就呆住了。我似乎觉得，我马上就要使这个孩子变成孤儿。

谢天谢地，用不着我去完成这项任务了。看样子，拦阻悲痛的堤坝从别处冲开了。两个女人把拉乌莎搀回家来，帮她脱去衣服，扶她坐在衣柜上。

"大肚脐被打死啦，"过了老半天，她才说出话来，"通知书到啦，这就是。"她把已经磨破了的通知书放到桌子上。

"孩子，这不过是死亡通知书，不一定人就死了，"你小娘说，"我们就不相信。我的心感觉到我的孩子还活着。我的心就是他的窝儿,这窝儿还没有凉,就是说,他还没有到坟里去。你要沉住气,孩子。”

我们谁也没有走到拉乌莎跟前,谁也没打算安慰她。可以说,大家就这样地直坐到天黑,没有说一句话。

“命里的事,谁也躲不过,”你爹终于叹了一口气,说,“只好慢慢忍受呀。孩子他娘,把灯点上。好汉的灵魂是光明磊落的,那也不能黑咕隆咚地悼念他。”

那一天晚上,我们各自为你念经祈祷,祭奠你。你小娘是怎么想的,我不知道。

我自己也不知道,死亡通知书怎样来到我手里。我看了好几遍。名字、姓、父称都和你的一样,村子也是咱们村子,只是出生年月不对头。大概是文书弄错了,在你死后又给你添了一些岁数。等一等!这儿为什么写的是“普通兵”?

“他生前是什么军衔?”我在说“生前”的时候,甚至打了一个哆嗦。

你爹问答说:

“到阴间里就不分什么军衔了。那里不按官衔,按品格接待。”

“这儿写的是‘普通兵’。可他当过军官,是军官,”你小娘小声地说,“大概不会把军官写成普通兵吧。”

我们心中燃起希望的火星。

我们且不管人的生死如何,按照姓名为这张通知书寻找另外的主儿。首先把你们同姓的人都摆出来,然后一条街挨一条街、一户挨一户地寻找跟你同名的人。就这样找来找去,一个合适的也找不出来。除了你,谁和这张通知书也对不上号。再说,你的父称在全村是独一无二的……然后我们又想起新分出去的村子阿胡玛奈。从街那一头数起,刚数了几家,你小娘就叫了起来:

“是我妹夫呀!阿克玛奈村的妹夫!唉,苦命的卡菲娅呀!她常常说起自己的丈夫:‘姐,我太爱你妹夫啦。’她请求我:‘给你儿子取他的名字吧。’这是她求我的呀,苦命的妹妹啊!”

“对,我跟亲家翁,跟妹夫的爹也是同名的……他早已去世了,那可是个好人呀。”你爹肯定了你小娘的话。

你和你姨父同名同姓,连父称也完全一样。这是一桩可悲的喜事,比有些灾难还可悲。在漫长的秋夜里,我们一声不响地一直坐到天明。怕的是,我们万一睡着了,我们那可悲的希望会化为一场梦,并且同梦一起化为泡影。

早晨,我带着通知书来到村苏维埃。在村苏维埃当秘书的是一个外地来的姑娘。她怎么也想不到,村里还有一个比你大的同名同姓的人。我们翻看了村苏维埃的一些册簿,从各方面都可以看出,死亡通知书上的人是你的姨父。就这样,我们断定死的是他。结果,就落到他头上了。

第二天是最难受的一天。你姨妈卡菲娅哭着来到你们家,眼睛都哭肿了。她手里拿的就是那一张死亡通知书。她把通知书推给你小娘,说:

“姐姐,哪有这种道理?这通知书是给你们家的嘛。是送给你们家的。可是你们却推给了我。姐姐,给你,把这张倒霉的通知书收回去!”

你小娘搀着她,让她坐到板床上。卡菲娅用恳切和祈求的目

光看了看拉乌莎,说:

"外甥媳妇!我的好外甥媳妇!你总共只有一个孩子,可是我孩子一大群!你连一个都不想让他做孤儿,我能让五个做孤儿吗?五个要替一个受罪呀!天啊,我自己做过孤儿,吃没吃饱过,穿没穿暖过……天啊,天啊,天啊!"

她抽搭了几下,又转身对你小娘说:

"姐姐,你干吗要给你儿子取我丈夫的名字呀?别的名字还少吗?你当初要是不给他取这个名字,也许现在我家不会遭这种横祸。"

你小娘听着快要发疯的妹妹的责备,一句也没有反驳。

"好妹妹,那时候要是知道……要是知道的话,怎么也不会取这个名字。"她抚摩着卡菲娅的头说。

"天啊,这会儿我有什么路走,怎么办呀?我的孩子们指望谁呀?还有什么盼头呀? "卡菲娅又哭了起来。

你爹很歉疚地垂着头,坐在那里一直没有作声,这时候他说:

"只要有我们在,小姨,我们不会不管你。我们一定尽我们的力量帮你拉扯一群孩子。别的安慰你的话,我还不会说,你别生气。我说过的话,一定算数。小姨,你是了解我的。"

拉乌莎一直蜷缩着身子坐在昨天坐的地方,这时候忽然跳起来,抱住卡菲娅哭了起来。卡菲娅也紧紧贴到她身上。她们就这样紧紧抱在一起哭了起来。在她们的怀抱里,夹着一个人的死。死的是哪一个呢?……

……这就是哈米季扬对我讲的事。他当时到医院来，是要给我一叶肺，要把生命分给我一半。他走了，为了另一个人的生命，一下子献出了自己的全部生命。

从那一天起，我就觉得，我小娘的堂妹，卡菲娅姨妈，老是跟在我身后。她那黑黑的、纯真的大眼睛一直望着我，一会儿露出懊恼的神气，一会儿露出伤心的表情。仿佛因为我把朝我射来的子弹拨到姨夫身上，她才收到死亡通知书的。我知道，我没有对不起谁的地方。我自己的痛苦够我受的了。看，那屋檐上滴着的不是零零落落的四月融雪水，而是我有限的日子。也许，最后一滴水滴下来的时候，就是我咽最后一口气的时候。可我暂时还活着。而活着的人总是有痛苦，有希望，也有犹豫。我同样还未失去希望。大概，我的生命比这些水滴的生命更长！……

在这些痛苦的日子里，我悟出了一条简单的道理：在别人的死亡中，就有我的一部分死亡；在我的生命中，保存着牺牲者的一部分生命。哈米季扬白安慰我了。不管什么时候，即使我死，也不是自己死自己的，不是完完全全真正的死。倒是别人用自己的死为我驱走一部分死亡，并将自己的生命借给了我……

……当我还是少年时，有一天日落时候我在萨格尔山山坡上漫步，看到一堆大圆石。看样子，有人把这些石头堆在一起，是想砌一座澡堂炉子的。我从石头堆里掏出一块石头，石头还热热乎乎的呢。我挺奇怪，又摸摸其余的石头，也都热热乎乎的。旁边还有几块石头，我想把这几块石头也堆上去。这几块石头却冰凉冰凉的。原来，就连石头在一起，也能把太阳热保留很久，并且能互相传热。

那么，人呢？有多少人把自己的热、自己的光和力量给了我？从最早的儿时伙伴直到今天……头一个把自己的热给了我的，是我的儿时伙伴阿斯哈特。他一直是比我大两岁：我八岁的时候，他十岁；我满十八岁的时候，他满二十岁。可是后来我的年纪已经比阿斯哈特大一倍了。而且今后还会更大。他就这样停留在人生道路的开端。可我还一直在往前走，走。但是我走得越远，越是经常回头看，经常倾听那些早已迷失在远方、但依然留在记忆中的声音。那声音有时像良心的声音，特别美妙。

省长街上的阿斯哈特

阿斯哈特家住的那条街,叫"省长街"。不过诸位别以为,省长本人住在这里。据说很久很久以前,也许有一百多年了,曾经有一位省长坐着自己的三套马车从这条街的街心里飞驰而过。人们吃过了这位大官的轿式马车荡起的灰尘,马上就又高兴又骄傲地给自己的街取了新的名字——"省长街"。不过,应当说明,这条只有五户人家的短短的小胡同原来的名字"山羊巷"也没有很快被忘掉。每当省长和各式各样的达官贵人滚下宝座,就有人想让"山羊巷"恢复原名。可是,"省长街"上的人,尽管山羊还是嚼着胃里倒出来的草在自己的墙根下转悠,却一致反对这种污辱。"省长街"这样高贵的名字,跟村子里别的一些街道,如"冻烟囱街""三公鸡街""夜猫子街",委实太不配称!因为这些街道名字都带有很浓的愚昧、寒碜、粗俗气味。

这条省长街上别无长物,只有两个特点,那就是贫穷和高傲。五户人家当中有四户,除了山羊和鸡以外再没有别的牲畜,只有阿斯哈特家里有一匹独眼的骒马、一头母牛和一头小公牛。穷是从祖上传下来的，在这里还受到看重和尊敬呢。而且，要是神气起来，那才不得了呢……所有的人，从大人到小孩，全部趾高气扬，好像每个人当真都是省长的亲属。不仅如此，他们还都是了不起的牛大王。听他们吹起来，就好像所有神奇的事都叫他们省长街上的人碰上了。如果省长街上有谁打死一条狼，那狼一定有小牛那样大；如果摸到一条大头鱼就一定有小树那样粗；如果打到一只野鸭子，至少也要有仙鹤那样大，尽管碰到这些走运的事并没有捞到多大油水。像一条腿的沙里亚伊，又有什么好神气的呢？可是连他都说："瘸子跑到最远——这说的就是我。伙计们，我有一条木头腿，才走运呢，这木头腿还是从德国带回来的，不累，不酸不疼，不出汗，也冻不坏。别人要穿一双鞋，我有一只就行啦。"

我还很小的时候，觉得省长街好像远在天边，那里的每一个人，好像都是十分深奥的秘密。只是后来我多少长大些了，才明白，这些骄傲的穷人那些古怪的脾气是怎么来的。他们惟一的支柱、惟一的武器和盾牌就是高傲。奇怪的是，他们总能摆出一点理由，说明别人有钱、有势、有声望是不好的。又穷、又傲、又荒诞的省长街人啊！我一想起你们，不管是至今健在的，不管是早已去世的，都要感到愁闷和忧伤……

有一次，我到村外去找小牛，从省长街上路过。阿斯哈特站在自己的家门前，他那白得像亚麻一样的头发，在阳光中亮闪闪的。他的眼睛也像亚麻的花儿，蓝蓝的。我认识他，但是我们还一次都没有在一块儿玩过。这会儿他恐怕不是要朝我扔石头，就是要向我龇牙，喊我“大肚脐”，我也暗暗准备着还击。

“喂，小家伙，到这儿来！”他喊道。瞧，多么会下命令。

“你过来吧。我要去找小牛。”我回答说。

“你别怕，我不打人，保你没事儿。”

我站了下来，紧紧握起右拳，并且把拳头藏到背后——也许用得上呢。他不慌不忙地走到我跟前，朝我看了看，——就好像有两个蓝蓝的光点在我身上跑过——然后伸过一只张开的手掌，差点儿抵到我的鼻子上。

“什么味儿？”

我莫名其妙地闭上嘴。如果他伸过来的不是空空的手掌，而是拳头，那一切就清楚了。孩子想打架的时候，就要让人闻闻拳头……

“喂，你说呀，什么味儿？”他又问了一遍。

“狗爪子气味。”我本来想这样说，可是一看到他那毫无恶意的笑容，就没有说出口。

“什么味儿也没有。”

“你好好儿闻闻嘛，”他还是不肯罢休，“你拿鼻子吸。”

他又往前伸了伸，我当真闻起他皴裂的脏手。但是我闻不出什么明显的味道。

“哎，你呀，”他用瞧不起人的口气说，“连这都闻不出来。饼子味道嘛，还是油饼呢。我刚才吃油饼来着。”

这倒使我觉得奇怪了——连吃油饼都要谝一谝！他吃油饼不吃油饼——干我什么事！

“吃就吃好啦，有什么了不起的……我要去找小牛。”

“咱们一块儿去找，好吗？我一下子就给你找到。”

“去就去吧……”

来到小山沟（这地方我们都这样叫）跟前，我们已经是手拉着手往前走了。这短短的一会儿工夫，阿斯哈特就使我跟他亲热起来。

“喂，等一等，你的口袋里鼓鼓囊囊的，里面是什么东西？”

“面包头儿。”

“瞎说。一定是石头。”

“你要是不信，就瞧瞧，”我从口袋里掏出老大的一块面包头，“拿来引小牛的。”

“小牛不用引，咱们也能赶回去。咱们还是坐下来，把这面包头儿吃掉。”

“你说你刚刚吃过饼子嘛……”

“单是吃饼子吃不饱。饼子要跟面包一块儿吃。”

“那你就一块儿吃嘛。”

“没有面包呀。”阿斯哈特毫不掩饰地说。

这世界上的事真怪呀！有些人家天天吃饼子，没有面包；另一些人家光是吃面包，见不到饼子。比如说，我们家就只有每星期五才吃饼子。阿斯哈特眼巴巴地望了望面包头，又舔嘴唇，又吧嗒嘴。

“给你，吃吧。”我把面包头儿给了他。他小心翼翼地把面包头儿掰开，递给我一半。我没有要。

“是有一些人，见了面包不馋。”他说着，坐到草地上，伸开细细的小腿，把小褂的前襟在膝盖上铺平了，就不慌不忙地吃了起来。有时面包末子掉到衣襟上，他马上就扫到手心上，放进嘴里。

“吃面包就要坐着吃，”他对我解释说，“站着吃怎么都吃不饱。面包末子掉到地上——是罪过。谁要是有了罪过，到了地狱里就要挨火烧，死后一定跑不掉。”他慢慢地嚼好最后一小块，吞了下去。但是他不慌着站起来。一块面包头儿下肚，他显然高兴极了，于是给我讲了一个很有意思的故事。

“我爹说，很久很久以前，有一回，一个皇帝骑马在草原上走。他走着走着，饿了。皇帝就从怀里掏出一块面包，也不下马，就在马上吃起来。就是说，皇上来不及下马，有急事呢。他已经吃完最后一口，这时候却有一点点面包末子滚到了地上。皇上跳下马，找起那一点点面包末子。找呀，找呀，怎么都找不到。他手脚着地，围着自己的马爬了三天三夜。还是没有找到。到第四天，皇帝回家了，天大的灾祸就像黑云一样，降临到他的皇宫里。整整三天以前，他宠爱的皇太子淹死了。皇帝怕天怒还没有完全发尽，就在掉下面包末子的地方盖了一座有很多高塔的清真寺。盖过清真寺以后，老天爷是不是就开恩了——那我们就不知道了，没有听说过。”

这个奇怪的小家伙讲的故事多有意思啊！

有几只喜鹊叽叽喳喳在头顶上飞过。我知道，这是白肋的喜鹊在教小喜鹊飞哩。上个星期椋鸟和燕子学飞，今天是喜鹊学飞了。我连忙捡起一块石头，瞄了瞄，朝喜鹊扔去。

“喜鹊，喜鹊，偷东西的家伙，给你一石头！”

“万一你真打中呢？”阿斯哈特跳了起来。

“该它们倒霉。喜鹊又不是夜莺。喜鹊偷鸡蛋。”

“喜鹊也心疼自己的孩子，喜鹊也有心。什么东西都有心，树、石头、每一棵小草都有心，你看，就连顶小顶小的草，都在拼命往上长呢。手指头割破了，红红的血就要流出来，树枝折断了，树枝也要流血，不过血是白颜色的。你要是拿铁来敲铁，就丁当丁当响，是不是？这是铁在哭呢。”

这个阿斯哈特什么事不知道啊？也许，他本来就不是人？亚麻色的头发，深蓝色的眼睛，白色的睫毛……我心里都有点怕了起来。在我们这里，他这样长相的，就他一个，就好像在一群黑鸡的窝儿里，单单有一只白小鸭。是不是他在摇篮里的时候，魔鬼来偷换过？听人说，魔鬼常常把小娃子偷走，把自己的鬼娃子偷偷地换上。哦，不是的！当然不是——魔鬼有这样聪明，这样好吗？

不管在小山沟里，不管在大山沟里，我们都没有找到小牛，四处找遍了，钻过白桦树林，到过穆库什水泉，饱饱地喝了一顿泉水，谁家的小牛都碰上过，可是我家的“白头顶”连影子都没有。我们跑累了，这才歪歪倒倒地回到家里。我们一看，“白头顶”在我家篱笆阴影里舒舒服服地躺着呢。我们连忙开了大门，吆喝着把小牛赶进了院子。

我大娘正在夏天的厨房里忙活着，一看到我们和小牛，就连声夸奖起我来：

“多亏了你呀，好孩子，已经长大懂事啦，现在我有依靠啦。”

“大娘，这不是我，这是小牛已经懂事啦。”

“这么说，你们两个都懂事啦。”

“大娘，这个孩子叫阿斯哈特，他帮咱们找小牛来。”

“也多亏了他。这么说,你们三个都懂事啦。孩子,你到地窖里去,弄点凉酸酒来,跟客人一块儿喝喝。”

“就着面包喝,好吗?”

“也有面包。”

“好啦,我该回家了,”阿斯哈特犹豫地说,“大概家里已经煮好鸡蛋啦。”

大娘听了这话,会意地笑了笑,并且十分热心地劝起他来。

“遇到什么就吃什么。鸡蛋以后再吃不晚。招待客人,一碗酸酒里要加一汤匙酸奶油。”后面这句话已经是对我说的了。

阿斯哈特没有再要人劝。

我们在敞棚的凉荫里坐了下来,一上一下地舞起我们的汤匙。后来客人舔干净了自己的碗,才说出了使我觉得很新奇的事:

“刚才我说吃过饼子,是瞎说。我们就靠吃糠过日子,已经有一个多星期了,而且糠也只能一天吃一次。我爹天天钻到清真寺里不出来,我大哥到城里去了,一去就没有音信,家里事就靠我和伊布莱撑着。姐姐们一点都不顶事!”

这会儿他的声音中再没有原来那种高傲和无忧无虑的意味,他在我面前成了一个小老头儿,并且讲起了自己的苦楚。

“我们身上已经一点油都没有了。昨天我和伊布莱在太阳下面晒肚皮,晒呀晒,一点油都晒不出来。后来我给我二哥伊布莱编了支歌儿。你要是不告诉别人,我就唱给你听听。”

“我凭面包起誓。”我马上说。

“你不起誓,我也相信。你听,这歌儿可好玩儿?

伊布莱，两寸长，
出油出了两小缸——
他在太阳里晒肚子，
拉出了黄油油的糠！”

“真好玩儿。伊布莱又怎么说？”

“他用搓树皮绳的木把儿照我脑袋上敲了一下子。你没看见，有个大疙瘩吗？不要紧，会消下去的，不会一辈子长在这里。可是这歌儿却跑不掉了。用木把儿砸也砸不掉。”

阿斯哈特是个心直口也直的孩子。他把自己的秘密一个一个地说了出来。

“别人给我起的外号叫‘红蚊子’，这是因为我皮肉的颜色，还因为我的舌头刻薄。俗话说：‘秧鸡的死是自己唤来的。’我也老是因为自己的舌头倒霉，外号我倒是不在乎，能叫我少掉一块肉不成？红蚊子——有什么稀奇的！……”

“我也有外号，”我也不甘落后，插嘴说，“就是很不好听。”

“咦——咦——咦！”阿斯哈特高声叫了起来，“才不是呢，你的外号好极啦——大肚脐！人世间最要紧的东西就是肚脐。连接车轮跟车身的是什么？是车轴，也就是肚脐。小孩子在娘肚子里靠什么跟娘连接——靠肚脐！最受尊敬、最有名的人不叫别的什么，也是叫‘大地的肚脐’！再说，哪里生孩子，你就跟你大娘到哪里去，一家又一家，吃了一桌又一桌。这都亏了谁？全亏了肚脐呗！”

“小心点儿，你要是再提起，咱们会打架的。”我警告他说。

“你真糊涂，我要是有你这个外号，还要到处去谝谝呢。”

“我可不想去谝。”我毫不客气地说。

这个问题他也没有再说。

可是，阿斯哈特每提到“大肚脐”，我已经不觉得那样生气了。我不叫他提，多半还是为了礼节：做客人嘛，别太随便了。可如果别人提到，那我就要气疯了。没过几天我就为这跟哈米季扬打了一架。像两只公鸡一样，厮打得到处是血。但是，“大肚脐”渐渐地粘到了我的身上，粘得死死的：用牙咬，用指甲抓，怎么都甩不掉。我打败了，向它低下了头……

一天的工夫，阿斯哈特就把我迷住了。他还没走出大门，我就想念起他来。从这一天起，我们就成了形影不离的好朋友。

阿斯哈特天生是个苦命孩子，样样灾难都朝他的头上落。在古尔邦节前，就有两桩不幸的事情一前一后落到他的头上。

有一天，我从房后跑去找阿斯哈特，这时候牲口群刚刚赶回村。阿斯哈特和他二哥伊布莱正把牲口往牛棚里赶。公牛乖乖地走着，可是母牛却犟着不肯走。不论好声好气地吆喝，还是用树条子抽，都不肯走，看样子，牛见了自己的棚子，就感到厌了。没有了主意的伊布莱甚至骑到牛背上，想这样把牛赶进去。还是不行。那牛忽然朝旁边一蹦，不走运的骑手就飞到了干粪堆上。这一下正好笑话和挖苦伊布莱。阿斯哈特马上就编出歌来：

小伊布莱一边跨上马儿，一边叫：

“马儿，马儿，驮我跑！”

马儿摇起了两个大角，

还“不！不！不！”的哞哞叫。

伊布莱连眼睛都瞪圆了，他朝阿斯哈特奔来，但是阿斯哈特提防着，并且十分机灵地把话题一转：

“母牛有劲还是公牛有劲？”

“公牛！”我和伊布莱齐声说。连顶小的孩子都知道，男人比女人有劲嘛。

“那咱们来把母牛拖进去。”

“怎么拖？”

“把两条牛的尾巴拴到一块儿。”阿斯哈特指了指公牛和母牛。

伊布莱一辈子也想不出这样的妙点子，他的脑袋瓜太笨啦。但是他这当哥哥的面子还是要尽量保持一下的。

“你这莽撞东西！我当哥的想好了这个主意，可是你接过去，抢着说了出来。我叫你说话来着？”

“好像没有……”

“好啦，小弟，只要有我在，你就听我的，不要瞎胡闹。我这脑袋瓜是个宝贝。”他敲了敲自己的额头。“省长街人”的气味一阵一阵地扑过来：这话看来主要是说给我听的。

“把公牛牵过来。”

阿斯哈特把十分听话的花公牛牵到母牛跟前，伊布莱亲自把两条牛的尾巴结结实实地拴到一起。阿斯哈特抓住公牛的角，轻轻地朝牛棚里拖。母牛死也不肯走，好像四只蹄子全长在了地上。但是公牛也不含糊，没有丢男子汉的脸，鼓足了劲儿，勇猛顽强地拖了起来。两个可怜的畜生的两条尾巴拉得紧紧的,越来越细。这时候伊布莱还想叫公牛加把劲儿,用树条子照公牛身上抽了几下,那傻瓜跳将起来,拼命往前冲。就在这时候,听到“叭”的一声。我们一看,在公牛原来长尾巴的地方,只剩下毛茸茸的一小截,血涌了出来,公牛不要命地叫着,满院子狂跑起来。那牛跑到房子跟前,又朝歪斜的篱笆冲去,篱笆倒在地上,可怜的公牛像发了疯似的跳过篱笆,朝山岗上窜去。

我们三个人一齐去撵公牛。天已经黑了,我们才把公牛牵回来。公牛疼得又狂跑了一阵,一点劲儿都没有了,连头都抬不起来,嘴里还不住地流着哈喇子。

我们在大门口碰上了阿斯哈特和伊布莱的爹伊斯坎德尔大叔。他缠着头巾,看样子是准备上清真寺里参加晚祷的,他手里拿着公牛的尾巴。公牛的事,阿斯哈特和伊布莱的大姐看见了,大概,她对他全说了。所以伊斯坎德尔大叔不想再问详情细节。

“是哪个狗东西想出的主意?”他一面问,一面摇晃着牛尾巴。

“是阿斯哈特想出来的,”伊布莱说,“这种主意,爹,我想都想不出来。”

“又是你! 你爹,你娘——都是体面人,规矩人! 狗才养你这个狗杂种!”

这位虔诚的清真教徒骂了一顿脏话,就用老粗的血糊糊的半截牛尾巴照阿斯哈特身上抽着,扯着他的耳朵朝牛棚里拖去。他没有去参加晚祷,而是把瘦得一滴油都没有了的小儿子打了个半死。伊布莱一下子就跑得没影子。阿斯哈特一声不吭,只有牛尾巴的刷刷声从黑乎乎的牛棚里传出来。

终于出现了伊斯坎德尔大叔的白头巾。

“你在这儿干什么？回家吧！”他朝我吼道，但是他没有站下来，一脚把台阶上洗手罐踢得远远的，便走进房里。

我悄悄地走到阿斯哈特跟前。他脸朝下趴在一堆麦秸上，只是偶尔地抽搭两声。我不知道该对他说什么，只是一声不响地靠着他的头蹲了下来。阿斯哈特小心地伸出一只手，摸了摸我的膝盖。这时候，我大娘的声音传到跟前，她在唤我呢。

“大娘，我在这儿！”

“在哪儿？”

“在伊斯坎德尔大叔家牛棚里。”

“黑灯瞎火的，你待在人家牛棚里干什么？”

“阿斯哈特他爹把他打得要死啦。因为牛尾巴，他都爬不起来啦。”

她也没有问什么样的牛，又是什么样的尾巴，摸索着走到正在呻吟的阿斯哈特跟前，小心地扶着他站了起来。

“孩子，咱们上房里去。”

“哎哟哟，背上好疼哟！”阿斯哈特叫了起来。

大娘搀着他走进房里。

在伊斯坎德尔的房里，只点着一盏昏暗的圣灯。房里的人，除了家主以外，看样子都躲到了帏幔后面，一点声音都听不到。老头子坐在蒲团上，数着念珠。

“伊斯坎德尔，放下你的念珠吧。”我大娘提高嗓门儿说。他还在数念珠。“我跟你说话呢。”她又喊了一声。

伊斯坎德尔大叔没有放下念珠，但是他那拨动得很快的手指头在念珠上停住不动了。

“你好，嫂子……进来吧，”他挤着牙缝小声说，“请上面坐……”

“你不信主啦？”她掀开阿斯哈特的小褂，指了指那打得一条条伤痕、渗着血的脊梁。“我要说你是野兽，可是野兽都不这样折腾自己的孩子。你比野兽都残忍。你不敬主，你也不配做人。你所有那些祷告全是白费力气！”

“嫂子，不要往主上面扯！可不能惹起主怒……”

“你今后不要折腾人。要是有人咒，到坟墓里都不得安生。”

我还没看到我大娘这样生过气。就像一只母鹅，为保护自己的小鹅，冲着老鹰扑去。而且这小鹅不是她的。就算不是，可她是他的产婆啊。

“你要当心，”她警告老头子说，“今后对孩子连一个指头都不能动。现在你在他心里种下冤屈，以后你收到的是仇恨。父子之间有了仇，是最大的祸事。”

伊斯坎德尔大叔没有再争辩。如果是别人对他说这番话，老头子会大发脾气的。但是却不敢顶撞我大娘。村子里谁都不敢顶撞她。

“喂，布幔后面是谁在那里？”伊斯坎德尔喊道，“客人来啦，你们没听到吗？把茶炊端上来！”

布幔后面传出沙沙声、丁当声，但是没有回答声。我大娘把阿斯哈特放在蒲团上，我们便走了出来。

“大娘，牛尾巴断了，还能长吗？”我在回家的路上问道。

“能长，尾巴也能长。就是希望破灭了，长不好；还有，受了亲人折腾，忘不掉……”

后面的话的意思，我自然不懂。

阿斯哈特另一桩倒霉事，就发生在古尔邦节的前一天。

我们街上所有的孩子都商量好了：到过节的那一天午后，我们到阿克玛纳伊湖上去洗马。我大哥穆尔塔萨也准许我带上我家的灰骟马。

在阿克玛纳伊湖上洗马——才是真正的过节。在去湖上以前，每个孩子都要用刷子把自己的马刷干净，把马鬃上的苍耳子摘干净，甚至还要把马鬃编成一条一条的小辫儿。谁要是想给马打扮打扮，还要把各种各样鲜艳的彩带编进小辫儿里。

我们家的人都不喜欢这样讲究。马身上凡是我够得到的地方，我先刷过了；站在地上够不到的地方，我又骑到马上去刷了刷，刷得干干净净，然后我才去找阿斯哈特。

阿斯哈特背上伤口结的痂已开始脱落，脸上的青斑也已经由黑变黄。如果有人问他是怎么伤的，他马上就回答“叫公牛撞的”。他叫我也这样说。为什么又偏偏叫可怜的没有尾巴的公牛受冤枉呀？

他家那匹独眼的青骒马站在院心里，打扮得漂漂亮亮，花枝招展，就好像一位要去见新郎的新娘。这哪里是青骒马，美得简直像幅画。两个耳朵上扎着两块带穗子的绣花头巾，马鬃上编了红色和蓝色的绸带。甚至前蹄腕骨上还缠了白布，尾巴呢……尾巴上闪耀着各种各样大大小小的钱币，有铜的，也有银的。可是眼睛只有一只。就连这一只还不住地眨巴着，流着脓，真够瞧的！那么，骒马这一身打扮又是从哪里来的呢？不难猜想，想必是弟兄两个好好地翻了一下两个姐姐的嫁妆箱子。也许，不完全是这样。也许是两个姐姐自动拿出来的。自从阿斯哈特几乎被打死以后她们对他心软些了。

伊布莱和阿斯哈特从两边抓住树皮编的马笼头，拉着打扮得花花绿绿、短脖子、肚子下垂的骒马，像跳舞一样在原地踏着步子，合着拍子小声唱着：

海特，我的大青马，
我的马是一匹烈马，
脖子像天鹅，
性子像烈火！
你跑起来一步顶五步，
你飞起来连风都要让路。
海特，我的大青马！
谁要能在你身上坐得惯，
他就是好汉当中的好汉：
又稳，又牢，心里又不怕，
可汗的女儿都要嫁给他。
海特，我的大青马！
你那好看的尾巴在风中飞奔，
让你的明亮的眼睛给我照路！
海特！

青骒马听到这么高的赞扬，既不晃脑袋，又不摇尾巴，只管老老实实地站着。只是听了带有恳求意味的“让你的明亮的眼睛给我照路”，好像打了一下哆嗦。看样子，青骒马对于自己的眼睛倒是抱着实事求是的态度，这样过分地奉承，它听了很不高兴。它忽然朝阿斯哈特转过头来，把他的耳朵齐根咬了下来。明天就要过节了啊……

这一年过节过得很不痛快。我被打伤了，躺在床上，吐了血。我的好朋友这一辈子就只有一只耳朵了。

……后来三公鸡街上的老卡德尔古尔的儿子伊什穆尔萨出生，又把我跟我大娘找去了。这是我过的最后一个“接生节”。

但是，从庆贺伊什穆尔萨山生的宴席上，我还是给我的朋友带回了礼物。我把我的两个口袋塞满了蜜饯。把一个口袋里的蜜饯掏给了弟弟和妹妹，另一个口袋没有动。

傍晚，我骑上灰骟马到村外去放牧，顺路去找阿斯哈待。他也骑上青骒马出了门。我们过了沟，用绳索挽住马腿，让马自己吃草，我们在草地上坐了下来。伸手到口袋里去掏礼物，但是黏糊糊的蜜饯粘到了麻布裤子上。只好把口袋完全翻了过来，才把蜜饯扯了下来。阿斯哈特分出一半递给我。

“我吃够啦，喉咙里还有呢。你瞧！”我张开嘴，让他看。

他还像往常那样，不慌不忙，斯斯文文地吃了起来。

“我今天又挨打了。”我的好朋友摸弄了一下脸颊，说道。

“因为什么？”

“因为唱歌。我爹早上醒来，满头都是鹅毛鸭毛，他的枕头夜里破了，我不该马上唱起歌儿来：

我爹早晨起来，

满头鹅毛鸭毛。

啊，鹅毛鸭毛乱飞，

又是鸡飞，又是狗跳！

‘我叫你他妈的耍贫嘴。’我爹大喝一声，就拿鞋底打起我来——打我的屁股，打得我实在够呛。我真浑蛋，连自己的嘴巴都管不住。”

如果猛然一看，白头发、一只耳朵的阿斯哈特就像一把断了一个耳朵的茶炊。夕阳的光在他头发里闪烁着，就像阳光在茶炊的透明烟气中不停地闪烁变幻。

山下隐隐现出一片清亮的蓝色。

“你看，那蓝蓝的，”阿斯哈特说，“那是从天上落下来的。天空晒了一整天，晒烫了，所以一到晚上，蓝天上就要落下蓝灰来。”

这话真对。这一片蓝色又能是从哪里来的呢？如果是从地上升起来的，那只能是雾。这天傍晚，清澈而寂静。而渐渐变红的天上没有一片云，地上没有一丝风。有人在草甸子上走过，唱着长长的、伤心的歌儿，只有那歌声打破寂静。想必那人是骑着马走。步行的人不可能唱得这样奔放和这样悲怆。我自己也是这样，只要一骑到马上，要么就高兴得像发了疯一样，要么就伤感起来。

我们只听清了这支歌儿的最后一句：“……一个人不能替别人去死……”

“这是拉马赞，是沙伊赫金的儿子，”阿斯哈特听到歌声，马上就猜出唱歌的是谁，“他想他爹，想得很伤心……”

一个星期以前，出了一桩震动全村的大事。卡沙费金和沙伊赫金兄弟两人在列卡列夫长村边的焦马河上架桥。桥已经架好了，卡沙费金却一失足，掉进河里。他不会游水。沙伊赫金想下去救哥哥，便紧跟着跳了下去。他钻进水里，再也没有露出来。卡沙费金勉勉强强爬上岸，沙伊赫金却一直不见影子。过了三天焦马河下游才漂出了他的尸首……原来，他往水里跳的时候，头撞到水里一棵树桩上了。

拉马赞早就唱完了，可是他的歌声还在我耳朵里响着：“一个人不能替别人去死……”

“阿斯哈特，阿斯哈特！”我对我的伤起心来的朋友说，“真的，如果想一想的话，沙伊赫金就是替别人死的。该是卡沙费金大叔死嘛。”

“我不知道。”阿斯哈特摇了摇头。

这事应该去问问我大娘。她懂得人的出生，想必也懂得人的死。

不过我后来也一直没有去问。她不喜欢别人问死的事。

阿斯哈特老半天没有说话，等到他说起话来，他的声音中有一种叫人猜不透的意味，我心里又惶惶不安起来。

“我有两桩秘密事。你要是不说出去，我就告诉你。你能起誓吗？”

“我凭面包起誓。”

“你们街上那个黑头发、黑眼睛的姑娘法莉达，你是认识的。她的娘和爹都死了,他家的房子很高……”

“我认识。”

“她的后娘天天打她、骂她,她很不幸,就和我一样。我跟她恰好是一对儿。这是神溪边那两棵长在一起、被雷火烧焦的白桦树当中的一棵告诉我的。在这世界上,我最心疼这个姑娘。我连自己都没有这样心疼过。我还为她编了歌儿呢:

黑屋里有个姑娘,
她哭,她又饿又冷。
可怜的姑娘呀,
真叫我心疼。

我一唱这支歌,就要哭。”

“你哭,对她有什么好处?”

“目前还没有好处。可是等我长大了,我会爱她的,有那么一天,一个春天的早晨,太阳就要出来的时候,我挽着她的手,一块儿去迎接太阳。鸟儿不住声地给我们唱歌,蝴蝶在前面纷纷飞着,给我们引路。看到我们高兴的样子,花儿都低下头,毒蛇钻进洞里,狼也躲进狼窝儿里。我们要朝上走,爬到地上最高的地方,比仙女山还高,连蓝天都要跑到脚底下。那地方到处是又高又密的青草。要是稍微弯一弯身子,青草就能完全把我们遮起来。我就在草丛里偷偷地亲她的左腮。她的左腮上有一颗很好看的痣……”

“呸! 偏要干这号儿事!”

我很不喜欢阿斯哈特亲嘴。法莉达让人在密密的草丛里亲她，我觉得也很不像话。

“相爱的人就要亲嘴，不亲嘴就是不行。我不是现在亲嘴，是等我长大了的时候……要不是法莉达死了爹娘，要不是后娘天天打骂她，我也不会爱上她。有福气的人，我才不稀罕呢。那两棵连根的白桦树中的一棵就是这样对我说的：‘无依无靠的，最需要支架；孤独的，最需要朋友。’像我和法莉达这样无依无靠的，就需要互相做支架。不过，这事儿你可对谁也不要说。”

“我说过，我起誓不说嘛！怎么，你不相信我起的誓吗？”

“相信倒是相信……”

阿斯哈特这桩秘密不大合我的心意。我相信，他能把法莉达领到最高的山上去，也能让她身上洒满阳光，也能捉到唱歌的鸟儿，他在神溪边学会的歌儿，也能给她唱。蓝天会跑到他们脚下，他们会跑到蓝天上面。他的精力是充沛的。

可是我也认识那个法莉达。每次我从她家门前走过，都要扶一下我的帽子，让帽子端正些，还尽量不拿鼻子大声吸气。阿斯哈特不该对我说出他的“秘密”。这么说，这个头发黑黑的眼睛又黑又亮、左腮上还有一颗痣的姑娘，不能跟我好啦。因为我长到这么大，还没有遇到过什么痛苦事呢。

不管我心里多么难受，朋友的秘密我是永远不会说出去的。月亮可以作证，太阳可以担保……我的朋友没有觉察我也在想心事。他只顾想自己的心事。

“我和她要是能变成小鸟儿，”阿斯哈特说，“飞得远远的。我会劝她飞走的。”

“你要变成什么鸟？是鹰？是天鹅，还是椋鸟？”

他想了半天,后来才回答说:

“算啦,我还是不变鸟嘛。要是我变成鸟,那时候旋风要是来带我走,找我又找不到,就要自己刮走了。”

“什么旋风?”

“这旋风就是我的第二桩秘密了。你再起一回誓!”

“我凭面包起誓!”

我直盯盯地望着阿斯哈特那瘦瘦的脸。他那蓝蓝的眼睛里露出了深思的神情。

“我不是在这里生的,我生在另一块很美很美的地方。那地方绿油油的青草长得高高的,各种各样的果子像灌了蜜一样。有一天,来了一阵可怕的暴风,把我卷了起米,带着我飞过一条条无底的峡谷,一座座黑魆魆的树林、一片片望不到边的平地,把我扔到了这里。用我把另外一个孩子换走了。让我们各人都见见世面:让他知道什么是幸福和欢乐,让我知道什么是灾难和痛苦。如果我不是从外地刮来的,大家就不会像啄别的窝儿里来的鸟儿一样,一齐来啄我。等期限满了,还要把我们两个换过来的。我知道,痛苦和欢乐是成对儿的:有一样痛苦,就有一样欢乐。旋风早晚会从那座白桦林里刮出来,把我卷起,我就要随着风走了。每一回刮起风来,我都要爬到棚子顶上等着。但是时候还没有到。我在这里该尝的还没尝够,该喝的水没有喝完,该吞的火还没有吞尽。”

我心里吓了一跳,说:

“原来你是鬼偷换来的呀!……原来你是魔鬼的儿子呀!”

“不是的,魔鬼的孩子都是黑头发的,没有浅色头发的。我是说，我是从别的世界，从有福人的地方，给弄到这里来的嘛。早晚要把我弄回去的……”

在这以后起过许多次暴风，刮过许多次旋风，但是都没有把我的朋友刮走。阿斯哈特再也没有谈这件事，一次都没有谈。我也没有提过。

就这样，我们在跟命运搏斗中渐渐长大。我们长大成人了。阿斯哈特还很小的时候，伊斯坎德尔大叔不叫他去上学，说：“没事儿干啦，上学有屁用！”后来阿斯哈特自己也不想上学了。所以他一直是个半文盲，勉勉强强能认得字母。但是他在我们村和附近这一带，是个出了名的会说俏皮话、会编故事、会编歌的人。他因为舌头尖刻，有时还要挨打。但是他不丧气，不收缩自己的舌头，只是有时候说一声：“挨打活该。”

但是有一天，黑色的暴风来了，这暴风席卷整个国家，卷起我们的男子汉，刮到了遥远的地方。这风暴不是从美好的国度里来的，而是从一个苦难深重的黑暗国家飞来的。阿斯哈特这时候已经明白，长着绿油油青草的可爱的土地就在这里，就在他的脚下。这股旋风刮着我们，卷着我们到处跑，我们也渐渐成长，命运却各不相同：有的落得死亡，有的得到荣誉。但是，故乡土地上升起神圣的红光，压倒了一切旋风，照亮了生者的英雄业绩，也照亮了死者的坟墓。

战争的旋风把许多人刮到了永远不能回来的地方。阿斯哈特也没有音信了。但是我不能相信。他不是那种一去就没有音信的人。看样子，他的蓝眼睛不知在什么地方跟蓝天融合在一起了。我想不出，他会在地上抽搐着，哆哆嗦嗦地死去。也许，他骑马从马上下来摔死，也许，他坐在着火的飞机上，烧死在高空中。他是一个漂亮男子。我不相信，一个漂亮人会死得不漂亮。他是一个诗人，诗人的死不可能是不像样子的。

过了几年，我以为阿斯哈特已经永远消失在时间的深渊中。可是忽然，他的消息就像看不见的风、听不见的光一样在我们大地上飞过。好像有一个一只耳朵的小伙子在星际奔跑着，手执火把在点燃已经熄灭的星星。那些光线昏暗的，他就剔亮些。这完全可以相信。他是诗人嘛。就是说，诗人做起了诗人该做的事情。

被羞辱的城市

鼻音很重的瓦列金在房子后面劈木柴。他用斧子劈一下，便眼望着上天祈祷一阵子：

“天啊！不管叫哪一个见鬼去吧！要么叫我死，要么叫奶奶死！她天天就知道吆喝：劈柴呀，劈柴呀！”

他又很不情愿地在木头墩子上劈起木柴。木柴很不听话，一个劲儿地往下蹦。

“这柴又硬……斧子又不快！……”他一个劲儿地在埋怨，“干吗都要跟我过不去？”

瓦列金从头上揪下自己那硬邦邦的小圆帽，扔到地上。小圆帽“噗”的一声落在墙根下，扬起一股灰尘。他又抬眼望着蓝天，从他那漫无目的地望着高空的眼睛里涌出了泪水。

“天呀！你就把我这个孤儿带走吧。让奶奶留在这儿吧。让她一个人过过快活日子，让她一个人伺候她的牲口家当吧。老天爷呀，你听见没有？”

瓦列金家里只有他和奶奶两个人。奶奶吉杰尼萨是一位很老的老人家。瓦列金的父亲参加俄德战争，没有回来；母亲改嫁到库修姆村去了。所谓“牲口家当”，只是一头带花斑的黄毛独角山羊。而且山羊也不是山羊，实际上是一只狍子。有时候会带上村里的羊群跑得不见影子。瓦列金常常夸口：“我家的花斑羊是所有牲口的头头儿，你们那些牲口都不行，不管是大肚子的笨老牛，还是糊里糊涂的绵羊，我家花斑羊想带到哪儿去就带到哪儿去。虽说出奶不多不少，没有多余，可是有当头头儿的本领，干事情可靠……”

他还说“干事情可靠”呢。这算什么可靠？几天前我小娘去开妇女会，回来很晚了，我爹带着笑话的口气说：“你怎么，孩子他娘，不想干事情，天天去开会，瞧，你快要变成吉杰尼萨老奶奶家的山羊啦……”小娘只是嘿嘿笑了笑，笑得很不愉快……

我站着，靠在吉杰尼萨老奶奶家的屋角上。瓦列金依然没有发现我。他扔下斧头，一屁股坐到木墩上。他的腮上依然流着泪水。老半天没有作声，然后又抬起头来，望着天空：

“老天啊！我把我的祷告收回来吧。你别叫我们两个死啦。要是我死了，奶奶一个人日子很不好过。两个人在一块儿凑凑合合能过得去。两个苦命人在一块儿，就有了伴儿。”

这时候我不禁怜惜起瓦列金和他的奶奶，我哭了起来。瓦列金哆嗦了一下，朝我转过脸来。起初他不知是害怕，还是生气，朝旁边跳了两下。等他看清旁观者不过是我一个人，就放下心来。

“谁欺负你来？”他很和气地问道。

“没有谁欺负我。”

“干吗要淌眼泪?”

“我陪你流泪……你收回你的祷告,太好了。要不,你到冷冰冰的天上,有什么好玩儿的?”

大概,我这是生平第一次因为别人的痛苦陪着别人哭。至于什么时候陪着别人歌唱,我却不记得了。大概,那是后来,过了很久很久之后……

“你没有哭,我也没有哭。明白吗?”瓦列金说,“流鼻涕淌眼泪——不是男子汉的事情。”

“明白啦。”我点了点头,说。显然我并没有完全明白。而且后来我也没有真正明白这一点。有时候甚至一些宁折不弯的男子汉放声大哭起来,我也不觉得奇怪,不责备他们。假如连石头也忽然流起泪来,我也会说:看样子,那是心里痛得厉害……

“这块木头疙瘩我要是三斧子劈不开,我就不叫瓦列金了。”他说过这话,便往手心里吐了三口唾沫,抓起斧头,狠狠地劈下来……劈下的第一根木柴很轻快地从木墩上蹦了下来。瓦列金便接连不停地劈了起来,只见劈下来的木柴不住地往旁边滚。真够稀奇!是斧头一下子变快了呢,还是木头疙瘩变软和了?

吉杰尼萨来到院子里。她看着孙子,欢喜得不得了。

“看,我家孩子真能干!我家孩子真听话!干起活儿,多么发狠!我就指望他呢,他是我的金柱子……连帽子都不戴啦。他要是再把劈的柴搬回屋里……”

“我来搬!”我说过这话,便连忙把劈柴往怀里搂。

“你也是很听话的孩子，你家的人心眼儿都很好，”老人家又一股劲儿地夸奖起我来，“给别人做了好事，必定有好报。”她说过这话，便回屋里去了。

我一口气就抱进去两抱。

他们家的屋子很小，横竖只有五尺长，然而却是我们主要的集会场所。不论冬天，不论夏天，我们上街头的孩子都在这里集会。在这儿很自由。没有人数落，没有人骂。所以，吉杰尼萨奶奶叫我们干什么小事情，我们都会毫不迟疑地、很热心地去干。说实话，她这很瘦弱的“金柱子”干活儿实在不怎么样，真不配这样的夸奖。高兴干就干，不高兴的时候，就是拿棍子打，就是打死他，他也不干。他犟起来，谁也没办法。

我们集会，就像一群山雀见了新鲜食儿一样：只要有一个来到，转眼工夫所有的孩子都会跑了来。这一次，紧随我之后，哈米季扬来了，紧跟着他的是晒哈达尔，然后是伊布莱和阿斯哈特，胡萨银的儿子穆哈良，白脸尤马古尔的儿子阿诺尔。最后是我们的队长。

上午我们各玩各的：有的在这儿做一些能做得了的事情，有的玩小小的游戏。到下午我们凑到一块儿，划分成两方军队。要玩最大的、最好玩儿的游戏，这游戏就叫“俄德战争”。我巴不得再做一次强大的“俄高加索”。就是有一点不好：我常常被划来划去，一会儿把我划归俄罗斯一方，一会儿又把我划归德国一方。不过，不管在哪一边，我都打得很带劲儿，毫不心疼什么，难得有哪一次不打得鼻子流血，眼青脸肿。撕掉几个扣子是家常便饭，撕掉整个领子也不算稀罕。大娘给我缝补都来不及。

这一回,眼看着“俄德战争”就要大打起来,外号“好手气”的纳西普气喘吁吁地跑来了。这个纳西普是很有趣的,不管我们要干什么,他总要说:“伙计们,让我来开头儿,我的手气好。”我们要钓鱼,他总是忙不迭地第一个把自己的钓竿甩出去,说:“我手气好,一下子就能把鱼引来咬咱们的钩。”啪的一声,他的浮子落到水里。那浮子向下一沉,摇晃几下,好像要坐舒服些,然后就一动不动了。别的浮子也静静地待着,一动也不动。“别着急……别着急……”纳西普小声说,“这是鱼要试试咱们的耐性。耐性越大,来的鱼越多。”所以,你就耐心地等吧……有时候我们到森林里去采野果子,也总是纳西普抢在头里:“伙计们,让我先摘第一个,我手气好,咱们准能摘许多许多。”但实际上,有时摘很多很多,有时连影子也见不到。去年开镰割黑麦的时候,又是他说:“爹,让我来割第一把,我的手气好,割起来就顺顺当当。”他刚刚说过这话,挥起镰刀一割,就砍在左手小指头上,一直砍到骨头。纳西普那一双好运气的手什么罪没受过呀!他做箭头,把手上的肉剁下一块;到山边石头缝里摸鸟蛋,石头把手背划一道大口子;就是他关门,也常常把手夹破。但他还是一心一意相信他的手气好。我一看到纳西普那股忙活劲儿,心里就有气。我在心里说:“他想诓诓自己哩。”后来,过了很多年之后,我才明白,纳西普不是为了自己,是希望大家得到好处。

将来有一天,他会证实,他的手气确实很好,将永远证实……

且说,那一回“俄德战争”眼看着就要大打起来的时候,“好手气”纳西普呼哧呼哧地跑来报告说:

“伙计们！我爹和圆头塔利普在说话呢。圆头塔利普说，城里的俄罗斯人在过面包节呢。这一天，他们见了人就给面包，不要钱。面包雪白雪白的，有这么大……”他比划了一下面包的大小，至少有磨盘那么大。

这消息确实惊人。我们的眼睛瞪得老大，而且一下子惊愕得连话都说不出来了。

“恐怕，他是扯谎。”晒哈达尔第一个回过神来，说。这个晒哈达尔处处都想捞点便宜。他有一双铁打的冰刀。我借他的冰刀在白脸尤马古尔家那条带陡坡的巷子里滑两次，就要给他一分钱。滑六次，就要给三分。再多滑，就没有钱给他了。每年冬天一来，我口袋里的钱都要叫他弄得光光的。

“要是他扯谎，我爹怎么会信他的话呢？谁要是扯谎，我爹连一句也不相信。”

“当然啦，圆头塔利普是有扯谎的毛病，”这时候沙吉杜拉才插嘴说，“可是，城里过面包节，也许有这种事。”

“当然有这种事啦。”喜欢帮腔的瓦列金连忙说。

“也许你们要问，这是为什么？”我们的队长提出这个问题。

我们一齐望着他那薄薄的嘴唇，就等着从这张嘴里飞出答案，就好像等着椋鸟窝里飞出报春的椋鸟那样。可是他没有马上说出答案，倒是又提了一个问题：

“面包是打哪儿来的？”

“打哪儿来的，打炉子里出来的呗！”伊布莱想表现表现他的机灵，要让我们大吃一惊。

“你才是打炉子里出来的哩，不过你出炉早了点儿，还没有烤好……”我们队长的嘴有时候十分尖刻。

“面包是用白面粉做的。”白脸尤马古尔的儿子阿诺尔解释说。可是沙吉杜拉根本不理睬他的话。

“伙计们，‘面包’这个词儿是从‘城堡’这个词儿来的。这就是说，城里的面包，城里吃的东西。”

嘿，我这个沙吉杜拉大哥什么事不知道呀！

“城里过节就过节好啦，咱们干吗要管这些事？”晒哈达尔又插嘴说，“咱们还是来玩‘找帽子’吧。”

“究竟什么时候过面包节？”

“不知道……可是圆头塔利普对我爹说，他就吃过这种面包。”

“他什么时候吃的，是昨天、今天，还是一年以前？”沙吉杜拉紧追着问道。纳西普慌了。

“他是今天说的，那想必是今天吃的……也许是昨天……”纳西普嘟嘟哝哝地说，“他是刚从城里回来，就到我们家来了。”

“圆头塔利普明年要打的兔子，今年就要到处说遍；去年的秘密，他更不会保留到今年。”穆哈良终于插嘴了。他和沙吉杜拉，和瓦列金都是同岁，个头儿也长得很高。他对队长的号令执行得不怎么带劲，很少参加打架和游戏。

“如果根本没有兔子呢？”晒哈达尔还是不怎么相信。

“如果没有，他就不会说。他说的都是有根有底的事。”

“要不要我来对你们仔细说一说？”瓦列金忽然说道。

“你说吧！”

“俄罗斯人怎样过节，我全知道。他们一过节就要过上个把礼拜，时间短了不过瘾。总要从这个礼拜玩到那个礼拜天……”

瓦列金说这话是有来历的。他妈妈改嫁的时候，他跟着妈妈在俄罗斯人的村子里住了三四个月。他在那里学会了像小猪一样打嘟噜。嘟噜起来像得很，他奶奶听了都害怕。但他没有学会说俄语。

“今天是礼拜几?”队长问道。

“礼拜五。今天在清真寺做过中午礼拜。”阿斯哈特说。

“要是这样的话，面包节就还没有过完。”沙吉杜拉做出结论。他的脸上闪过一阵得意的神色，“谁想美美地吃一顿白面包，站到我右边来!”

除了晒哈达尔和穆哈良，我们都像小鸭子下河一样，一个接一个都站到队长的右边。

“你们两个怎么啦，白面包还没有到嘴就吃够啦?”

“我不去。大概，吃一回白面包，也发不了大财。”晒哈达尔耸耸肩膀，说。

“今天晚上我要跟我爹上乌尔沙克磨坊里去磨黑麦，”穆哈良说，“我们没福气吃白面包，黑面包还接不上呢……”

为了吃一顿白的面包，我们情愿跑上五十多里路。是什么原因，是馋，是饿，还是太傻?还是另有别的原因?现在，到了人生暮年，我回顾往事，才明白，问题完全不在于面包，而在于我们本身。因为我们小时候，善于在贫困的枝丛中寻找欢乐的幼芽，在成堆的痛苦中寻找甜蜜的微粒儿。正因为这样，等我们长大了，等我们明白事理，等我们懂得爱情以后，我们仅仅为了得到妈妈的祝福，情愿经受一千次考验；为了和心上人见上一面，宁可用手捂着胸膛上的伤口，跋涉几千里，从前方回到故乡，哪怕住上一天，哪怕住上一小时……

“沙吉杜拉！你们不怕吉杰尼萨奶奶心烦吗？你们在那儿撞来撞去，简直就像一群小牛！看，你爹回来啦，喝醉啦，你快来卸马！天呀，有这爷儿仨，真够我受的！一个是酒鬼，再一个傻头傻脑，还有一个天天在外面撒野！沙吉杜拉，听见没有？”这是队长的妈妈敏列凯大婶在街对过喊叫和数落。她的嗓门儿全村都能听得见。所以，就连他们家的秘密也在家里待不住。

“‘俄德战争’今天不打了，”队长宣布说，“明天，等放牲口的出门，大家都在采砂场旁边上城里去的大路上集合。要注意，不能让任何别的人看见。”他带着一种暗示的意味朝晒哈达尔和穆哈良看了看。

我们也都没有劲头玩儿了。他走过之后，我们也都一声不响地各自回家了。

这一次我等待天黑等了很久，但终于黑了下来。我躺下来，很怕睡着了。我连气也不敢喘，生怕大娘发现我不睡觉。她在小声祈祷。我听着她的祈祷声，心里有点儿害怕：就好像黑夜中有鬼魂来临，她在同鬼魂说话哩。只有照在窗台上的月光多少给我壮一壮胆子。弟弟妹妹早已睡着了，还不住地翻身呢。

“好孩子，你心里有什么事儿？干吗不睡觉？”

我没有作声。我知道，只要我一开口，就会把一切全对她说出来。同别人捣鬼，耍花招儿，扯谎，我都会，而且常常这样干，但就是不会同大娘这样。

“明天你想去干什么好事儿?”

我心里紧张起来。

“你怎么知道我要干什么事?”

“我就知道嘛。”

现在我回忆起那天晚上,至今还惊奇和佩服大娘的洞察力。因为她没有问:“你怎么睡不着觉,闯了什么祸?”她知道,小孩子不思考过去,不会后悔和惋惜,只是一心一意盼望将来。

“大娘,你猜对了。明天,沙吉杜拉大哥要带我们孩子们上城里去,去过俄罗斯人的面包节。白吃一顿白面包。”

“孩子,他们过节是在春天,在山沟里发大水的时候。”

“不对,是现在……就是明天。这是圆头塔利普说的。”

“好吧,要是圆头塔利普说……那就是真的啦。”我看不见她的脸,但我感觉出她在笑,“你们就去吧。小孩子跑跑路没有坏处。现在就睡吧。”

“万一我睡过了头呢?不等天亮我们就走啊。”

“不会睡过头,我到时候叫醒你。”

天麻麻亮,我大娘叫醒了我。她用红布包了一块面包,递给我。我怎么也不肯带:

“大娘,不用带面包,我们到那儿白面包可以吃个够。”

“带上,带上吧,要是觉得累赘,到半路上扔到野蒿底下喂兔子好啦。可是不到半路不能扔,要忍着点儿。还要把这块布带回来。”

我接过面包，只是为了不让大娘生气。

“大娘，我不会白带着这块布，我要用这块布包一个白面大面包带回来。”

我来到采砂场的时候，这儿已经有好几个孩子了。最后一个跑来的是白脸尤马古尔的儿子阿诺尔，他一面跑，一面提着老往下掉的裤子。他们一家都是邋遢人。邋遢的不光是阿诺尔，他的大哥穆萨法尔至今没有学会揩鼻涕，他的姐姐扬列古莉老是拖着带子。前几天，阿斯哈特还摹仿阿诺尔的妈妈的口气，编了一支歌儿：

阿诺尔，穆萨法尔！
要烧水壶，
要生火做饭，
要挑水，
要和面，
还要涮锅洗碗，
还要管一管
我那浪荡的男子汉，
事情成千上万，
没人帮我来干，
我也懒懒散散，
天天闲聊扯淡……

“这是什么？”沙吉杜拉大哥指了指我的小包。

“面包。”我小声回答说。

瓦列金嘿嘿一笑，说：

“是黑麦面包吧？用不着啦。伙计们，要留着肚子呀。我从昨天就什么也没吃啦。”

我也说过这样的话，不过大娘没有听懂我的意思。后来就没有再说。

“伊布莱哪儿去啦？”队长问道。

“伊布莱的小肠气犯啦。”阿斯哈特回答说。

点了点人数，共有七个人。排在最前头的是队长自己，然后依次是其余的孩子：瓦列金，纳西普，哈米季扬，阿诺尔，阿斯哈特，最后一个是我。

“你听着，大肚脐，你要是跟着去，等会儿可别叫累……”队长提醒我说。

我只是把胸脯挺了挺，没有作声。虽然我很生队长的气，但是没有露出来。他想不让我白捞一顿面包吃呢，可他们家的人一有什么难处还常常跑来求我们家哩。

哈米季扬替我回答说：

“他能跟得上。面包我替他拿着。给我！”

“阿诺尔，你到了城里，还拿手提着裤子吗？”

“要是不提着，老往下掉。”

“不行，不能叫阿诺尔提着裤子去，”队长露出很犯愁的神气，“要给咱们丢脸。”

瓦列金和纳西普找到两根小小的木棍儿，用木棍儿把阿诺尔的裤带拧紧。阿诺尔高兴得像小山羊似的蹦了起来。裤子经这么一拧，再也不往下掉了。

太阳还没有出山。后面村庄里一片公鸡叫声和老牛的哞哞声。下面小河上还笼罩着浓浓的夜雾。我们便踏上进城的大路，急急忙忙朝前走去。七双光脚丫儿在土路上留下大大小小的脚印儿。阿斯哈特回头朝村子望了望，唱了一支歌儿：

我们离开家乡的时候，
小河上一片浓雾，
为了寻找幸福，
不怕千辛万苦。

我们朝前走去。不知是因为高兴，还是因为一种争强好胜心，反正有一种跃跃欲试的心情。两条腿不知不觉自己往前跑。

我们一声不响地一路小跑着，来到橡树冈上。太阳已经升得老高。天朗气清的时候，站在这里，可以看见，远处，在白白的山坡上，有一座白白的城市。

这儿是我们村土地的边界。在收割庄稼的时候，我们在这儿过夜，就能看到，在黑乎乎的天际，有一簇城市的灯火。看着那灯火，那灯火也眨巴起眼睛，好像朝这儿走来。那座城市在哪儿，我们知道；进城的路我们也知道；可是我们七个孩子谁也没有上城里去过。那银色山坡上的城市，那房顶上的一道道金光，多么诱人呀！这会儿那座城市显得特别亲切，特别大方，特别热情。它要是不大方的话，怎么会那样亲热地召唤我们？仿佛不是我们去找它，而是它带了自己所有的金银财宝朝我们走来。

“城里有我家的一个亲戚，”阿诺尔说，“他坐在顶高的那座救火瞭望塔上,在那儿可以看到两百里以外。他把金帽子一戴,坐在那儿,活像个皇帝。"

"城里有一座双塔的石头清真寺,我家有个表亲的表亲在寺里管炉子,"瓦列金也夸口说,"我要是上他那儿去,他一定搂住我,跟我亲热得不得了。肯定会这样。"

他们有没有亲戚,我不知道。也许有,也许没有。不过阿斯哈特的大哥伊斯马古尔倒是确实在乌法城工作。阿斯哈特为什么不说呢?前几天,我们往一根木头上放一块木板,我们站在木板的两头,晃悠着玩儿的时候,他还编了一支很好玩的歌儿:

我摇摇摆摆,
你摇摇摆摆,
我大哥在铺子里做买卖,
可是不给我带好东西来。

我要是阿斯哈特,一定会叫他们马上把嘴给我闭起来。我走到我的好朋友跟前,小声对他说:

"你怎么不说说你大哥呀?"

"去他的吧!"他把手一甩,说,"他这个浪荡鬼,没什么好说的。现在他又跑到塔什干那边什么地方去啦。"

我们翻过橡树冈,没走出多远,又看不见那座城市了。我们的热乎劲儿多少有点儿凉了。我的小红包从哈米季扬手里转到纳西普手里,又从纳西普手里转到瓦列金手里,最后被队长挟到了胳肢窝里。

"沙吉杜拉大哥,咱们走了还不到一半路吧?"我问道。

“怎么,没有劲儿了吧? 我说过,你不行嘛……”

“我有劲儿。”

“那你干吗要问?”

“我大娘说,要是觉得面包太沉,到半路上就扔到野蒿丛里。”

“别胡扯。你大娘决不会说这种话。”

“她说的! 说的!”

“你这傻瓜。她是说,‘如果太沉’的话。你瞧,这轻得就像鸟儿一样。”他把面包往天上一仍,又用手接住。

“别扔啦,沙吉杜拉,不要拿面包玩儿,碰掉了面包末子,是很大的罪过。”阿斯哈特说。

我们都怕“罪过”怕得要命,就连队长也非常害怕。他把面包紧紧抱在胸前,就好像祈求面包恕罪。

已经数不清有多少套着快马的大车拖着滚滚灰尘赶到我们的前头,也遇到一些迎面来的车辆。不过,在大路上徒步行走的只有我们了。

“到城里去还有多远?”迎面有一个老汉骑着毛茸茸的小红马走来,瓦列金向他问道。

“有二十多里,不到三十里。快点儿走吧。正等着你们呢。”

既然有人等着,那就应该快点儿去。我们听到这话以后,拼命跑了起来。跑是跑,可是这会儿跑得已经不怎么快了。阿诺尔的裤子又往下掉了好几次。纳西普只好把他后面的木棍儿又拧了两圈。我不知道别人怎么样,反正我想吃白面包的那股热乎劲儿已经凉了下来。这会儿能有黑面包吃,就心满意足了。但是这话不能由我先说出来,就这样我们的队长已经把我看做累赘了。

我们过了三四户人家的一个俄罗斯人的小村子,来到原野上一座稀稀的桦树林里停了下来,在树荫里多少休息一下。

"坐下,"队长下命令说。他却跪了下来,把小红包儿放在面前。"古尔邦毛拉最爱说的是哪一句话,谁知道?"

"你知道。"瓦列金很快地说。看样子,他感觉出什么意味来了。

"古尔邦毛拉说:'积少成多,有一口就有一锅。'"

"是啊,毛拉说得真好呀。"阿斯哈特赞美毛拉的智慧。

"咱们把这面包分吃了,一人吃一点儿,就会有很多白面包吃,不是吗?"

"就是,就是!"我们赶紧回答说。

"给你,瓦列金,"队长从口袋里掏出小刀,交给他,"你把这面包分成七块,要分得公道。"

瓦列金连忙动手切面包,转眼工夫,红布上挨个儿摆好了七小块大致相等的面包。不过也只是大致相等,其中有的还是大一些,有的小一些。不知为什么队长还是没有伸手去拿他那最大的一份。队长不动手,我们就不好动手了。

"在路上吃东西,要分得公平合理,"队长说,"咱们就来背着脸喊名字吧。"

"伙伴们!"纳西普甚至跳了起来,"让我来喊名字。我是金嘴金舌头,管保每个人都能拿到该拿的一份儿。"

没有人反对。纳西普便背过脸去。瓦列金便拿起一块,问:

"这一块给谁?"

“给哈米季扬!”

“这一块给谁?”

“给沙吉杜拉!”

“这一块给谁?”

“给大肚脐!”

七个人把七块面包分完了。不过分得并不怎么公平合理:我分到一块最大的,队长却分到一块最小的,队长倒没有露出不高兴的样子,不过我觉得这样吃不是滋味。这很不合情理。沙吉杜拉比我大五岁。谁大,谁应该多吃点儿。应该和他换一换……我还在这样想的时候,他已经从他那块面包上咬了一大口下来了。接着别的孩子也都吃了起来。怎样才能纠正这种不合理的事儿呢?

我故意磨蹭,吃得很慢。等到剩下三四口,我便递给沙吉杜拉,说:

“给你,大哥,你吃了吧。”

“你自己吃吧。”

“我吃饱啦,我起誓……”

“别发誓。给我就给我吧。要不然,白发誓不大好。”

肚子里有了食儿,腿脚也就快了。我常常对这种事感到奇怪:小拳头大的一块面包,包含着多大的神奇力量啊。吃下一块面包,似乎整个世界马上就变样了。这会儿就是这样……小鸟儿在一旁唱着歌儿,清风吹拂着刚刚吐穗的小麦,白桦树的飒飒声显得更亲切、更欢快了。就连骄阳也不那么炎人了。这一切美好的景物,都是那一小块面包的赐予。

我们一动身继续往前走,纳西普就说:

“伙计们,咱们就像阿明家的马那样,甩开腿大跑吧!”他便第一个大跑起来。但是队长和瓦列金转眼工夫就赶到了他前面。跑在最后面的是我。

在我们的下街头有一个阿明,常常在最繁忙的割草和割庄稼的时候上森林里去采野果。一大早他就让他那大大小小的一窝孩子坐到树皮编的大车上,赶着大车慢慢朝上街头走去。那很久不上油的车轮子总要在村子里吱嘎吱嘎地响上老半天。前几天阿斯哈特还特地问我:“阿明家的大车说的是什么话?”“大车光知道吱嘎吱嘎叫,哪儿会说什么话?”阿斯哈特说:“不,大车在祈求阿明呢:不近呀……不去吧……不近呀……不去吧……”仔细听听,阿斯哈特说的确实不错。大车确实是在这样喊叫。等傍晚他们回来的时候,花斑马朝下坡轻快地跑着,那四个车轮子争先恐后地谝起来。谝的是什么,阿斯哈特也知道。“车轮子是在说:吃得好快活!……吃得好快活!……吃得好快活!……”经过阿斯哈特这么一解释,整个村子都能听懂阿明的大车的话了。

“等咱们从城里回来,咱们也像阿明家的大车那样唱一唱:

白城里的白面包
吃得好快活,好快活!
我们的红箱子
装得满满的,满满的!”

阿斯哈特只唱了一遍,瓦列金和纳西普马上就跟着唱了起来:

白城里的白面包

吃得好快活，好快活……

我们已经不像马那样跑溜蹄步了，这会儿微微侧歪着身子，就像骑自行车那样，把膝盖抬得高高的，连蹦带跑起来。我们一齐唱起这支又合乎我们心意又合乎奔跑节奏的歌子：

白城里的白面包

吃得好快活，好快活……

关于“红箱子”，即关于肚子那两句，想必是有点儿不大顺口，我们很快就忘了。开头这两句，不论唱多少遍，还想唱。

就这样，我们“快快活活地吃着白面包”，朝石头大路走去。走上石头大路。大路两旁是老大老大的白杨树。大路上铺的石头像我们的澡堂里的石头那样光滑。只不过不是平的，是鼓凸凸的。

“以前的时候，这条路只有皇上才能走。现在苏维埃时代，谁想走，都可以走，”队长解释说，“现在平等、自由了！”

我们拐过一个弯儿，坐落在山坡上的一座白色的城市一下子出现在我们面前。我们一伸手就可以够到了！现在这座城已经是我们的，再也跑不掉了！

“白城呀，白城，你好！我们找你来啦！”瓦列金说。

“白城欢迎我们，喜欢我们来，要拿很多很多白面包给我们吃。”阿斯哈特快活地说。

“一定喜欢我们来，要拿很多很多白面包给我们吃。”我们一齐跟着他说。

到处是工厂烟囱,清真寺的尖塔和放光的教堂的圆顶,清真寺和教堂我们能分得清。在我们村里每天都能看到博戈柳鲍沃教堂。奇怪的是,为什么这些教堂怎么也不能从大地上消失?大家都知道,教堂是犯罪的窝儿,教堂总是要化为灰烬,而所有的异教徒死后都要到地狱里挨火烧的嘛。教堂就去它的,完蛋就完蛋吧,只是异教徒怪可怜的。这种怜悯心是有来历的……

……去年春天,我们家的熟人季莫菲带着他那和我同岁的儿子叶戈尔从列卡廖夫村来到我们家。我爹和他喝起酒来。叶戈尔和我各拿了一块饼子,走出门来。叶戈尔的头发黄黄的,眼睛蓝蓝的,脸蛋儿像芜菁一样,又光滑,又干净。我们都不知道怎样搭腔。我到哪儿,他也到哪儿。我干什么,他也干什么。我们来到园子里,爬到棚子上,后来又爬到棚子前面堆的木头上。我晃悠两条腿,他也晃悠两条腿,我叹气,他也叹气。

我爹和他爹已经喝得上了劲儿。我爹总想在他爹面前用俄语唱唱歌。他爹却想用本地话唱唱。还是他爹先来了疯劲儿:

嫂子呀嫂子,跟着我,
到树林里去摘马林果。
林子里马林果真好吃,
嫂子呀嫂子甜如蜜。

我知道,他这是拿我大娘开心,我大娘正忙活着给他们上菜呢。这会儿你等着吧,我爹不会含糊的。听,他唱了:

快快活活去赶集，
人来人往好拥挤。
一个俄罗斯小姐走过来，
快快把路给她让开。

我和叶戈尔互相望了望。我看到他那带有忧愁意味的眼睛忽然流露出恐怖的神气。这样一个孩子，眼睛那样明亮，那样亲切，也要到地狱挨火烧，永远挨火烧吗？他要挨火烧，有多么疼啊！

"叶戈尔！"我喊了他一声，不由地把他紧紧抱住。他起初很害怕，后来也不由地紧紧贴到我的胸前。此时此刻，我觉得我护住了他，逃脱了可怕的灾难。这会儿这惩罚也许要加给我了。不过已经晚了，这小小渎神的异教徒已经在我的怀抱里了。我们就一块儿挨火烧吧。我爹和他爹已经合唱起一支歌儿。连想也没有想到我们。也许就在此时此刻，给这两个孩子，一个黄头发的孩子和一个黑头发的孩子，给你们这两个孩子判罪呢：判我们到地狱里永世挨火烧！唉，我爹呀，他爹呀！我真怜惜他们，怜惜我们自己，也怜惜叶戈尔。

……我怎么想起叶戈尔来啦？噢……因为我看到了教堂。

我们往前走着。心在跳着。走啊，走啊，可是那城还是在原地方不动，甚至好像还有点儿朝后退呢。石头热得不能挨，烫脚丫子。我们一齐贴着路边走。口渴得要命。说笑的兴致一点也没有了。纳西普走在前面，他后面是哈米季扬，哈米季扬后面是瓦列金……沙吉杜拉单独走在路的另一边。走在我前面的是平脚板的阿诺尔。他走起路来,脚尖向里歪。他的每个脚掌上都有一道裂口,有芦苇叶子那样宽。这双脚压根儿在冬天没见过毡靴,春秋天没见过鞋子。只是有时候偶尔穿穿树皮鞋。真想知道,他说的戴金帽子的亲戚,是真的呢,还是瞎编的?可能是瞎编的。胡编乱扯,这是我们每个人都有的毛病。

"嘿,这会儿要是有水,我要饱饱地喝一顿!"纳西普说。

"安拉呀,就让我喝一口也行!"瓦列金求起神来,"光是润润舌头也好。"

"你这贪嘴的家伙,别吭声,别给大家泄气!"沙吉杜拉喝道。

后来再没有人提口渴的事。

我们来到一条街上,街两旁都是不大的木头房屋,走了很久,终于来到阿吉杰尔河桥的桥头。我们有的用小圆帽,有的用毡帽,舀起水就喝,喝了个痛快。河水热乎乎的,不怎么好喝。可是我们喝足了水,劲头儿就来了。过面包节,大概就在桥那边,在山坡上。过节总是要在比较高的地方过。这儿还没有一点过节的气氛。我们过了桥,还是看不出有什么过节的样子。房子是高点儿,大门都是俄罗斯式的,街道比我们的窄。大街上人来人往,有乘车的,有骑马的,有步行的,人和人见了面不互相问好。

"喂,伙计们,这儿写着'白面包'哩。这是面包铺子。"瓦列金说。他在我们当中是识字最多的。我只认识字母,还不会把字母连成单词。

我们跨过街道,来到一座黄房子的大门前站了下来。

"伙计们,我先来敲门,我的手气……"纳西普刚刚说到这里,大门开了,并且把他的头碰了一下。额头上马上鼓起一个大包。

“大叔，您好！”纳西普对门里走出来的一个人说。

“好，好。”那人摹仿他的口气说了两声，便走开了。

趁大门还没有关上，我们一齐走了进去。一走进去，连问好都忘了，就那样愣住了。一层层搁板上摆满了鼓膨膨的白面包，一串串花形面包挂在墙上，像老大的脖圈儿，一箱箱甜饼子，快要把木箱压坏了，每个饼子都系着红红的腰带，神气活现。各种各样的酥糖嘻嘻地笑着，好像自己要往人的嘴里跑。真不错，这才像过面包节的样子！

小铺的老板瞪大眼睛望着我们。我们没有作声，他也没有作声。起初他甚至有点儿胆怯，把磅秤上的砝码取了下来。我们保持着礼貌，站在门口没有往前走。他也没有怎么样，只是呆呆地站着，看样子，他有点不喜欢我们。虽然我们好像还没有什么不讨人喜欢的地方……

终于，他那油光光的厚嘴唇动了：

“你们这些小叫花子，来这儿干什么？”

“同志，我们不是叫花子，我们是从乡下来的。”沙吉杜拉带着很庄重的口气回答说。

“我看出来啦，你们这些穷光蛋，不是从皇宫里来的。”他的嗓子眼儿里咕哒咕哒响起来，一张油光光的胖脸变得像甜菜一样红，“那你们就说说，来这儿干什么？”

砝码在他的手里蹦了一下，露出嘲弄的意味。

“我们……是想问问……在哪儿过面包节……”瓦列金还没有说完，队长就扯了扯他的袖子。

“面包节吗？……噢，面包节呀！”那张油光光的胖脸又红了，“过面包节就在这儿，在口袋里。”他把一只手伸进口袋，拨弄得口袋里的钱丁当响了一阵子。

我们就像商量好了一样，一齐把手伸到口袋里。有的口袋里即使装过钱，这会儿也都光光的了……那搁板上的白面包，墙上挂的面包圈儿，箱子里的甜饼，盒子里的酥糖，好像一下子都蒙上了灰土，既不好看，又不香甜了。我们走进来没有问好，走出去也没有打招呼。不过我们并没有因此失望。我们又往前走。

“咱们也太傻了！”纳西普说，“面包节是俄罗斯人过的，可是咱们找的这个人也是穆斯林。”

“他和咱们都是穆斯林，可是他那么不客气！一进门就骂咱们叫花子！”瓦列金火起来。

阿斯哈特说：

“穆斯林如果是小气鬼，就小气得要命。所以，有一支歌儿，就是骂小气鬼的：

> 大地吞下穷鬼、饿鬼，
> 也饶不了贪心的小气鬼。

你们瞧着吧，总有一天，要把这家伙吞下去。”

我们继续朝山坡上走，往城里走。看到有面包铺子，就走过去，朝窗户里望上很久。哪儿有新出炉面包的气味，我们就在房子旁边转悠一阵子。可是没有人理睬我们，没有人请我们去做客。散发白面包的俄罗斯人在哪儿呀？这样的人是有的呀！不会没有的！脑子里有一种想法就是不肯退去：好不容易这么远跑来,怎么会空手而回呢?!

哈米季扬好像猜到了我的想法,他说:

“恐怕咱们是找错了地方……应该找人问一问。”

“过节又不是走迷了路的小牛犊,没什么好找的。要是过节,老远就有过节的样子,喜气洋洋的,好像在叫唤人,好像在喊叫:‘我在这儿’,伙计们,喜事儿办完啦,残羹剩饭吃光啦!咱们来晚啦,过节过完啦。回家吧!”队长下了结论。

他说过这话,我所有的关节马上都酸疼起来,饥渴一下子涌了上来,阳光透过小褂,不仅灼烧着皮肉,而且灼烧着骨头。别人也不比我快活。

我们来到一个关着门的大门前,并排坐在台阶上。

“咱们去找我家的亲戚吧,”阿诺尔说,“只要找到救火队高塔就行……总不会连一壶茶都舍不得。”

救火队高塔很快就找到了。但是却没有看到头戴金帽坐在上面的人。我们伸长脖子巴望了老半天,却一直看不到阿诺尔家那个亲戚。

“是不是他从上面跌下来,受伤啦?”阿诺尔大惑不解地说,“喂!扬比杰大叔,你在哪儿呀?”

“要是扬比杰大叔不跌伤的话,马上就有东西给咱们吃啦!”阿斯哈特本来想开开玩笑,可是我们都没有心思开玩笑。谁也没有笑。

“扬比杰大叔!是我呀,我是阿诺尔!从乡下来的……”

“你干吗在那穷嘘鬼叫?把嗓子都叫破啦!……滚吧!滚远点儿!这儿没有什么扬比杰……”说这话撵我们走的是刚刚从红

大门里走出来的一名大胡子救火队员。他把带铜牌的皮带往腰上一勒，就晃来晃去，神气起来。

寻找亲戚本来到此也就结束了，可是瓦列金马上又想出了个主意：

“伙计们，一次不走运，再一次会走运的，咱们找我家亲戚去吧，他在有两座高塔的石头清真寺里管炉子，他是我家表亲的近亲。”

“这么热的天，谁还生炉子？你家的亲戚恐怕早回乡下去了。”纳西普说。

“在城里清真寺里，不管冬天夏天，都生炉子。”瓦列金当面胡扯起来。

“你胡扯！”

“真的！清真寺里要是不生炉子，教堂里的鬼就要跑到清真寺里来，”他马上摆出使我们信服的理由，“你们看，这四周围到处是教堂。”

我们在城里转了一个老大的圈子，终于来到两座高塔的石头清真寺跟前。清真寺的大门是关着的。旁边的院子用篱笆围着，没有大门，院子里有一座矮小的房子。我们决定上小房子里去看看。我们没有胆量去敲朝街的大房子的大门。

大家让我和瓦列金前去。我们走进去，第一眼看到的是灰尘。灰尘就像两股流水，从两个朝南的窗户里泻进去(真奇怪，灰尘怎么能穿过玻璃呀)。光光的地上有一个小孩子用四肢在爬行，还有一个小孩子肚皮贴着地在爬。木柜上坐着一个上了年纪的大婶，在补衣服，还有一个男子睡在门后黑暗的角落里。

“您好。”我和瓦列金一先一后说。

那个大婶没有抬头,回答说:“眼下还好,”然后慢慢朝我们转过头来,“又是这些乡下来的叫花子,”她忽然发作起来,“你们不分早晚,不分冬天夏天,一个劲儿地往这儿跑,跑,跑。把人都折腾死啦。这儿成了你们的旅馆啦!”

“大婶,我们不是叫花子,我们……”我说到这儿,说不下去了。

“就算不是叫花子,反正也是……穷鬼,大财主是不会上我们这儿来落脚的。”她把手一甩。

“我家在库秀姆村的表亲的表亲一年到头在这儿管炉子……”瓦列金嘟哝说。

大婶的口气多少有些缓和了:

“怎么,你们是库秀姆村的吗?库秀姆村的乡亲都好吗?”

“不是,我们是克良绍夫村的,这儿有个管炉子的,和我家库秀姆村的表亲是很近的亲戚,我家和库秀姆村的表亲也是很近的亲戚。我是吉杰尼萨奶奶的孙子。”

“这我就不知道了,”大婶冷了下来,“这样的亲戚我可是想不起来。喂,伊什比尔杰,有亲戚来啦!”

伊什比尔杰就是在角落里睡觉的那个人。

“噢?亲戚来啦?欢迎欢迎!”他一骨碌爬了起来。他一面擦着惺忪的睡眼,一面一连声地说,“欢迎欢迎,请坐上座!噢呀,来得太好啦!”

他完全醒了过来,拿眼睛在房里扫了一遍。

“亲戚在哪儿?呸,又是在做梦!刚才我好像看见,我家的亲戚驾着快马，跑得山摇地动，马铃丁当直响，一口气跑过许多村子，朝咱们家来啦。街坊们眼红得张大了嘴，一齐趴在篱笆上张望……唉，亲戚呀，亲戚，你们跑到哪儿去啦？”

“瞧，这就是亲戚。”那女人用头朝我们点了点。

“你们是亲戚？”伊什比尔杰惊愕地说。

“我们……我……我就是你家库秀姆村亲戚的近亲，”瓦列金尽量克制着哼鼻子的毛病，回答说，“我奶奶就是你的表姑吉杰尼萨，她叫我问候你们一家。”

“噢，我表姑吉杰尼萨呀！”伊什尔杰叫了起来，“她可是个好人，是个了不起的女人呀！她走到哪儿，哪儿放光。她跳起舞来，比什么都好看。唱起歌儿来，就像一个个银铃穿上了银线！”他一个劲儿地夸奖起来，不知夸奖的是谁。“谢谢表姑！谢谢她的问候。”

我心想：“他这是说的哪一个吉杰尼萨呀。”可是他又转身朝着我，问道：

“你也是亲戚吗？”

“我也是亲戚。”我微微哆嗦了一下，但是马上就镇定下来，“街上还有五个人呢，他们都不敢进来。”

这位高个子、胖脸、细胡子、剃光了头的大叔走到门口，把门打了开来：

“嗨，嗨，嗨，亲戚们！请到房里来！不要客气！”

另外五个孩子怯生生地走了进来。那女人把地上的两个小孩子抱到木柜上。

“太好啦！你们能想着我们，惦记着我们，这太好啦，太难得啦,”伊什比尔杰说,“妈,把茶炊生起来,快烧茶!”

听到他这些话,有一股快活的暖流在我的心中流过。

“孩子,茶炊我倒是可以生起来,可是没有茶,也没有糖。面包到晚上你老婆才能弄回来。看样子,今天咱们要在客人面前丢脸了。”

“把面粉刮一刮,烙几个饼子;把米捋一捋,熬点儿稀粥。”

大婶听了这话,没有作声。

“妈,还有没有什么能吃的东西?”

“有豌豆,我已经拿水煮啦。”

“豌豆?”伊什比尔杰高兴起来,“煮豌豆可是顶好吃的玩意儿!这可真是待亲戚的吃食儿!诸位亲戚,这种东西你们喜欢吃吗?”

“喜欢吃!喜欢吃!”我们齐声回答说。

这会儿不是显示高傲的时候,更不是挑食儿的时候。

大婶在地上铺了一方黄黄的破旧桌布,把一大钵子煮好的豌豆放在桌布当中,豌豆又大又白。确实,这样的豌豆不是天天都能见到的。

主人说:

“来,请坐,吃吧。调羹反正不够大家用,就用手吃吧。”

我们围着钵子跪了下来,不慌不忙地抓起豌豆一把一把地往嘴里送。我们急是不急,可是吃得都很带劲儿。这样好吃的豌豆,我们生来还没有吃过呢。原来,这种“待亲戚的吃食儿”好吃得不得了!

等到吃得钵子完全露了底,一桶凉水也提到了。桶边上还挂着一个大勺子。

“古人说，主人大方，连凉水也变成玉液琼浆。这话没错儿。”主人说。

我们喝水也喝得水桶露了底。

“好吧，咱们来感谢神灵！”主人虽然没有坐下来吃喝，仍然展开双掌，从额头抚面而下。我们也照样做了谢神的祈祷。

“诸位亲戚，你们是上城里来看看的吧？”主人照例在饭后开始同我们聊了起来。

“是的，大叔……老表……”沙吉杜拉讷讷地说。

“这地方你们喜欢吗？”

“怎么说好呢……房子很漂亮，围墙都很高，”队长代替大家回答说，“就是人好像都有急事儿，太忙啦。”

“诸位亲戚，你们到城里来看看，很好。你们正在长的时候，出来跑一跑，到处看一看，这是大好事儿。就应该这样。在城里也不是每个人顿顿都有白面包吃。有时候连普普通通的面包都吃不上。这种事儿怪不得城市。”

瓦列金在这儿没有多说话，但是显得比我们都随便些。他也是第一个站起身来。不管怎样，他是主要的亲戚呀。

他说：

“叨扰了，谢谢您的招待，谢谢您的盛情，谢谢，老表，谢谢，表婶。我们要是有什么不礼貌的地方，请多多担待。现在不早了，我们该回乡下去了。”

我们一下子都站了起来。

“好吧，那就不多留了。等你回去，替我们问候表姑，叫她也到我们这儿来走一走。”伊什比尔杰的母亲说，“唉，我家实在太穷啦。连一样礼物都拿不出来……”

“妈，送客的好话，也就是礼物嘛。”儿子安慰她说。

我们一齐走到门口。

“回家的路没有忘记吧？”伊什比尔杰问道。

“没有忘记。”阿斯哈特说。

他好像是我们的一只狗。和他一块儿不管到哪儿的树林里去，都迷不了路。去时走什么路，回来还走什么路，一点不会出错儿。

我们又向主人道了几遍谢，便走出了这热情好客的人家。这个伊什比尔杰究竟是谁的亲戚，是什么亲戚？究竟是不是亲戚呢？

“你家亲戚的日子过得虽然不怎么阔气，不过，够大方的，”沙吉杜拉在街上对瓦列金说，“待人十分热心。”

“他要是有茶的话，会让咱们喝个够，真的！我对你们说过嘛：咱们要是来找他，他一定搂住我，亲热得不得了！……”瓦列金神气起来。他因为得意，鼻子也不怎么哼哼了。他是有资格神气的：别人都不给吃的，只有他的亲戚让我们吃了一顿。

我们离开这座不好客的城市时，非常灰心丧气。回家的路更长，更累人。不过，谁也没有叫苦叫累。我们从城里带回的惟一的东西就是纳西普头上的大包，再就是哈米季扬胳肢窝里夹的我那块面包的红布。

我们走到橡树冈的时候，模糊的夜幕已经罩了下来。我们深深叹了口气，朝后面望了望。在那夜色笼罩的遥远的天边，闪烁着城市的灯火。灯火不住地眨巴眼睛,好像是争先恐后地显示它们的得意!

“伙计们,你们可知道,那些灯说的是什么话?”

阿斯哈特问过这话,不用说,又是他自己回答:

“那些灯在眨巴眼睛,在嘿嘿笑哩。在说:‘把他们骗了!把他们骗了!’”

“哼,城呀城!你对我们太不客气了!”

我们也跟着他握起拳头,做出瞧不起的手势,朝着那自以为了不起的灯火晃悠了好几下。看你们还敢嘿嘿笑!可是就这样我们的火气还是没有消下去,觉得像这样报复还很不够,还应该再来一点厉害的。

“伙计们,咱们也对它不客气,咱们来羞羞它!”一直因为这次倒霉的远征觉得抬不起头来的队长说。

“怎样羞它?”

“就这样……”他把裤子一直褪到膝盖,把屁股对着那座城。我们也都马上照着做了。

“城呀城,给你!……你丑死啦!丑死啦!丑死啦!”

我们也都跟着他喊:

“你丑死啦!丑死啦!丑死啦!!!”

不知是谁还朝着城放了一个豌豆屁。

这样报复就绰绰有余了!

这会儿城里的灯火再也不神气活现地眨眼睛了,就要像肥皂泡儿一样破灭了。因为那座城被我们羞得抬不起头来了。

我们报过仇以后,剩下的一段路,走得又轻松,又愉快……

圆头塔利普

“要把羊皮给塔利普送去，他自己不知为什么不来拿……”我爹在喝早茶的时候这样说。喝过早茶，他就套上车，赶着车出门去了。

我的两个哥和我小娘，昨天就到很远的地里割黍子去了。那么，谁去送羊皮呢？现在羊皮已经从羊身上剥了下来，羊皮自己是不能去的，我爹就有这样的习惯：如果有什么事需要人做，他不直接指派，只是说，这事要这样做这样做，不这样可不行。至于这件事该由谁来做，那你就自己想去吧。前几天，我们在吃晚饭的时候，我爹大概是为了教导我的两个哥，说了一个带有启发性的故事。

说的是很久很久以前，有一个老汉想给儿子找一个好媳妇。于是他拉住已经长大成人的儿子，拉到姑娘们挑水常走的小路上。老汉看见姑娘们过来了，就用鞭子抽起儿子。有一个姑娘问道：

"大爷,你为什么打儿子?"

"一提醒他,他就明白;吩咐他做事,他就做。就为这,我才打他。"老汉说。

姑娘们一齐笑了起来:

"真是个糊涂老头儿!……儿子这样好,还要打他。"姑娘们说过,就走了。

后来又有一个姑娘来了,她一面走,一面沉思着。老汉又拿鞭子打起了儿子。

"大爷,你为什么打儿子?"这个姑娘也问道。

"一提醒他,他就明白;吩咐他做事,他就做。"

"大爷,狠狠地打,狠狠地抽,叫他记住。你儿子这么大了,该是不提醒就明白,不等吩咐就做事。"姑娘这样说过,也走了。老汉当天就请媒人向这个姑娘求亲去了。

我爹说这最后一句话甚至还多少拖长了声音,说过就不作声了。我大哥穆尔塔萨马上竖起了耳朵:

"那姑娘对媒人说些什么?答应了吗?"

我爹原来是有意停一停的。他马上又说起来。

……几个媒人回来了,带回了这样的消息:"这姑娘有点古怪——做起事来有条有理,说起话来稀里糊涂。再说,她家里人的行动也很可疑。总之,我们去的意思都没有说,就这么回来了。"可是老汉还是叫为首的媒人把所见所闻,详详细细、一字不漏地说出来:

"我们进门的时候,只有那姑娘一个人在家……"为首的媒人开口说,"我们问:'你爹干什么去啦?'姑娘回答说:'叫朋友变仇人去啦。'我们问:'你娘干什么去啦?'姑娘回答说:'叫一个人变两个人去啦。'在我们说话的工夫,她盛了一大碗汤,端到我们面前。我们一看,那里面有很多面疙瘩呢……我们吃了面疙瘩,喝完了汤,把汤匙放下,打量了一下四面的墙。我们看到,她家的墙都是用老粗的木头搭成的。我们问:'这么粗的木头,从树林里拖出来,恐怕很费劲吧?一次能拖几根?''马饿的时候,还没有劲的时候,一次能拖三根,有时还拖四根。等马不太饿了,一次只能拖两根。等到马的肚子完全饱了,勉勉强强只能拖一根,有时到半路上还要丢下呢。'那个稀里糊涂的姑娘就是这样对我们说的。所以我们就走了。底下的事,你自己拿主意吧,"为首的媒人最后说,"她说的没有条理的糊涂话就是这些。"

"哎呀,你们这些媒人真是笨蛋,"老汉说,"听话就像啃骨头一样,要咂摸咂摸,把油水咂出来。你们光是把骨头舔了舔。姑娘是教你们开窍的!她爹是找朋友要债去了,她娘是接生去了。至于她说的木头,那也不是木头,是你们吃的面疙瘩。起初你们饿了,就狼吞虎咽地吃起面疙瘩,大概一匙子就舀三四个。后来有点饱了,吃起来就不那么带劲儿了,到最后连一个都吃不下,只能喝喝肉汤了。是这样吧?"

"是这样。"媒人们叹了口气,就各自回家了。

到第二天,老汉亲自上姑娘家去,一下子就说好了,把什么都定了下来。

"也该给我家穆尔塔萨找个这样的媳妇,因为他也是'一提醒,他就明白'。再说萨里赫也跟老大一样,'吩咐他做,他就做'。"

大哥、二哥一声不响地听完了我爹的开导。不但是他们，连我都明白我爹的用意是什么。我们的脑袋瓜都不是塞了谷糠的。

……那么，现在谁给塔利普送羊皮呢？自然是我跟我大娘。

圆头塔利普住在夜猫子街上。他的个头儿小小的，矮墩墩的，机灵得不得了。一年到头戴着一顶十分寒酸的小圆帽。那圆帽硬邦邦的，泛着黑黑的油光。秋天就把两边下扇缝上去，到春天就又扯下来。谁都没看见塔利普摘过自己的帽子。据说，他洗澡都不摘帽子。他那帽子底下又藏着什么呢？他老婆是他在楚瓦什人的村子里做长工时娶的。起先他老婆老是问："塔利普，为什么你老是不摘帽子？"他就说："这是我们巴什基里亚人的风俗。"大家都在猜想：圆头塔利普的头上不是发癣，就是长着犄角。

打从我记事以来，他就常常走村串户，收购各种各样小牲畜的皮，如猫皮、狗皮之类。像牛皮、马皮、熊皮、鹿皮这一类的，他都收不到。这一类的皮都直接卖给合作社去了。但是我们孩子们每年春天逮到黄花鼠、狷鼠、水老鼠，或者到冬天，伶鼬、银鼠落到夹子里，我们把皮剥下来，送到塔利普家里，就能带着几个铜板回来，有时候还能换到一个锃亮的银角子。塔利普没有马，没有牛，也没有别的牲畜。他有一屋子孩子，再加上这种手艺——就是他的全部家当了。

我大娘把两张羊皮卷了卷，夹到腋下，我们就朝圆头塔利普家走去。有时候我跟小娘到外面去，往往没有走到地方就回家了，她一碰上亲戚和熟人就要说话，说起来就没个完。我大娘只是边走边说："你好吗，大哥？家里都平安吗，大嫂？"而且奇怪的是，每次跟她一块走，村子里最厉害、最爱叫的狗都不会从大门底下汪汪叫着往外钻。

圆头塔利普坐在泥草棚跟前，在膝盖上编树皮。他看见我们来了，解下树皮，扔到一边，站起来，说：

“哦，大婶，进来，进来，请到这边来。本来该请你们到屋里坐，可是满屋子都是孩子，站也没处站，坐也没处坐。就在这里坐坐，就在这里求主祝福。”

他从棚屋里抱出一块旧地毯，铺到一根木头上，我们一起坐了下来，简单地祷告了一下，向主求过祝福。

“怎么样，塔利普，心意平和吗？人畜安宁吗？”

“没有牛羊鸡鸭，就没有挂心事；孩子们都结实，就是主的恩典。至于心意，那可是各种各样的。大婶，我过的日子，就像睡梦中的小娃子：无缘无故就笑一阵，无缘无故就哭一场。”

“别说人的心啦，就是天意，就是上天，还时时在变呢。”我大娘摆摆下巴，点了点天空说。

塔利普一下子站起来，忽前忽后地跑着，说起话来，说得很快：

“大婶，我刚才坐在这里，心里就在想：没有马的人，一半家产都要用到鞋子上！穷人走路穿坏了多少鞋子啊！有马的人才福气呢，只管爬到车上，坐坐车，鞋子穿不坏。可是我两只脚走了多少路啊！如果把我走的路加起来，跑五趟麦加都够啦。”

“要是该去麦加的话，你也是要去的……”

“嘿——嘿，大婶，那地方是有了大罪才去的。我有什么大罪，非到麦加去祈求宽恕不可？我呀，大婶，要是当真想想的话，该是直接进天堂。你也许要问,为什么?因为我叫一个不信教的人,也就是我老婆,信了伊斯兰教。并且,她还生了一大堆穆斯林孩子。”

我大娘有点令人不解地笑了笑。

“塔利普,”她说,“你叫她信了伊斯兰教,这很好。但是,她生来就信的,你叫她丢掉了。这不是罪过吗?任何人都应当只敬自己的主。”

“大婶,真的,这话我有点吃不透,我不懂。”圆头塔利普诚恳地说。

他说得不错。我也有点不懂。

“塔利普,你把这羊皮收下吧。”我大娘决定把正事办一下。

“大婶,你看得起我做这种手艺的,不怕我穷,而且那么大年纪了,还亲自送来,谢谢你。可是我还有旧债没还呢。我说的是春天向你家借的那三普特黍子。这羊皮要是马上付钱,我也是没有钱。真不知该怎么办:没有钱,真不好意思……”他叹起气来。

“钱没有事。你又不是靠不住。咱们的日子还长着呢,有账能算得清。”我大娘说。

“等一等,大婶,我有一个自行车轱辘,这轱辘挺不错。像你们那么大的家业,这玩意儿一定能用得上。”他到棚屋里把车轱辘拿了出来,“瞧,锃亮锃亮的。我是在大路上捡来的。”

我大娘拍了拍他的肩膀,说:

“别犯愁,大侄子,你的债能还得清。你家日子也会好起来。”

“嘿,大婶,我还要发大财,还要发福呢……就是时候还没有到。目前还得受点儿罪。哎呀！我忘啦，我还有一样好东西呢。一个铜洗手罐！这铜罐是有钱人用的，是一样贵重玩意儿，不是咱们……不是我们家用的，不管怎么说，你拿去吧。”他说着就要朝棚屋里跑。我大娘摆摆手叫他站住了。

那自行车轱辘可真是漂亮。我一看见，就看呆了。要是从上街头往下滚，恐怕一下子能滚到季麦涅伊街上。季麦涅伊街上的孩子们非吓呆不可！……可惜上面的橡皮带没有了，看样子，是有人剥去了。我大娘朝我看了看，就说：

“塔利普，就照你说的办吧，这轱辘我们要啦。羊皮的账，咱们就算两清啦。”她从塔利普手里接过锃亮的车轱辘，交给了我，“给你，拿去当车子玩吧。”

这样的宝贝就这样意想不到地一下子落到了我的手里。羊皮的价钱能抵得上这样的车轱辘吗？这笔交易，塔利普吃亏了。

羊皮卖过了，我大娘站了起来。圆头塔利普又着起急来。

“这会儿是秋天，日子好像也好过些，可是，大婶，碰巧家里连茶和糖都没有。客人来了，没东西招待，这可是太不好意思啦！唉，人穷了，真没法子讲究体面！”

“塔利普，不要难过，虽然没有茶，但不是没有盼头，日子能过下去，”我大娘宽慰他说，“以后什么都会有，不管是茶，不管是别的吃喝。”

“等一等，大婶，叫客人就这样走了，可不大好。至少，我跳个舞，让你们开开心吧。”

他说完，马上两手叉腰，跳起舞来，还一面唱着：

客人进了门，主人把舞跳，
就这么跳上老半天，
要是没有东西待客，
还可以重新跳一遭。
养马没有草料，
做酒没有大麦，
客人目瞪口呆——真没想到：
主人全身骨头都能看到！

他跳得很入迷，很带劲儿，又转身子，又打圈子，有几次还跑了起来，甚至还盘着腿跳。等塔利普跳完了，我大娘说：

“好极了！谢谢你的盛情，谢谢你这一番叫人开心的招待！”

“开心就得像开心的样子，大婶，让我再唱支歌给你听。你听着：

近卫军阵容雄壮，
世上无人能抵挡。
德国鬼子一看见，
马上就拉一裤裆！

这是我们近卫军的军歌。别看我个头儿小，我在沙皇的近卫军里干过呢。大家都高得能抵到顶棚梁，只有我一个人小小的。嘿，说起我进近卫军，才有意思呢！在树林里老大一块空地上，我们的队伍排好了队，有一千人，也许还要多些。来了一位顶大的大将军，开始为自己挑选近卫军。他向后退十五到二十步，然后朝前跑。跑到士兵跟前用劲朝后腿肚子狠狠一踢！许多顶呱呱的好汉子都脸朝下跌倒。一百个人当中也许只有一个人撑得住。凡是能撑得住的，将军就拉到前面，排到第一排。一个个全是虎背熊腰的彪形大汉。后来将军又跑过来朝我后腿肚子踢了一脚。我都没吱一声。将军的眼睛瞪得老大老大的。他在前面看了，又到后面看，把我上上下下看了个遍。然后他往后再退远些，退了有四十步，再冲过来朝我另一条腿肚子踢了一脚。我连晃都没晃一下。'好汉子，像个当兵的！'将军这才说，'你站到排尾去，你是我最可靠的头一个近卫兵。有你在后面，谁也不能踢我们的后腿肚子。'他就是这样说的，真是好笑。没有过多久，我们就亲自把他踢翻了。起初他是手脚着地趴下，后来就完全滚走了。这事就发生在沙皇被推翻、连沙皇的老窝都一锅端掉的时候。"

塔利普说完了，睁大眼睛看着我大娘。

"也许，我说多了，也许，我说得不对头，大婶，你别见怪……"

"没什么，这事不多说一点，就是不行；明明是真事，有时候为了叫人相信，就得多少诌上一点。"

"是这样的，大婶，是这样的。"这位"近卫兵"十分高兴地应声说。

圆头塔利普把我们送到大门口，我每一步都是蹦着走的。我们带走多少丰厚的宝物啊：两段伴舞的歌儿、一场舞、一支军歌，还有这好玩儿的车轱辘！所有这一切，都是两张毛蓬蓬、没有多大用处的羊皮换得的。车轱辘的辐条在阳光下亮闪闪的。塔利普的白牙也时不时地在我眼前闪着，是他给我们唱了那么好听的歌。他可真是一个古道热肠的人啊！

我回头看了看。圆头塔利普还站在门口，那稀稀拉拉、浅红的下巴胡和细细的唇须亮闪闪的，那寒碜的圆帽压得低低的。再过一些时候，等到暴风雪吹遍一条条的街道，一个个的雪堆堆起来，全村人都要看到，这寒碜的小帽底下是一颗什么样的头……

寻开心

“不光是穆尔塔萨抽烟，现在好像萨里赫也抽起烟来啦，”有一天要做晚饭的时候，我大娘说，“现在家里简直留不住火柴了。”

火柴哪儿去了，只有我知道，还有晒哈达尔也知道。因为我们常常在他家浴室里打牌。不论哪一天，我都要输掉两三盒火柴。我老是不走运，老是拿不到好牌。我快要输得精光，但是毫不泄气。早晚总有走运的时候。到时候我把晒哈达尔赢去的东西一下子捞回来。有七个铜板，四颗子弹壳，两个别针，姐夫穆赫达尔给我的一把骨柄小刀，还有许许多多盒火柴。目前这一切都还安安稳稳地待在晒哈达尔那喂不饱的口袋里。我不仅要把我原来的东西全都赢回来，还要叫他欠我许多许多。哼，我总会有走运的时候，等着瞧吧。我甚至做了这样一个梦：晒哈达尔把一切都输光，什么都没有了，于是把自己的头发一根一根地拔下来，拿头发当赌注，就这样把头发全部输光。每一根头发马上都变成金线，完全可以拿来编结套马索。他那光秃秃的脑袋瓜儿就像麻雀蛋似的，到处都是雀斑。晒哈达尔抱着秃头，哭了起来："把头发还给我吧！还给我吧！以后我再不捣鬼啦！你要是不信，瞧，我把石头吃下去！"于是他咯吱咯吱地啃起浴室炉子上的石子。他吃了许多，差一点儿就把砌炉子的石子吃光，只剩下一些顶大的。可是我也不是傻瓜，不管他这一套，没有心软。我说："好吧，到白天咱们再较量。"

这个梦是我昨天夜里做的。可是今天他又赢了我三颗扣子、两个钓鱼钩和最后一盒火柴。等我输得光光的回到家里，才知道大娘把白狗的过错推给了黑狗。

"大娘，我二哥萨里赫不抽烟。"我为二哥申辩说。明明是我的过错，怎么能推给别人呀？

"天天都有很多火柴不见影子……"

"大娘，现在火柴做得很不好，划三根，难保有一根出火。所以火柴用起来一下子就完啦。"我这话是听别人说的。

"你想把死的说成活的，"我大娘笑着说，"趁天还没有黑，你上铺子里去买几盒来。"

尽管我很懒，可是大娘的话不能不听。这会儿我成了她惟一的帮手。我爹和小娘带着弟妹们坐雪橇上赛拉诺夫村我姐姐盖尼卡玛尔家去了。两个哥哥去打柴还没有回来。家里就我和她了。

"大黄牛怀犊很久了，说不定今天夜里就下犊，可是咱们没有火柴点灯笼。这几天又这么冷，可别把小牛犊冻死。"

她这是让我明白，我要干的差事是十分重要的。在我家所有的牲口当中,我顶喜欢这头大黄牛。这头牛又和善,又驯顺,又听话,放牛时不离群,放在院子里不乱跑,常常睁大眼睛盯着人,透露出一副通人意的神气,就好像有一些不平常的话要跟你说,只是不会说罢了。有时候我觉得它有点儿像大娘,"就是不会说话。"我心想。

大娘把三个铜板放到我的手里。

"拿手把钱攥好,再戴上手套。小心点儿,可别像萨吉杜拉那样。"

小铺离我家不近(那时候我们还管小铺叫合作社)。就在城街和三公鸡街交叉路口上。上小铺要经过萨尔麦冲沟,以前我很怕,现在我一点也不含糊了。在小铺里卖东西的,一个是毛列拜,外号叫火鸡;还有一个是萨凡,外号叫公鸡。两个外号都非常合适:他们两个都神气活现,自以为了不起,而且很喜欢笑话别人。

我把三个铜板攥在手心里,就大步朝前跑去。我跑着跑着,想起萨吉杜拉那件好笑的事,在心里笑了起来:"真是笨蛋……"太可笑啦!有一年,住在上街头的祖列哈大婶给萨吉杜拉做一件褂子。妈妈把三颗扣子放到他的手心里,说:"给你,孩子,跑快点儿,把这三颗扣子交给你嫂子,让她缝到褂子上。"

萨吉杜拉把扣子攥在手里,就朝祖列哈家跑去。在路上看到孩子们跳马就去跳马,又到加里夫山上往下滑着玩儿,又站了一会儿,看了看狗打架,傍晚时候才来到祖列哈大婶家。一进门,就把手张开,伸到祖列哈面前,并且高声说:

"给你,嫂子!给你三颗扣子!"

现在萨吉杜拉已经成了成年的男子汉。可是他那时候的话还常常有人说起,已经成了口头禅。如果有什么事办得不对头,结果跟预料的不一样,就说:“给你三颗扣子! ……”

以前我很喜欢上小铺里去,现在却不喜欢去了。我总觉得流浪汉米凯躺在小铺的墙脚下,好像要把肚子、肠子都翻出来,发出非常难闻的气味……这都因为喜欢打赌。我们村的人一天到晚都想打赌。不论年老的、年少的,就连一点点儿大的小孩子,就连娘儿们,就连大姑娘、小媳妇,一争论起来就要打赌。我们那红胡子亲家公赫斯马杜拉就更不用说了,下文还要提到他的。在我们街上有妯娌俩,一个叫盖莎,一个叫古莉契拉。前一个星期她们也打起赌来,赌一只母鸡。古莉契拉说:“你信不信,我能把聋子敏济法的小裤子扒下来?叫她扒下来,她就扒下来!”盖莎说:“根本没门儿!”并且一再地挑逗。古莉契拉越发上了劲儿:“一定能扒下来!”盖莎下劲儿挑逗:“不信! 不信! 就是不信!”妯娌俩各捉了一只母鸡,把鸡腿捆住,扔到院心里。

耳聋的敏济法老奶奶孤零零地在破旧的小草屋里苦度自己的残年。她又穷,又大方得不得了。古莉契拉走进去,对她说(就是说,盖莎在窗外听着):

“大娘! 就指望你了! 我哥哥赶着三匹马拉的爬犁从雅库普峪来,要接我去做客。可是我的小裤子全穿破了,没有裤子穿着出门。也许你有好一点儿的裤子,借给我一条吧!”

敏济法老奶奶马上连头扎进大箱子里,拿出一条裤子,给古莉契拉看了看。可是古莉契拉挑了几点毛病,表示看不中。老奶奶把整个箱子翻了个遍,再也找不出第二条裤子。于是对古莉契拉说:

“侄媳妇，你等一下！我身上穿的一条，好像好一点儿。也许你会喜欢！我昨天才穿上，补丁也不怎么多。”

这条裤子古莉契拉自然很喜欢。老奶奶憨厚纯朴，既无心计，又不会作假，见古莉契拉喜欢她的裤子，十分高兴，马上把裤子脱了下来。

难怪大家都说，古莉契拉能“剪光毒蛇身上的鳞片”。她确实很精，想弄什么，一定能弄到手。

米凯却完全不是精明人。好像根本不是人，而是灵魂的窝儿。他从哪儿来，上哪儿去，谁也不知道。他在附近这一带到处转悠，常常在逢集的日子上我们村里来。给他东西，他就吃；撵他走，他就走。对人无益也无害。要是有人对他说：“米凯，你干吗老是这样到处流荡？顶好上什么地方去找个工作干干。”他就说：“我试过啦，什么工作都不合适。”不论大人、小孩撩惹他，他都不生气；骂他，也不恼怒。要是围住他，叫他用嘴吹支曲子，他就用嘴吹起曲子，恐怕拉手风琴的好手马拉基姆也要自愧不如。不过那曲子不是我们的，是马里人的，或者克良申人的。可是十分好听，简直勾魂摄魄。而且米凯本人也像那支异乡的曲子：心灵是有的，只是和我们的不一样。

在上一个集日里，小娘叫我去买肥皂。小铺里挤满了人。米凯咯吱咯吱地拖着冻了冰的树皮鞋，走了进来。他冻得瑟瑟发抖，那稀稀拉拉的胡子上都结了冰。

“啊，米凯！快给米凯让路！”火鸡毛列拜说，“有钱的大叔，你要买什么？”

“嘿，嘿，毛列拜呀，”米凯嘿嘿笑起来，“让你的光荣进庙堂，让耻辱进坟墓吧。”

“米凯，你笑什么？”另一个外号公鸡的店员萨凡插嘴说。

“我笑我自己。还有谁比我更可笑的吗？我住的是神殿，坐的是黄金，裤子上补丁摞补丁……瞧，我是受过洗的鞑靼人，能喝煤油。”

他还想随口诌一点儿什么，可是毛列拜已经抓住他的话头儿，打了一个结儿：

“你怎么，米凯，当真能喝煤油吗？”

“我？煤油？不知道。”

这一下子整个小铺里的人都嚷嚷起来：

“他不能喝！”

“没这种本事！”

“谁没这种本事？米凯？”

“他虽然个头儿很小，可有的是胆量，什么都不含糊！”

“他要是能喝煤油，我给他二十戈比！”毛列拜将一个小银币往上一抛，半空中接住。

“我也出二十戈比！”萨凡将一个银币捏在手里，在大家面前晃了一下。

其余的人也都掏出钱来：

“我出十戈比！”

“我出五戈比！”

“我出三戈比！”

我差点儿也跟着别人嚷出“我出两戈比”，好不容易憋住了。要不然肥皂就要少掉很大的一条边儿。

虽然米凯有点儿傻，但还是知道钱是重要的，而且可以到手的是不少的钱。他好像是在考虑，又问了一遍：

“我怎么？怎么，喝煤油？要我喝多少？”

有一个陌生人，看样子，不是我们村的，摘下自己的皮帽子。

“大家伙儿！请把钱都放到这里面来！彩头儿都在这帽子里，就看你是不是好汉了。”

“怎么样，有种没有？”米凯自己问自己。“要我喝多少？”

“喝这样一缸子，就行了。”毛列拜定下数量。煤油桶上有一只洋铁缸子，能盛一瓶煤油。

马上响起丁当声，铜饭和银角子纷纷飞进皮帽子。但忽然一阵惶恐感来到我心头：似乎那不是铜板在丁当响，而是拿铜锅在敲打米凯的头脑。我知道，煤油即便喝一口也要死。大人不在家的时候，我们有时玩这样一种游戏：把煤油含在嘴里，把火柴划着了，朝火柴吹气，火能飞遍半个屋子，如果不小心咽下一点点儿，肠子里就像有火在翻腾……

帽子的主人轻轻晃动着收钱的皮帽。没有扔钱的丁当声了，只有钱在帽子里跳动着。

“好吧，既然大家有这番盛情……不是为了钱，是为了不辜负大家的心意，我就听天由命吧。也许小命不会完蛋。就是完蛋，那也随它去吧……拿煤油来！”

煤油倒好了。米凯闭上眼睛，一口气把一缸子煤油喝下去。可是，他为什么闭上眼睛呀？

这有什么开心的，我当时不明白，后来也没有明白。不过，很多年以后我倒是明白了，米凯当时为什么闭上眼睛。他虽然傻，却不愿意看这些聪明人脸上那种麻木的笑。他这个傻子今后还要在这些人中间生活下去。但是，像这样花几个铜板来买无聊的开心、对这类开心无动于衷的人，我一生还见过不少。因为没有人喊（我也是这样！）：“别喝吧！”而且也不可能喊。怎么会这样喊呢？给了钱的呀！

“好样的，米凯，这一下子你发财啦。”那个外村的人说。他把帽子里的钱抓出来，递给米凯。但米凯只是摇了摇头。他甚至对谁也没有看，就走了出去。

“哎嗨，吃刁了嘴啦，连钱都不要啦。”火鸡毛列拜诧异地说，“瞧，哎……”

“没什么，等肚子饿了，就会来的。萨凡，给你，你把这钱给他留着。”那个外村人把钱交给萨凡。他还把帽底子弹了弹，才戴到头上，那意思是说：你们瞧，没有钱卡在里面。

我在小铺里又待了老大一阵子，才买到肥皂。等我拿了肥皂来到街上，只见米凯躺到墙脚下，但脸埋进雪里。不知他是在哭，在抽泣，还是在呕吐。我在他身边站了很久。“米凯，米凯大叔！”我轻轻唤了几声。他没有答应。要知道，他用嘴吹曲子吹得多么好听呀！可是这会儿他却脸朝下躺着。不知是呕吐，还是在哭，在抽泣。那件补丁摞补丁的褂子一直撕到肩胛骨。

“唉呀，呸，喝醉啦！呸！”一个过路的老奶奶厌恶地说，又转身朝我吼道：“你在这儿干什么？站在这儿闻狗臭气哩！快回家去！”

我觉得他的痛苦也要怪我，所以我怀着沉重的心情回家来，那是上一个集日的事。今天我又朝那个小铺跑去。等我来到萨里麦冲沟边，天已经昏暗了。忽然我有点害怕起来。难免要害怕的，因为听说这桥下有数不清的各种各样的魔鬼，好在这至少都是一些善心的魔鬼，还没有害过人呢。

等我跑到小铺门前，却看到火鸡毛列拜和公鸡萨凡正在往门上加锁。我心里咕咚一下。糟了！……

“好叔叔！”我央求说，“行行好，别锁门！大娘叫我来买火柴……好叔叔！”

“已经锁上啦。你看不见吗？”公鸡萨凡指了指老大的铁锁。

“是，我看见啦……可是，没有火柴不行呀，大娘叫我来买呀，家里黑咕隆咚的。”我着起急来。我想说说我家大黄牛，可是憋住了。他们会笑话我的。这两个人没有多少慈善心肠。

不过，不知为什么毛列拜并不急着要走开。

“你说说，你是谁家的小厮？”毛列拜问道。他装糊涂，装作不认识我。

“你知道的……我是努尔萨夫家的，是我大娘的孩子……”

“萨凡，这小厮要是出好价钱，咱们就给他火柴，好吗？”

“我出，出好价钱。钱在这儿。”我抖了抖手套。

“不是要钱。要看看你有没有本事。”

“什么本事？”

“有一种这样的本事，了不起的本事。你站到那个大桶上，挓挲几下胳膊，连喊三遍：‘咕尔嘞！咕尔嘞！咕尔嘞！’铺子的门就会自动开啦。”毛列拜得意地笑着说。

我气得连气都喘不上来了。除了我自己的外号“大肚脐”和“俄高加索”以外，我们家还有祖传的外号“仙鹤”。毛列拜暗指的就是这个！好一个红嗉子火鸡！我觉得他的下巴简直就是鸡嗉子。要是有人喊“大肚脐”，我脑子里就“嗡”地一声响，就好像有人用石头砸我的太阳穴，可是一听到有人喊“仙鹤”，比死还难受。喊我的外号，只是侮辱我一个人；喊这个外号，是侮辱我们全家。

“我不干，打死我，我也不干！不干！”

“那就别想要火柴。黑咕隆咚就黑咕隆咚吧。”

这时候好像我家大黄牛用通人意的眼睛看着我。大黄牛好像想说：“今天我就要下犊。万一冻坏了小犊儿，怎么办呀？”

“好叔叔！”我使劲儿压制着火气说，“我自己有外号呀。我的外号叫大肚脐。要喊的话，就喊我的外号好啦……喊四遍都行……”

可是毛列拜连听也不想听。

“什么大肚脐，我才不稀罕你这外号哩！”红嗉子火鸡终于露出蛮横相，连我的外号都不算外号了。“你还是喊喊你家祖祖辈辈传下来的外号给我们听听。”

我在心里已经向他们低头了。大黄牛已经不是很难受地看着我，而是哞哞地哀求了。去年它生的小牛犊皮毛也是黄黄的，也非常漂亮，前蹄腕骨也是白白的。可是没有福气，吃了一种有毒的草，就死了。大黄牛因为这事直到现在没有回过神来。我们就希望它再生一头犊儿，让它高兴高兴。

“怎么，你不要火柴了吗？”

“我要。”

我走到放在墙脚下的大桶跟前。我自己爬不上去，太高了。

“你们抱我上去!”我说。

公鸡萨凡抱起我放到大桶上。我要站在这高高的地方挓挲翅膀,要放开嗓门儿,对着毛列拜和萨凡学火鸡和公鸡叫:“咕尔嘞,咕尔嘞!咕尔嘞!”要叫上一百遍,不,要叫一千遍。真的,差点点儿就要叫出来了。不行,我忍住了。朝四下里看了看,眼下没有什么人。唉!只好这样啦!我先挓挲起翅膀。挓挲了很久,然后拖长声音清清楚楚地叫起来:

“咕尔嘞,咕尔嘞,咕尔嘞,咕尔嘞!”

我叫得很认真,完全像鹤唳一样,而且不是三遍,我叫了五遍,十遍,二十遍。朝自己,朝他们两个出出气。越叫越羞愧,心里越上火。叫上了劲,想不叫都不行了:

“咕尔嘞,咕尔嘞,咕尔嘞,咕尔嘞!”

我在心里喊着:“你们开心吧,开心吧,开心死吧!”

“好啦,够啦,够啦。行了,下来吧。”毛列拜忽然急着要收场。我依然伸长了脖子,又站了一会儿,然后挓挲着翅膀跳到地上。既然要做仙鹤,就要做得一模一样;既然受侮辱,就要使自己永远记住。

萨凡开了锁。毛列拜走进去,把蜡烛点着了。

“你要多少?”火鸡问道。

“买三个铜板的。三个铜板全买火柴,给你……”我从手套里抽出手来,手里却什么也没有;又摘下另一只手套,也没有;把手套抖搂了一阵子,还是没有;把唯一的一个裤子口袋翻了出来,也没有。

“本来有的呀。有三个铜板……”

“恐怕是三颗扣子哟!”公鸡萨凡咯咯笑起来。但是毛列拜没有笑,他甚至想安慰我:

“大概是掉在桶跟前了,明天我们能找得到。给你三个铜板的火柴。”他递给我好几盒火柴。我也没数,就塞进裤子口袋。我心里憋得慌,有什么东西在发涨,涨……还没走到门口,就哽哽咽咽地大声哭了起来。

“别哭,傻孩子,掉的钱不是你的,是我们的了。”毛列拜在后面说。

我跑了出来。“唉,你们哪能知道呀?你们关心的是钱,我难受的是丢了脸。为了三个铜板的火柴,给我们全家,给我们祖祖辈辈丢了脸,把脸卖了。拿脸换了东西,我也成了很不值钱的东西。我就是因为这才哭。”

回家的路上,我逐个儿想了想是谁叫我这样丢脸的。当然,首先要怪火鸡毛列拜和公鸡萨凡。其次要怪那个小滑头,一打牌就弄鬼,就因为他弄鬼,所以一打牌他就赢。再就是怪我家的大黄牛,偏偏在这时候下犊。也怪我大娘,向邻居借一盒火柴也是借得到的。眼看要天黑了,偏叫我来买火柴……还有那三个铜板!放在手里,不好好儿地待着。幸亏是铜板!万一是金的呢?说不定也要丢掉哩。

我一一数落,一一责备。只是没想到自己,没想到这事全怪自己,还想都没有想。只是现在我才问自己:你自己呢?

有时候,有些人不顾脸面,只顾完成任务。他们不认为自己有错。他们有什么错呢?要完成任务呀。完成任务不得不这样呀。本来那一天我也是要完成任务呀。

况且，也不过是受捉弄，不过就是这样。那个精灵鬼古莉契拉叫老奶奶脱裤子，不过是寻开心。在集日里让可怜的米凯喝煤油，不过是取笑。趁我有急需的时候抓住我不放，弄得我心里难受，不过是逗乐。不是吗？也许，只是我太笨，不懂得这是开玩笑？就算这样好啦。不过，拿人当狗一样来取笑，总不能算快活事儿。

……过了很多年以后，我在一个东方国家看古老的马戏团演出，我看到许多难得见的场面。但是我一想起那次演出，心里就刺痛，也是有原因的。

一个畸形人，脖子长得出奇，没有手和脚，原来的胳膊和腿各剩了短短的一小截，就用这样的残肢在台上到处爬，学狗的样子：又跳，又吠，嘴里衔着老大的一块骨头，呜噜呜噜在叫，跑到柱子跟前，跷起一条后腿撒尿。狗的动作全部学了，而且惟妙惟肖，连真正的狗都要自愧不如。花钱买这种开心的观众又鼓掌，又吹口哨，还拿香蕉、橘子、糖果纷纷朝他扔……

我不认为自己是特别有感情的。但我总觉得，那个在台上爬的畸形小伙子是我的弟弟。因为他也是人类的一员呀……

……不过眼下这个东方国家还十分遥远，眼下我还咯吱咯吱地在雪地上拖着树皮鞋，朝家里走去。四周围什么也看不见，什么也听不到，又黑又死寂，只有雪在脚下不住地叫屈。雪呀雪，你有什么委屈的呀？要我买的东西，我买到了，这不是，正带着东西回家……

残废人还过什么节？

赛拉诺夫村我大姐盖尼卡玛尔有两个女儿：一个是古莉雅玛尔姐姐，另一个是乌米古尔苏姐姐。虽然我是她们的舅舅，她们是我的外甥女，但总归是“姐姐”，因为她们都比我大很多。古莉雅玛尔身段又苗条，脸蛋儿又俊俏，而且很爱笑，甚至可以说很顽皮。这也不是坏事：好胳膊好腿，又有好看的身段，爱笑爱顽皮并不损害她的美，相反，倒是显得更好看。她的妹妹就不行了。乌米古尔苏是个残废人，身体有一半是干瘪的。她的头脑害过病，后来就成了这个样子。走起路来就像齐步走，有时身子会突然歪向一边，就好像一边身子突然塌下。但是不论白天和夜里，她都不为自己的残废流泪。适合她干的活儿，她也能干得很好，也常常笑，也和别人闲聊。但有时候，刚刚笑起来，会半路上卡住，就好像想起了自己的过错。也许是意识到自己是残废人。

赛拉诺夫村的姐夫，也就是这两个外甥女的爹，名叫哈比布拉赫曼。他是清真寺里的仆役，是十分虔诚的信徒。他把世界上的一切全部分为敬神的(这在我们这儿是不多的)和不敬神的(这儿到处都是),就连我的帽子的帽舌都归入不敬神的一类。他说:“这是不敬神的人头上戴的,这帽舌是魔鬼的角。”所以,我每次上他家去,都要把帽子的后面转到前面,把魔鬼的角转到后面。我听说,姐夫多年在不信神的人们当中当兵,那时他的信仰也动摇过。所以,为了祈求赦免自己的罪过,他进了清真寺。是不是这样,无法弄得清。要是有外人在场,他看到猫打喷嚏,都要祈祷。但有时候邻家的鸡跑到土豆地里,如果附近没有人的话,他会把鸡臭骂一顿。姐夫是骂人的能手,恐怕只有我们这条街上的努列金能和他骂个平手。姐夫还是一位猎手,他家一个钉子上挂着猎枪,还有一个钉子上挂着马鞭。

大概因为他没有儿子,所以一向对我十分亲热。我在家里觉得烦闷了,就要往赛拉诺夫村跑。在那儿一想起什么,就又朝家里跑,甚至连招呼也不打。如果想起什么的话,那也不是无缘无故的。比如,有一次我们在菜园子外面割草玩儿,看见我们村子方向有几道烟柱。“失火啦!我家失火啦……”我不要命地朝村子里跑来。跑到村子里,才知道原来是有人在卡赞古洛夫冈上烧干草。我这是疯了,还是怎的?我就怕出事,一口气能跑上五俄里。然后,等我不见了,就会有人从赛拉诺夫村来,或者从我们村出去找。等把我找到了,也不怎么骂我。也许本来要狠骂我一顿的,可是大娘不让。就连我姐夫哈比布拉赫曼也只是说:“真是傻孩子!”他不敢臭骂我。当然不敢!我又不是刨他家土豆的邻家的鸡!他骂起乌米古尔苏却毫不心疼。天天听到他骂:“哼,你这根枯杆子!”就好像她自己要残废似的。要不是生病,她也会有古莉雅玛尔那样高,也许比古莉雅玛尔还美呢!

我觉得残废人特别可怜。尤其是在逢年过节的时候,我觉得,就像补丁在晴天那样,残废人的残废在节日里分外显眼。他们干吗还要出现在大庭广众之中呢?去年,三公鸡街上放牛的驼子沙里身穿白衬衣,头戴白帽,脚登黑靴,来参加停犁节。这可怜的人一脸得意的神气,就好像所有节日的活动全是为他举办的。我小声对我的好朋友阿斯哈特说:

"残废人还过什么停犁节!……"

阿斯哈特不懂我的意思:

"哪些残废人?"

"比如,驼子沙里,歪脖子汉萨,傻子米凯。"

"残废人比咱们更需要过节呢。平日里大家不拿他们当人看,到节日里大家都一样了。"

"一样倒是一样……沙里的驼背还是伸不直啊。"

"驼背伸不直,可是精神伸直了。要是依着我,我要为残废人多定一些节日呢。"

事情也许是这样,不过在节日里我觉得残废人分外可怜。沙里有时在一些人当中喝上一点儿家酿啤酒,鬼使神差来到跳舞的圈子里,在那蹦来蹦去,就像在转圈儿跳舞。有一些好心人鼓励他,实心实意地夸奖他:"沙里,好样儿的!哈,跳得好!"但是也有一个心肠不好的人,憋不住叫了起来,"沙里呀,跳慢点儿吧,慢点儿吧,再这么跳,背上的驮子就要抖搂下来啦。"不错,站在旁边的我们那红胡子亲家公赫斯马杜拉用他那老大的巴掌照着那恶毒的嘴巴狠狠揍了一掌。这有什么值得高兴的呢?沙里当时差点儿哭了出来，迈着长长的步子走出了圈子。

这就是一样！

在春天，赛拉诺夫村和我们村里一样，常常有娱乐晚会。有一次两个外甥女一再恳求去参加晚会，我姐夫答应让她们在我的监督下出去玩一玩。

“你们给我听着，天一黑就回家！”他在后面冲她们喊道。并且提醒我要我记住交给我的光荣任务：“你别忘了用眼睛和耳朵，要看着，要听着。”

就是说，让我做起了暗探。偏偏找我来监视她们！

所有赛拉诺夫村的青年人都聚集在绿草如茵的巴尔苏安河岸上玩儿。不是演出，不是斗殴也不是比赛——这儿不兴这一些。这儿的小伙子和姑娘们脸对脸地跳舞。手风琴数也数不清！手风琴上嵌着小小的镜片，吊着小小的铃铛，风箱合上又张开，鼓足力气，光闪闪，丁零零，奏着一支又一支曲子。

我和孩子们玩了一阵子跳背游戏之后，就走到乌米古尔苏姐姐跟前。她搂住我的脖子。可是古莉雅玛尔姐姐简直像一个天鹅在水里游。她刚刚在圈子当中像转轴儿一样转着圈儿跳舞，这会儿大家又唱歌做游戏，她首先唱起来。她唱的歌儿带有暗示，暗示的是那个拉着带铜铃的单排键手风琴的小伙子。那小伙子把手风琴拉得大大的，很起劲地拉着，而且把嘴也张得大大的，合都合不拢了。一听到她的歌，那个鬈发小伙子完全销魂了。听到这样的歌、这样的声音，是要销魂的：

你拉手风琴，我叹息，

看着亮闪闪的银戒指。

哪怕你沉入贝加尔湖，

我也要到湖底才把你捞起。

嘿，恐怕海口夸得太大了。这样高大的小伙子，如果掉进水里，你倒捞捞看，连你还要搭上呢……眼下爱情的威力，女子心灵的无穷力量，对于我还是一个没有打开的不可知的世界。

走过人生道路之后，我才理解：有了女人的爱情，男人不论在大海里，在风暴中，在地狱的火里，都不会死。女人的爱情会搭救他。至于女人自己会不会被淹死，被烧死，被卷走，却连想也不想。只要能搭救自己的心上人就行。那时候古莉雅玛尔姐姐在歌子里唱的就是这个。

古莉雅玛尔无比幸福。她不论做什么，都恰到好处，不论说什么，都说到妙处。两腮红扑扑的。只要那个鬈发小伙子朝她一看，她满脸都会罩上一片红云。我既没有监视，又没有盯着看，真的没有。不过很自然地看到罢了。古莉雅玛尔姐姐不时跑到我们跟前来。

"好妹妹！小舅舅！"她要求说，"再玩一会儿吧……就一小会儿……你们等一会儿好吗？……"她等不及回答，又跑走了。我们没有意见。让她玩吧，让她快活吧。我把头放到乌米古尔苏姐姐那暖和和的肩膀上，只管静静地坐着。乌米古尔苏每次都要鼓励姐姐。

"你痛痛快快地玩吧，玩去吧，想玩多久就玩多久。"她小声对姐姐说。

“噢，别着急！……再等一小会儿！……”古莉雅玛尔一面跑，一面塞给我们每人一块红红的、两头粗中间细的甜点心，就又跑走了，这点心怎么来的，我也明白。看样子，今天古莉雅玛尔给了那个小伙子一块绣花手帕。我们得到的点心便是回赠的礼物。好吧，点心，来得正好呢。乌米古尔苏还想把她那一块也给我，我没有要。让她自己吃吧。

等我们回到家里，天已经完全黑了下来。屋里一点声音也没有。一盏小小的油灯捻得勉勉强强没有灭(只有姐夫的宗教虔诚能跟他的吝啬相比)。我们一进屋，姐夫就当啷一声挂上门闩，从墙上摘下鞭子，“嗖”地朝挂在钉子上的大皮袄抽了一鞭。大皮袄“噗”地响了一声。接着，鞭子就朝坐在炕上的我大姐盖尼卡玛尔打去。

“是你惯的她们，全怪你！”他把鞭子晃了晃，没有打下去。“你们这两个鬼丫头！狗崽子！浪荡货！不要脸的畜生！”他吼了起来。“我对你说过，天一黑就回家！你没听见吗？”鞭子又在我头上“嗖嗖”响了两声。

“你敢动我！你要是打人，我马上就回家！”

“古莉雅玛尔倒也罢了！你待在那儿干什么？也在那儿浪起来啦！哼，枯杆子！人渣子！”这一回那鞭子“啪”的一声打在乌米古尔苏那佝偻着的背上。她连气都没有哼一声。鞭子一下又一下落到她身上。

“爹！爹！”古莉雅玛尔奔过去，“爹，别打啦！不要打乌米古尔苏！”

“姐夫!”我大声叫了起来,“我马上用你的枪把你毙了!”我气呼呼地像发了疯似的朝挂在钉子上的猎枪奔去。

姐夫一下子呆了。我没有跑到猎枪跟前,而是停在墙角里,愣住了。

“好吧,打几下也行了。”姐夫说过这话,把鞭子挂回钉子上。

可是我还在那儿一个劲儿地哭。我怜惜无辜挨打的乌米古尔苏,更觉得这节日可惜……因为姐夫哈比布拉赫曼那嗖嗖响的鞭子打的不光是他的又老实又残废的女儿,打的也是今天在巴尔苏安河岸过得热热闹闹的节日。

我还想起了我们上街头的济亚金老汉。去年,他的儿子阿格赞没有得到他的同意,就从城里买回一架很便宜的手风琴。济亚金老汉是个怪人,一听到手风琴声就气得暴跳如雷。拉风琴的小伙子不能从他家门前过,他一听见,就会拿着棍子到街上撵。他说:“手风琴能招鬼,连沾都不能沾。”阿格赞把手风琴藏在篱笆跟前的荨麻丛里。但是被老头子搜了出来,一脚踢到街心里。然后走过去,当着大家的面用棍子砸。每砸一下,那可怜的手风琴都要沙哑地叫一声:“哼……哼……”老头子就说:“哈,你还叫哩,你还唱哩……”于是用脚狠踹起来。阿格赞差点儿没哭起来。就有这样的事儿:一个用棍子砸手风琴,一个鞭打节日。但愿他们的手都烂掉!

那一次我去拿枪行凶没有成功,是因为哭得没有了力气。再说,姐夫也不再打人了。

也许,那是我第一次挺身反抗残酷无情的行为。后来也遇到这类的事,不过我的态度有各种各样的。有时,我怒不可遏,挺身上前搏斗,有时,作壁上观,就像是聋子和瞎子……各种各样表现都有过,各种各样表现有过许多。

……可是回忆总是将过去的事改造和修饰得十分完好,使之纳入理想的轨道,从中寻求精神支柱和安慰。我的外甥女乌米古尔苏姐姐如今已经年老,快到七十岁了,每回忆起那时候的情形,都十分快活,觉得津津有味,就好像舌头都尝到了:

“那时候才快活哩!我跟去世的古莉雅玛尔一块儿长大。我们俩都很调皮,都很任性。一到晚会上去玩,就玩昏了头,到深夜都不回家。等回到家里,我那去世的爹就狠狠骂我们,骂得才厉害哩!……他是个火性子人,可是我从来不记得他打过我们。他骂我骂得多些,那也是我该挨骂,因为我更调皮,更任性……那种无忧无虑的快活日子,现在才想念哩……”

“把肉给你，骨头我们留着”

在一个一片白霜的早晨，大娘领我去上学。我跟着她走，却保持着一点距离，在落了霜的青草上踩出一条小路。

“看来，他该上学啦。到冬天马群上牧场去的时候，他就满九岁啦，”昨天她对小娘说，“是不是你领他到学校里去？”小娘对着我看了老半天，然后说，“姐，还是你领他去吧，你比我会说话。”

学校在沟那边，在清真寺街的下街头。我只是在一旁看到，从来没有进去过，而且我也不怎么想进去。我干吗非要上那里去？也许前几天说起上学时，瓦列金说得对：“黑翅膀的不全是老鸹，有学问的不全是毛拉。”如果人人都去上学，人人都成为毛拉，你是毛拉，我也是毛拉，那么谁来喂马呢？如果有草料，也许能找人喂马，这倒不算什么。但如果所有的人都怕毛拉，那就糟了。那你活着，就是叫人害怕，便成吸血蝙蝠了……

“我才不想做毛拉呢。”我不由自主地冲口说出这话。

“你为什么这样说，孩子？”

“念书念多了，就成毛拉了。到那时候，就是想不再念，都迟啦。”

“我可没想到叫你去做毛拉。希望你能读书识字，会写会算。咱们一家人都是瞎子，希望你成为一个有眼睛的人。”大娘马上解释说，“这会儿不识字就等于瞎子。孩子，我们都是没文化的人呀。所以，人家把我们这些没文化的人叫做黑羊。”

我马上站了下来。

“今天咱们不到这学校里去了，明天再来吧。”

眼前就是学校，里面是一群群的黑羊。大大小小的黑羊拥拥挤挤，你抵我，我抵你，咩咩直叫。

“今天光是去报名，过一个星期再来上学。”大娘一面说，一面继续往前走。

她如果说出一句话，就要照着去做，决不会半路上往后退。在我们前面，铁匠阿格良领着他那像钓鱼竿一样又细又长的儿子吉尔麦金跨进了学校。我认识这个吉尔麦金。不知是胆子太小，还是太傻，他连顶小的小孩子都怕。

教师马赫穆德一看见大娘，连忙站了起来。

“哎呀，大娘，请进！请在这儿坐一会儿。我先给阿格良大叔的孩子登记一下……”

“好的，好的，我们不着急，”大娘说，“阿格良，你这孩子长得这么大啦，你很快就能得孩子的力啦。”

阿格良和大娘握手问好之后，便把自己的吉尔麦金领到老师面前。吉尔麦金那有一条深沟的细脖子好像眼看着就要折断，那剃得光光的瘦脑袋就要滚到地上。这样细的脖子怎么能擎得住一个头呀！

“马赫穆德，你看，”铁匠忽然用低沉的口气说，“我把顶大的儿子领来给你啦。把肉和油给你，骨头和皮我们自己留着。”

什么是“肉”，什么是“油”，起初我没有明白。等我明白过来，心里直想笑，好不容易才憋住了，可是后来我怕了起来。吉尔麦金本来就瘦得骨头当当响，这么一来，还要受什么样的折腾啊？万一马赫穆德也把我的肉和油榨干，叫我光剩骨头和皮呢？我已经想跳起来，马上跑掉了。

“好吧，大叔，我们尽力而为吧，有多大力量和本事，一定毫不吝惜，全部使上去。”老师保证说。

铁匠父子走了。老师也把我的名字写进了他那厚厚的本子。

“老师，我把我的孩子交给你了，多多关照吧。这孩子有点倔犟，有些脾气，任性，不过心地纯正，也很机灵，可不能让他在你手底下掉一根毫毛。我不允许这样。我不答应。这是我要说清楚的。”大娘说。她的声音很低，但是口气很硬。

“大娘，这一点儿你放心吧，”马赫穆德欠了欠身子，说，“像你这样可敬的妈妈的儿子，我连一指头都不会动。我说到做到，你只管放心吧。”

“谢谢你，老师，你能答应我的话，这很好，”大娘说，“就应该这样当面讲清楚。再见吧。”

我对学校没有多大的好感。我对墙上贴着的各种各样的纸片，对黑板和黑乎乎的书桌都没有多大兴趣。我也不喜欢老师那一双蓝绿色的眼睛，也不大相信他那“说到做到”的话。好在我们马上就回家了。

老师果然没有遵守自己的诺言。他确实没有动我一指头,但却用别的办法整治我。

开学后第三天或者第四天,我们玩捉迷藏,我钻到炉膛里。因为这件事他差点儿把我的耳朵揪掉。后来我用小刀在桌子上刻了一个字母,他便用戒尺打我的手心。第三次是因为别人调皮我倒了霉。老师正拿白粉块在黑板上写字,这时候跟我坐在一块儿的哈米季扬,也许是吉尔麦金捣起蛋来,所以老师瞄了瞄,将拳头大小的白粉块朝捣蛋鬼打来。白粉块不偏不斜,正好打在我的额头上,打得我眼里冒光圈圈儿。老师自己也怕了,过来安慰我,哄我。我硬憋着没有哭,算他走运。

就在这一天我下定了决心:再也不去上学了。正好这时候已经下雪了,已经是滑冰雪的时候,花一个铜板就可以租晒哈达尔的铁冰鞋像鸟儿一样顺着白脸尤马古尔家的巷子飞上一阵子。我没有通知任何人,就自动停了学,一停就是两年。

过了两年以后,我又和我的小妹妹萨莉莎一块儿去上一年级。老师让我坐在最后一排,让我小妹妹坐在最前面一排。现在我们的老师是一位年轻姑娘,头几天她教我们画道道儿。小妹妹画了道道儿,就跑来找我,对老师连看也不看:"哥,你看对吗?"老师装作没有看见,我倒觉得有些难为情。

两年的损失我一个冬天就捞回来了。到春天就把我提到了我第一次来上的那个班里。教室里的一切都是熟悉的,同学都是熟悉的,只是老师换了。

就在这个冬天,有一天我出去游玩,没过多久,就看到我们村白白的雪地上洒了红红的血……

两种审判

村子里要是有人去世，就会有两个孩子骑马顺着街道两边朝前跑，在每一家门前勒住马，喊："都来送殡呀……都来送殡呀……都来送殡呀……"我觉得最可怕的喊声就是这种喊声。好像这两个孩子不是喊你去给死者送殡，而是喊你进自己的坟墓。话又说回来，如果深入地想一想，反正就是这么一回事。时间一到，就要把每个人都请去，把每个人都送去。

这一天，晨雾还没有散去，有两个孩子就一个跟一个骑马顺着街道跑来了：

"开审判大会啦！开审判大会啦！开审判大会啦！……"

"天啊，又死人啦？"收拾完饭桌的我小娘难受地说。

"叫人去开审判大会呢，小娘。合作社的头儿萨米古拉偷了集体的款，偷了很多很多，要进行公审呢。村苏维族主席塔什布拉特都气坏啦。"我二哥萨里赫结结巴巴地把消息报告完毕。他总是这样的，一说起话来就要发慌。

“集体哪里来的这么多钱呢?”我大娘问道。

我大哥穆尔塔萨是个百事通,他一下子就解释清楚了:

“今年秋天,集体打算买收割机和脱粒机,挨家挨户地收钱。也来咱们家收过钱嘛。偷的就是那些钱。”

“唉,真不要脸!贪心不足,什么罪都能犯。”我大娘叹口气。

我爹不知为什么一句话都没有说,他在沉思。房里又静,气氛又紧张。“开审判大会啦”的呼喊声冲进屋里,震得玻璃都响起来,满屋子都是呼喊声,一会儿冲向这个,一会儿冲向那个,在耳朵里响着:“开审判大会啦!开审判大会啦!”

“要是萨米古拉都偷钱,那就没有谁可以信得过啦。他还天天走来走去,说自己是共产党员,说自己决不做对不起大家的事呢。”穆尔塔萨气愤地说,“很清楚嘛,每个人的手指头都朝里弯。”

“你们两个给我小心点:谁也不许到救火广场上去。你们要审判人,还早着呢。”我爹说。他还用手指头点了点,他还从来没有这样声色俱厉地跟两个哥哥说过话呢。尽管他马上又补充了几句,语气好像也缓和些:“你们给我把灰骟马套上车,我想上季莫菲家去。你们也不妨去逮逮兔子,雪下得那么厚嘛。”

两个哥哥听到我爹语气那样严厉,感到十分惊异,彼此对看了一眼。

“好吧,爹,我们逮兔子去。”穆尔塔萨说着,眉头皱得更紧了。

我爹和两个成年的哥哥各自走了。又过了不大的一会儿,那两个孩子又跑过来了:

“到救火广场上——开审判大会去！到救火广场上——开审判大会去！”

各种各样热闹场面我都见过：电影啦，玩把戏啦，赛马啦——我全部看过。就是这种所谓公审大会，我一回也没有见过，一定要去看看。

救火广场就在清真寺街上最高的一处地方。广场上到处是人，大多数是老头子和长胡子的男子汉。我们小孩子们爬到街对过一个老大的雪堆上。有人不叫我们进广场，把我们撵了出来。

“把小家伙们撵走，撵得远远的！”有一个老头子尖声叫道。

“让他们看看，让他们受受教育嘛。”一个胖胖的、脸有点浮肿的男人说。

“也可以吓唬吓唬他们嘛。”还有一个人说。

“还是叫不懂事的孩子们回家吧，又不是在这里玩把戏。”

“还不知要玩什么把戏呢……”

人们说话的声音越来越大，会场上渐渐沸腾起来。忽然大家都不说话了。村苏维埃主席塔什布拉特和两个陌生人，咯吱咯吱地用毡靴踩着雪，从下街头来到广场上。塔什布拉特个头儿小小的，步子稍微跨大些，黑皮袄的下摆就要擦着地面。那皮袄想必是他爹或者他大哥的。

“喂，乡亲们，咱们怎么来处治？”塔什布拉特说着，身子挺得笔直，对谁都没有看，“正如大家常说的，贼捉到了，处治由你们，全村父老们。”

大家都还踌躇着，不知该说什么好，这时候高高的、结实得跟橡树一样的美男子马拉基姆已经站到塔什布拉特面前。他就住在我们这条街上。马拉基姆还非常年轻的时候，他爹就强迫他娶了亲，说得确切一点，就是叫他到清真寺的宣礼员伊里亚斯的遗孀家里入了赘。马拉基姆常常在黄昏时候走到街上，坐在自己的家门前，拉起自己的手风琴，全村人都听着，并且感到奇怪。“可怜呀，心里觉得烦恼呢。”有一回，我大娘说，“已经过了这么多年了，可是看样子，心还是怎么都安定不下来，一直是悠悠忽忽，好像在找什么人。一个人最火红、最旺盛的时候就这么白白地过去……”难怪常言说，好相貌，好嗓子，大都一生不如意，而且他的眼睫毛也很长。谁都知道：眼睫毛越长，命越短。大概就因为这样，大家都很怜惜美男子马拉基姆，处处对他另眼相看。这会儿就是他走了出来，站到塔什布拉特面前。塔什布拉特又用劲挺挺身子，可还是只有擀面杖那么长。

“小哥，”马拉基姆小声说，“萨米古拉的罪很大，不管是他偷了集体的钱，还是别人从他手里偷走了钱，反正事情很清楚：钱是在他手上丢掉的。他应当受惩治。不过，应该把他交给政府，让政府去好好审判，免得出偏差。”

塔什布拉特马上火了起来，他那滚圆的眼睛死死地盯着人群中每一个人。

“交给政府！他偷的又不是政府的钱，用不着交给政府！他偷的是咱们大家的钱，集体的钱，偷的是你们的血汗钱！乡亲们，他这个人，他的命，都在你们手里，我说得对不对？”

“很对，塔什布拉特说得对！”有些人马上随声附和说。

“贪心的家伙，叫他把咱们的钱吐出来！”那个脸有些浮肿的汉子喊道。

“披着共产党员的外衣，祸害老百姓，毒蛇！表面上老老实实，一肚子鬼胎！他在哪儿？还有什么好等的?!”另一个人吼道。

“把他拉出来示众！叫他回答！”

一小堆怒气冲冲的人狂叫起来，人群中越来越多的人跟着他们发出怒吼声。于是塔什布拉特发出命令：

“喂，见证人！把贼带上来！”

马拉基姆把他那好看的头垂得低低的，离开了会场。他只回头看了一下，放慢了一下步子，但是没有停下来。

从看守室里带出了萨米古拉。他穿的是短短的、带补丁的小皮袄，脚上是雪白的长筒毡袜和白白的树皮鞋，不知为什么没有戴帽子，一绺绺黑黑的鬈发耷拉到额头上和死灰色的脸上……两条胳膊交叉在背后，用绳子紧紧捆着。有一个人和他并排走着，牵着绳子的一头。那样子就像牵着一头牛到集上去卖。

“到这边来，站到高些的地方，叫大家都能看到。”塔什布拉特指了指一半埋在雪里的一辆大车，用命令的口气说。几个人扶着萨米古拉，把他推上了大车。会场静了下来，连雪都不在脚底下咯吱咯吱响了。只有稀稀拉拉的大片雪花在空中漫舞。那雪花好像不往地上落，也不往众人身上落，而是单单往被捆着的人那黑黑的、垂得低低的头上落。他要是再这样站一阵子，头上就要完全白了。萨米古拉左面不太远处，是村苏维埃的木房子，房顶上飘舞着红旗。如果凝神看去，那红旗好像越来越靠近，红旗和萨米古拉好像渐渐凑到了一块儿。萨米古拉一动不动地站着，红旗猎猎飘舞着，不知想飘到什么地方。后面是黑乎乎、阴沉沉的天边。

“谁见过、谁听说过这样丧尽天良的?”那个尖嗓门儿老头子又叫道,“有辱天地,有辱祖宗,有辱教门,下流东西,大家的脸全叫你给丢尽了!”他两只手朝着萨米古拉乱舞。

另外有一些人也跟着他叫了起来:

“我们的钱是从孩子嘴里挖出来的,是一点一点攒出来的!你把钱弄到哪里去啦?你说!”

“我们的钱是我们用汗挣来的!你吞下去,不觉得嗓子眼儿难受吗,不要脸的!”

“我们的汗,叫他用血来偿还!用血偿还!”

萨米古拉慢慢抬起头来,他向全场久久地扫了一眼,叫喊声又渐渐小了下来。萨米古拉昂起了头,他咳嗽了一声,又是一声。

“乡亲们,”他用有气无力、打哆嗦的声音说,“我在诸位面前,罪是很大的。你们的血汗钱在我手里,在我手里丢掉了。但是我自己连一文钱都没有动。”

“你没有动——那又是怎么回事?钱会自己跑掉不成?”

“是叫人偷掉的。有人配了办公室里大铁柜的钥匙,把钱偷走了。”

“什么时候偷的?”

“不知道是哪一天。”

“胡说!全是扯谎!”

“你到阴间里强辩去吧!”

“不是有人看守吗?”

“不是我偷的,但是我有罪。我来偿还,我干上一辈子,抵偿这笔钱。”

“那么多钱，你还得清吗？”

“你一辈子连匹癞皮马都没有挣到，还说还这笔钱呢！”

“叫他用血来还！”又是那个一心想叫他用血来还的人叫道。

人们好像都发了疯：

“重罪就该重罚！也可以叫别的人知道厉害！”

“打断他的胳膊和腿！”

狂怒的人群不再问青红皂白，挥舞着拳头、棍子、大棒，一齐朝大车涌去。就在这时候，圆头塔利普不知从哪里钻了出来，他飞身跳上大车。

“父老们！”他用洪亮的声音，对着全场喊道：“这个人我从他生下来就知道。他爹、他娘、他的祖祖辈辈，我都知道。他们都不做坏事，不拿别人的东西。诸位老人家，你们做得不对，你们鼓动年轻人发疯。大家伙儿！你们上百人对付一个人——一个无罪的、不能还手的人！你们要是把他打死了，你们这上百人每人都有罪，洗都洗不掉！乡亲们，好好想一想教理吧！我一向了解他的为人！我觉得，他没有罪。父老们，头脑要清醒啊！塔什布拉特！你是头头儿，你叫大家镇静点儿，叫大家不要动萨米古拉。他有两个很小的孩子，还像两个苹果一样在屋子里滚呢。不要叫他们成为没爹的孩子，你对各位老人家说说吧，塔什布拉特！”

“他做贼的时候，也没有问过我。既然犯了罪，就让他自作自受吧。我已经说过，尊贵的父老们，”塔什布拉特提高了嗓门儿，“由你们来处治……”他说完，就磕磕绊绊地踩着皮袄下摆，离开了会场。

塔利普又说了几句话，但是谁也不听他的。可是他没有离开大车，而是朝萨米古拉跟前靠了靠，“尊贵的父老们”叫得比原来更高、更凶了：

“谁相信你给他作证？！”

“从车上下来，滚远点儿！”

“你们一块儿分赃的，是不是？”

“你这专吃下水的狗，该到屠宰场上逛荡去！”

“你捞到不少吧？”

只见塔利普把破烂的长褂子下摆一直撩到腰上，让尊贵的父老们看了看他那破破烂烂、补丁摞补丁的屁股：

“瞧，这就是我捞的！我现在穿得多讲究，值钱的衣裳全叫我穿上啦。瞧，谁的屁股有我的好看？看，他也穿着新鞋子呢……是树皮鞋罢了。”

塔利普还在用两手撩着自己的褂子下摆。萨米古拉脸上带着木然的表情，一个劲儿地在发愣，好像他已经不在这里了。他的头上已经落了一层毛茸茸的白雪。这样稀的雪花，是什么时候把他那黑黑的鬈发盖严了呢？

忽然塔利普向人群伸出两手，并且含着眼泪祈求起来：

“诸位父老们，你们行行好，发发慈悲吧。不要伤害萨米古拉！要是惹起天怒，全村都要遭殃！”

残忍成性的狗贩子伊斯莱听了这话，简直发起疯来。他大吼一声，跑到大车跟前：

“我叫你看看什么是天怒！”他把大棒抡圆了，照塔利普头上打了一棒。塔利普跌下车来，咕咚一声摔到地上。他那破旧而寒碜的帽子好像高兴极了，滴溜溜滚了开去，在雪地上躺了下来，露出了他那光溜得像镜子一样的头。既没有发癣，又没有犄角，不过是秃头顶罢了。头发全掉光了，看样子，伊斯莱的棒子正好打在他的帽子上，幸亏有帽子护着。血从他的腮上流下来，滴到雪地上。一滴，一滴……塔利普抬起头来，慢慢地跪了起来。狗贩子伊斯莱一闻到血，兽性发作起来，他攥紧自己的木棒，朝萨米古拉扑去。这时候所有的“父老们”都跑上去围住了大车。我赶紧闭上眼睛。耳朵里只听到发疯的人群的吼声。过了一阵子，吼声停了……

我睁开眼睛，大车上空空的。村苏维埃房顶上的红旗在大车后上方凄凉地飘舞着。人群纷纷离开广场，朝街道上走去。大车旁边躺着佝偻起来的萨米古拉的尸体。他一脸都是血，头周围的雪都被血染红了。塔利普依然没有戴帽子，他盘腿坐在萨米古拉的尸体跟前，抚摩着那沾满了雪的头。他不住地抚摩，可是雪不往下掉，紧紧地粘在头发上。这是什么样的雪呢，为什么不化呢？

这一辈子我头一回看见流在白雪上的红血——人血。先是一滴一滴往下滴，后来就哗哗地流，把雪浸透了，又往地里渗。血会把土地泡热，并且会渗进地里去，这我是知道的。我大娘常说：“烟在空中散，血往地里钻，尸首入地，灵魂上天。”大概，萨米古拉的灵魂已经飞上天了……

我原来还不知道，只要一眨眼工夫就行了，只要多少闭一下眼睛，黑黑的鬈发就会变成白头了。

“好啦，戏演完啦，孩子们，回家吧！”有一个人说。

我抬起头来。我面前站着一个满脸是毛、眼睛里有一块像豆粒一样的白翳、样子很可怕的人。他的眉毛、鼻子和嘴都歪到了一边。我朝他望了望,就觉得我的脸也歪了起来。我头也不回地跑回家来。那种可怕的样子,我做梦都会梦到的!

……他饶了我,没有叫我梦到。但是在现实中又叫我碰上了。过了许多年,多少风雨吹打过,多少巨雷响过,我们又见面了……

每一次我回到村里,我都首先到坟地上去拜谒我爹和我大娘的坟墓。现在我自己已经不只是做了父亲,而且做了爷爷了。但是,关于死,关于长逝,可以说,我在这里想都没想到。因为,我看到刻在石碑上的名字,想起的不是这些人如何离开人世,而是这些人什么时候出生,在世上过得怎样,享受过什么样的欢乐,遭遇过什么样的灾难,完成了一些什么事业。

我站在一些坟前,就要沉思,站在另外一些坟前,不由得就微笑。这些坟墓里的人身后留下多少值得回忆的往事啊!有开心的,有辛酸的,有很有趣的,也有可资借鉴的。他们的无拘无束、逍遥自在的灵魂,好像在坟头上若隐若现的空气中弥漫开来,轻轻拂动着高高的枯草。长眠在这里的人有绝顶聪明的,有傻里傻气的,有喜欢空想的,有处处不如意的,有性格豪放的,有善于忍耐的,有英雄,有苦命人。但是这里没有坏蛋、懦夫和废物。也许有,可是我没有看见。即使我的眼睛看见了,心也不理不睬。因为我生活于其中的世界,不是他们留给我的。我生活和工作的世界,是面前这些人遗赠给我的,是他们至今活在我心里。所以每次见到了,我都说:“你好,爹!”“你好,大娘!”“你好,圆头塔利普！”他们的石碑也马上瓮声瓮气地回答：“你好！……”我在这里认识了一个简单的道理：活着的时候，所有的人都活着；死后，就只有好人还活着了。

我的目光停在一座黑黑的坟头上，坟头上的草芽儿还红红的，刚刚露出头儿。这些刚刚露头的草芽儿将我的思绪带到了不可企及的远方，使我窥见了永恒的底蕴。我想，当初人类，不如说，人类最初的幼芽儿，就是这样出世的，渐渐地，草变成了有灵性的生物——人。过后人又变成草……

在一座坟前，坐着一个矮小的女人，身子弯得低低的，不住地抽搭着，她流的眼泪大概能淌到脚后跟了。她上气不接下气地一遍又一遍说着同样的话：

“我的开得正火红的花儿落了，我的过节的蜡烛灭了……我的开得正火红的花儿落了，我的过节的蜡烛灭了……”

这是萨布拉，库尔班加里的遗孀。库尔班加里在战争的头一年就没有音信了。那是很久很久以前的事了，当时她过门还不久。阿斯哈特说她“样子像个茶炊”。她的个头儿小是小，但是干活儿是一把好手，而且嘴巴也很会说。嘴巴虽然会说，但是不乱说，不搬弄是非。

战争中期，村子里来过一些士兵。他们来驻扎过一阵子，命令一下来，他们就走了。过了一定的时候，萨布拉如期生下一个男孩。街坊们冷言冷语，亲戚们对萨布拉侧眼相看，那些爱说闲话的娘儿们天天拿她的名字当树脂来嚼。就连她的一些女伴们——也有同样的毛病，只是在有的方面走运罢了——也都不理她了。只有一个人心疼萨布拉，一只慈爱的手抚摩着她的脊背。

“既然生下来，就要活下去，让他好好活下去吧。库尔班加里没有留下后代，咱们就一块儿来抚养孩子吧。”失去音信的库尔班加里的娘，也就是萨布拉的婆婆古里巴达尔这样说。在这以前，婆媳虽然没有吵过闹过，但不能说十分和睦。往往是，婆婆要的是铁锨，媳妇给她的是草叉；媳妇敲勺子，婆婆就摔打碟子。

自从男孩子谢苗（萨布拉给他取的是父亲的名字，就是说，她是爱他的）生下来，这婆媳俩就好像洒了圣水：古里巴达尔和萨布拉过得非常和谐，亲热得难分难舍。孩子在长，婆婆对媳妇和媳妇对婆婆的爱好像也在随着孩子长。古里巴达尔起先抱着谢苗到院子里，后来又抱着他到左邻右舍去串门儿，最后就跑遍了全村。好像她抱的是一件宝贝、一件神圣的东西，头昂得高高的，走起路来神气十足。

“这孩子的模样儿真像他爹！……”有的人想揭揭疮疤。她马上就叫这些人闭上嘴：

“不管像谁，总是像人！不是风吹来的，是因为爱才出生的。笑话一个无罪的孩子，是罪过。”

现在，刚刚露头的、红红的草芽儿在古里巴达尔的黑黑的坟头上轻轻摆动着。不知是风吹得草在摆动，还是萨布拉从内心深处叹出的伤心的气吹得草在摆动。

为了不触动她那伤痕累累的心灵，我悄悄地从坟边绕过，朝出口处走去。耳朵里还响着她的哀号声：

“我的好花儿落了，我过节的蜡烛灭了……”

石头围起的坟地的铁门外有一个老头子，我已经看见过多少次了。有人在旁边走过，他就垂下眼睛，转过身去。我不知为什么也不想在他跟前站下来，跟他说说话，或者至少打个招呼。别人的心灵好比是一座黑魆魆的密林，里面什么东西没有啊？但是密林问都不需问就可以往里闯，别人的心灵不经允许是不能碰的。

这一次，老头子没有转身躲避我，他那失去光彩的、无神的眼睛也没有躲开。他的右眼蒙着一块像豆粒儿大的白翳。这只眼睛一点儿光彩都没有，另一只眼睛在盯着我。这只眼睛要说什么呢？没有，什么都没有。

"你好，老爹！你壮实吗？你感觉身子……怎么样？"我急急忙忙地说。我忽然感到极度的恐慌。

"我不是你的爹。我谁的爹也不是，谁的兄弟、谁的儿子都不是，我谁的什么都不是，我就是我自己的自己。你也别问我感觉怎么样，我没有感觉，感觉全死了。我是个吸血鬼。"

我正要朝前走，他猛地坐到草地上。

"请稍等一下，咱们来聊聊……"他说，"我早就该到这里面去啦。"老头子用手朝大门里面，朝坟地深处指了指。

"那你为什么不去呢？"

"萨米古拉不准我进去。他说：'别靠近我。'不准我在里面葬，连大门都不准我进。"

"哪一个萨米古拉？"

"就是当年我打死的那一个。我害了他两次：一次是我在大家面前坏了他的名声，后来又把他打死了……"这些话老头子说得十分镇静、十分安详和平淡，好像说的是一件极其平常的事情，只是他那只好眼睛里隐隐闪现出微弱的火星。他稍微抬了抬身子，舒展了一下肩膀，又佝偻起来。

“我就是当年远近都知道的、有名的贼雅鲁拉，”他还是有气无力地说，“受我害的人，因为我流的眼泪，对我的咒骂——是数也数不清的。我不仅心狠手辣，而且诡计多端。我走过了，连草都不惊动，脚印都留不下。我从萨米古拉手里偷钱，既不破门，又不撬柜。每一道锁我都配好了钥匙。我把钱拿走，又把所有的锁锁得好好的。我从来不知道怕，我的心是狼心。但是那时候我心里不由得第一次起了疑虑。萨米古拉是个明眼人，很机警，我觉得，他马上就会猜到，会看出我的马脚。因为除了我，谁都不可能这样干。等到召开审判萨米古拉的大会，我就忍不住了，袖筒里藏起小锤，走到一旁，别人一点都没有发觉。但是我还是没有力气马上走开，我一直待在尸体旁边，直到全场的人都散去。我忽然觉得，尸体的头好像全成了白的。我浑身哆嗦起来，而且好像有一股劲儿把我的脸往一边扯。”

……我已经不是站在坟地的大门外，我回到了遥远的过去，站在救火广场边高高的雪堆上。那个满脸是毛、脸歪着、眼睛里有一块老大的白翳的人又出现在我的面前。但是我一点儿也不怕他了。“戏演完了，回家吧。”我对他说，但只是出了出气，没有出声。我慢慢顺着度过的岁月的路线回到这一端。回到坟地的石头墙边。雅鲁拉没有作声，伸出两个瘦尖的膝盖，坐着。等我完全回过神来，又想起多年来我常常在想的一个问题：就是村苏维埃主席塔什布拉特在那一天的所作所为。我于是直截了当地向老头子提出这个问题：

“那钱你是跟塔什布拉特一块儿偷的吗？”

“不是的。他并不知情。至于谁偷的,钱跑到哪里去了,他并不那么关心。塔什布拉特有他的打算。不管怎样,他能把萨米古拉除掉就行。这个小矮子正好利用了失窃的好机会。就是他唆使大家自行处治,他把大家撺掇起来,自己就溜掉了。”

“他为什么事对萨米古拉怀恨呢?”

“详细情形我不知道。内战时期,他在俄罗斯人的村庄里好像干过很下流的事,或者很残忍的事。看样子萨米古拉知道这件事。萨米古拉只要看他一眼,他就害怕得不得了。原来我谁都不怕。可是这个萨米古拉夺走了我的胆量,把恐惧放进了我心里。我胆怯起来。当天夜里我就套上大青马,家、老婆、孩子全都扔下,跑得远远的,跑到了生地方。过了四十年,我才回家来,希望死在本乡本土,找块地方安葬。我已经在这里晃荡了两年多啦。萨米古拉不准我靠近他,他说:‘你害了人,要受审判要受惩治,然后我才放你进来。’我犯的罪很多很多,我干的坏事数也数不清,不论是人,不论是上天,都没有因为哪一桩事及时地惩治过我一回。于是我去找法院主管人,找司法的头头儿,说:‘我犯了很多大罪,给我每桩罪过应得的处治吧。’不管到哪里,得到的回答都是一样的:‘你的案子已经过去多年了,罪行过期了。’没有,没有啊,没有过去多年,也没有过期!我还都记得清清楚楚,因为这是我干的坏事,是我的罪。因为我而流的泪和血,还都在这里,还哽在我的喉咙里呢。”

老头子很麻利地站了起来,声嘶力竭的呼喊声从他的喉咙里冲了出来,那声音震得我的耳朵都在响:

“喂,你们听着!”他不要命地呼喊道,“你们花尽心思,想要按期，甚至要提前，得到表扬、奖赏和金钱。你们这些可恶的家伙，贪得无厌的家伙，你们问问良心吧！你们最好还是花费点心思，为你们的大罪和小过失争取按期得到应有的处治吧！要赶紧，不要怠慢！要是慢了，等你们的死期来到，这铁门就不给你们开啦。萨米古拉就不准你们进去啦……”

雅鲁拉又像刚才一样，猛地坐到地上，用长褂子的前襟擦了擦额头。他简直好像忘了我这个人。我只管自己走了。

……在一个风雪交加的冬日里，雅鲁拉不见了。附近全部找过，可是一直没有找到。只是到开春时候，在附近的村子里，就在坟地围墙不远处，老头子那发了黑的尸体从雪底下露了出来。就地把他埋了，埋在坟地围墙脚下。

贵族的孩子

自古以来，不知从什么时候起，常常有各种各样的阔气人物上我们村里来，来找养有出奶母马的人家，又喝马奶，又吃肉。现在还是这样。他们带着老婆孩子一齐来，舒舒服服地待一个夏季，连指头都不肯动一动。我们都叫他们“贵族”。不是贵族，又是什么呢？ 他们睡觉就睡个够，喝马奶就喝个饱，喝得肚子发胀；吃肉就大块大块地吃，一直吃到嗓子眼儿，然后全家就上森林里或山坡上去溜达。而且就是到外面闲玩，也要显显他们的娇贵。一坐到铺下的毯子上，就说我们的青草扎了他们的肉，又把衣服弄脏了。他们的妇女还要在头上戴着帐篷，我们的太阳他们也不大喜欢。稍微下一点儿小雨，他们就像黄花鼠一样，躲在洞里不出来，只是有时把头探到门外，东张张，西望望，很快又把头缩了回去。我对这些贵族格外有意见。我们在炕上吃过饭，我刚要靠一靠，把胳膊腿伸伸舒服，我爹就要说：“坐起来！ 成了贵族大少爷啦！”早晨我要是多睡一会儿，我大娘就说：“一个劲儿地睡，睡，咱们家从哪儿来的这么个贵族大少爷？”我大哥穆尔塔萨有时叫我干什么事情，我稍微慢一点儿，他就说：“瞧你的懒样子，简直是贵族大少爷！”在我更小些的时候，一听到叫我“贵族大少爷”，简直难过死了。后来多少好一些了，也许是因为大家对贵族议论得不那么多了。

在我们村里，很多人家都有自己的贵族客人，这些人差不多每年夏天都要上他们家来。我们家却从来没有自己的贵族客人。也许是我爹有一种不愿巴结人的脾气，所以不肯伺候什么人。而且为了别人快活，给自己增加麻烦，实在也犯不着。也许，那些贵族不喜欢我们家的人，不喜欢我们这个家。总而言之，我家没有贵族客人。这样我家过得倒自在些。我就是看到别人家的贵族客人，已经够厌恶的了。

等我们系上红领巾，宣誓，为了世界革命的胜利，不惜牺牲自己的生命，从此我们孩子们更加痛恨这些贵族了。我们现在很清楚，以前各种各样的资本家、贵族、官僚都是骑在人民的脖子上，敲骨吸髓，作威作福。难道这些城里的贵族不也是这样，不也是吃了又睡，睡了又吃，把肚子吃得老大老大的吗？一个名叫萨法加里的孩子把这一切给我们讲清楚了。

现在我们有两个队长了：在大街上是沙吉杜拉，在少先队里就是萨法加里了。沙吉杜拉有时想和他打架，他却握住红领巾的一头，说：“你动一动试试看，看你有没有两个脑袋……”沙吉杜拉的脑袋当然也够硬的，不过他没有两个脑袋，只有一个。萨法加里家住在省长街上，正好和阿斯哈特家门对门。他爹也和瓦列金的爹一样，参加俄德战争没有回来。他家里只有他和妈妈两人。

他在成为少先队队长之前，爱埋怨，爱哭鼻子，要别人同情他。我们射箭，他要是射不中，马上就埋怨起来："我的运气就是不好，我爹要是打过仗能回来，我的运气就好了。"有时在开始做游戏之前我们抓阄，他要是抓到差些的，差不多就要哭起来，说："我的运气就是不好，要是运气好，就不是萨法加里了！"去年，我和他在阿克马纳依湖上钓鱼，一条老大的梭鲈鱼撞到他的钩上。萨法加里紧张得浑身打着哆嗦，急急忙忙把鱼拉到岸边。梭鲈鱼的脊背已经有一半露出水面。那鱼实在不小，如果没有一条胳膊长，至少也有半条胳膊长。我已经在等着伸手抓住鱼鳃，把肥大的湖鱼提上岸来，谁知他忽然扑通一声跌进水里，肚子正好撞在梭鲈鱼的脊背上。那鱼也蹦了起来。三蹦两蹦，把钓丝挣断，那鱼跑到水底下去了。萨法加里把两条胳膊伸进水里，到处乱抓，只露一个头在外面，后来又在芦苇丛里扑腾了半天。过了一阵子，他爬上岸来，边哭边唠叨起来："我要是有福气，德国人就不会造炮弹发动战争，不会把我爹打死啦……这鱼要是压根儿不来咬钩，我也不会难过啦。唉，梭鲈呀梭鲈！你干吗要叫我空欢喜一场？你怎么，连一点怜惜心都没有吗？要是有怜惜心的话，沙皇也不会抓我爹去当兵，不会叫他去打仗，这会儿他也不会躺在外国的土地上了……"

瓦列金和萨法加里是堂兄弟。他们埋怨、唠叨起来也完全一样，叫人听起来又难受，又厌烦。我简直没有心思钓鱼了。

"萨法加里，咱们到贝老湖上去吧。那儿的鲫鱼很容易上钩。"我犹犹豫豫地说。

"我到哪儿运气都不好。"他叹着气说。

就是这个萨法加里，一当了少先队队长，马上就变了，原来的样子一点也不见了。走起路来又庄严，又稳实，说话好像也老练、周密了。他不仅一下子长大了，就连脖子也伸直了。我们还看不到的，他一下子就能看出来；我们还不知道的，他早就知道了；他读的书，我们连听说都没有听说过。别的国家的孩子们过的日子怎样穷苦，财主老爷怎样压迫穷人，他都能一五一十说得十分详细，就好像他到别的国家去过似的。我们都非常气愤，非常痛恨那些外国的贵族、资本家、大财主。不过，我们也没有忘记向本地的贵族表示我们的义愤。我们想方设法撩惹这些贵族，跟他们捣乱。天一黑，就朝他们住的房子的墙上砸石头，白天，看到他们在街上走，就嗾使狗去咬他们。不过，暂时还没有同贵族少爷打过架，很想打上一架。打架的机会很快就来了。

沟那边的敏努尔家里新来了一家贵族：丈夫带着老婆和两个孩子。男孩和我一样大，女孩子比我小些。男孩子穿的是蓝色短裤，刚刚遮住膝盖；女孩子穿的是花边衣裙，连膝盖都遮不住。我们把男孩子叫“鹭鸶”，把女孩子叫“蜻蜓”。男孩子的两条腿简直细得跟鹭鸶一样。女孩子老是在蹦蹦跳跳，走起来也蹦跳，跑起来也蹦跳，站下来也要蹦跳。

每天早晨，他们一大早就提着篮子顺着省长街到山坡上去，到傍晚才回来。鹭鸶和蜻蜓一步也不离开他们的爹和娘。蜻蜓就随她去吧，我们要惹的是鹭鸶。起初我们躲在萨法加里或者阿斯哈特家的屋后面，在那儿大声撩拨他们：

“贵族老爷发大财，身上油水流下来！”

“喂，黑腿少爷呀，做裤子的布不够吧？”

“喂,干瘪的贵族呀,山坡上的风你们吃饱啦?你们把我们的风吃光啦,可你们还是那么瘦!”

“我们的阶级敌人一家四口不知为什么格外干瘦。”

“他们害人害多啦,骨头上留不住油啦。”阿斯哈特解释他们干瘦的原因。

“你身上也没有多少油嘛。”萨法加里说。

“我是没有什么吃的。我要是像他们那样,有那么多好东西吃,我的肚子早就往外冒油啦。”

正如俗话说的,狗自叫,狼自闲逛。他们只管走自己的路,对我们连看也不看。我们更觉手痒了,拳头攥得越来越紧了。

于是我们,也就是萨法加里、阿斯哈特和我,便躲在小山沟的石头堆里,观察他们的行动。贵族们回家常常要打这些石头堆旁边走过。今天不打这儿走,还有明天,明天不走,还有后天……终于他们来了。这是在草莓熟了的时候,在我们的小山沟里,有许许多多草莓,有一些已经熟了。有些地方红成一片,就好像铺开的红褂子。来到这样的地方,谁都会被吸引住,再也不想走。

这一天将近黄昏时候,他们一家人仍然带着篮子朝小山沟走来。老爷和太太顺着小路继续往前走,鹭鸶和蜻蜓却跑到沟坡上,采起草莓。起初他们想随便摘一点儿吃吃。可是怎么能由得自己呀?既然进了草莓的旋涡,就别想很快离开。蜻蜓蹲了下来,鹭鸶干脆在草地上躺下,忙不迭地一个劲儿把草莓往嘴里塞。

“喂,孩子们,走啦!”老爷已经在远处喊了。

“来啦,我们一会儿就来!”蜻蜓高声回答说。

可是他们没办法很快离开草莓,熟了的草莓最能迷惑人。

老爷和太太翻过山冈,看不见了。两个孩子就像迷路的羊羔,依然留在山沟里。我们等待已久的时刻到了！蜻蜓和鹭鸶都没有觉察到,我们三个人已经从三面把他们包围了。我们在“俄德战争”中的经验派上了用场。

“啊哈,贵族小崽子,你们落网啦！”萨法加里说,并且马上命令我:“大肚脐！你把蜻蜓的翅儿抓住,别让她去报告爹娘,我们来把鹭鸶一身毛揪下来！”

男孩和女孩的脸煞白煞白的,像白布一样,浑身打着哆嗦,站在我们的面前。鹭鸶那一双阴郁的棕色眼睛直直地望着我,就像用魔法把我定住了。是的,我没有勇气上去打他。蜻蜓尖叫了一声,又轻轻地跺着脚,高声哭叫起来。一听到她这讨厌的哭声,我来了决心。马上抓住她那细得像麦秸秆一样的胳膊。可是,什么是男子汉的名声,我们是知道的,男子汉应该有男子汉的气度,小姑娘不仅不能打,连一指头也不能碰,尽管是贵族的女儿。她的眼泪倒是不怎么能打动我。那一双眼睛绿莹莹的,就像猫眼睛,不值得可怜。不过,那男孩的眼睛……

“你是喝人血的贵族吧?”萨法加里喝道,“你是贵族,那就该打！招打！”当胸打了鹭鸶一拳。阿斯哈特又补了一拳。

这男孩没有哭,看样子也不想跑,也没有求饶,只是小声为自己辩护起来:

“我们……我不是贵族,根本不是什么贵族。”

“就算你不是贵族,你那爹也是贵族老爷,你妈是贵族太太,你爷爷是老太爷,你奶奶是太夫人！你就是狗贵族的小狗崽子！”萨法加里越说越上火。但是一看到那孩子的目光,马上就泄了气。

“这个贵族有点儿不大一样，对他怎么都恨不起来。”阿斯哈特大惑不解地说。

“要是见到淌鼻涕的少爷，见到老朽的财主，就没了主意，咱们还算什么战士？要当战士，必须对敌人毫不可怜，毫不手软！就像我这样！”

萨法加里又打了鹭鸶一拳，并且使劲朝他的脖子推了一把。鹭鸶脸朝下就栽倒在地上。萨法加里带着考验的神气朝阿斯哈特和我看了看。我不能不做战士，所以我一面紧紧抓住蜻蜓，一面走过去，朝着趴在地上的鹭鸶踢了一脚。踢是踢了，可是不由自主全身打了一阵寒战……

大概，这是我一生当中第一次紧紧跟随别人，违心干得很不光彩、很对不起良心的事。直到现在，我一想起这件事，就觉得右脚发麻。然而，我怕那一脚不是我这一生中唯一的一脚，所以有时候免不了心里隐隐作痛……

当时我们再也没有碰他。他慢慢抬起头来。他的下巴跌破了，从伤口流出血来。看样子，他在栽倒的时候，下巴撞到尖石头上了。他用手捂着下巴，手掌里马上就流满了血。不过，他看到流血，好像并不害怕，还是一声不响，站起身来，抖了抖裤子，上面虽然没有灰尘……蜻蜓看见哥哥受了伤，心里难过，哭得更厉害了。我把她放开了。

“小妹，别哭，我一点儿也不疼。用水一洗，就没事儿了。”鹭鸶说。

他对我们连看也没看，拉着小妹妹的手，不慌不忙地走开了。

我们还像刚才那样愣愣地站着，心里不知是什么滋味。是的，我们打他是打了，可是究竟算谁赢了呢？……鹭鸶和蜻蜓爬上山坡，翻过山头，就不见了，好像消失在暮色中了。他们从视线中消失了，可是却留在我们记忆中。

……后来这一家贵族再没有到我们村里来，过了一年又一年。后来我也成了城里人，留起头发，写起诗来，并且开始发表作品。我的第一本书稿发排之后，过了一天，我就跑到印刷厂去看。有人给我指了指，说：

“就是他在排你的书。”

我走到这位排字工人跟前，挨着他站了下来。他没有发现我。我伸长脖子，看他排字。我的眼睛简直跟不上他手的动作。他把一个个沉甸甸、亮闪闪的铅字母连成我手稿中的字。他的动作很快，但是又很谨慎，仿佛他拣的不是铅字母，而是一粒粒宝石。大概，过了很长时间，我才回过神来，说：

“您好！”

他转过头来，朝我看了看。在他那苍白而黄瘦的脸上仿佛掠过一丝笑意，但是那忧郁的大眼睛依然冷冷的。他一声不响地点了点头。我立刻转过脸去。是的，毫无疑问，这是上敏努尔家来过的那位贵族老爷，就是鹭鸶和蜻蜓的爹。

这个被我们叫做“贵族老爷”的人，从小就在印刷厂干活儿，得了很重的肺病。那一年他的病情特别严重，他希望马奶能帮他治一治肺病，所以才上我们村里来了。原来当时我们欺侮的就是他这样一个人的孩子!

我没有和他谈起那件事,因为我羞惭得抬不起头来。

……再过四年,还有一次意外的见面。那一双深沉的棕色大眼睛还要望望我。我将处在现实与梦境、生与死之间……天边在颤动,我所躺的大地在摇晃,不,这不是大地摇晃,是我躺在担架上。有一个瘦瘦的士兵很吃力地抬着我,浑身都让汗湿透了,他的下巴上有一道斜斜的伤疤。我愣愣地望着他。伤疤之前必然是伤,伤口里是要流血的,这个伤口里的血洒得很远很远,洒在小山沟边灰色的石头上。大概雨水已经把血冲干净,太阳把血晒干了。可以忘记,可以安心了……可是,过了若干年之后,这血忽然化作一滴滴水,滴到你心上,你会怎样呢?尽管你的过错似乎不是有意的。难道他有什么过错?每一滴鲜血洒在地上,都因为人的过错,不是这方面的过错,就是那方面的过错。如果说,谁也没有过错,是不对的。

是的,我认出他来了。我认出他来,我的伤势好像减轻了,身上也不疼了……

高加索王子

我的好朋友阿斯哈特是不是真的是被旋风从南方的国度里刮来的,我们不知道。不过“老丁当”伊萨贝克是从很远的地方来的,却是事实。“是命运的风把我刮到这儿来的。”他常说。不是十五年前,便是二十年前,伊萨贝克来到我们村里。他穿着一件紧身的黑褂子(是一种很奇怪的褂子,胸前皱褶里扎着一根根手指头长的白棍儿),头上戴着黑色卷毛的圆皮帽,脚上穿的是没有后跟的窄窄的黑靴子。要是有人问他:“你这位好汉,究竟是什么人?”他就回答说:“我是落难的高加索王子。”于是流着伤心的眼泪,讲起自己的痛苦遭遇。每一滴眼泪都灼烧着大地,每一句话都灼烧着听者的心。

……有一天,在曚昽的黄色晨曦中,土耳其苏丹兵侵入高加索王国的领土。皇宫被烧成焦土,国王被绞死,四十位后妃被凌辱,四十位公主被掳去,四十位王子被杀害。第四十一王子伊萨贝克跳上自己的骏马,跨过急流和山崖,从土耳其人手里逃脱出来。当他跨越最后一道峡谷的时候，疲惫已极的马坠入瀑布中，但是一阵风把他吹到对面崖头上。就这样，高加索王的第四十一王子得救了。

人们在听这桩故事的时候，陪着伊萨贝克流了不少眼泪。听到高加索王国遭遇这样的大难，怎么能不哭呀？我们村的人依照我们的风俗，一家挨一家地宴请这位王室贵客表示尊敬，表示同情。等过了一段时候，热乎劲儿过去之后，有些人就问他："你有什么手艺？会干什么？""我会骑马，还会做白铁活儿，会挂锡，会焊东西。"我们村的人就说："骑马我们也会。你就做白铁活儿，挂锡，焊东西吧。这是很吃香的手艺。"打那以后，他就做起白铁活儿。我觉得伊萨贝克大叔又神秘，又有趣，又危险。我的好朋友阿斯哈特也是这样。从另外一块天地来的人总有点儿叫人提心吊胆，他们都有自己的苦闷。

白铁匠伊萨贝克大叔就住在我家的斜对过。他一天到晚在他那土坯房里丁丁当，丁丁当，不是修桶，就是安勺把儿，或者焊桶底，所以大家都叫他"老丁当"。就是说，天天弄得丁当直响。常常连他的名字都不叫，就叫他"老丁当"。他不耕地，也不割草，也不收割庄稼。就连穆萨毛拉都要耕地，可是他不用耕地。他的老婆阿丽法又胖又邋遢，比他小很多岁，而且她非常懒，简直懒得出奇。就连墙根下种的那些土豆，一个夏季都不锄一锄。一到秋天就唉声叹气："没有福气就是没有福气……就连种这点儿土豆，都收不到东西……"不论什么时候看到她，她都坐在门口嚼树胶，或者似乎在补衣服。阿丽法是我们村的人，是加菲法老奶奶的女儿。就是她们母女俩，有一次到树林里去采白芨，在树林里争论起谁大。妈妈跟女儿站到一起，后脑勺对着后脑勺，比起个头儿，并且喊叫起来，妈妈喊："我大！"女儿喊："我长！"打那以后，人们讲起俏皮话："妈妈大，我长。"

阿丽法常常一句又一句地数落："我的好时候要过啦，好花儿要谢啦，白白跟着这个白胡子流浪汉，跟着这个高加索王子糟蹋掉啦！十年来什么家产也没挣下，就落了一个哭哭啼啼的丫头。而且这丫头还是我一把拉扯的！"不过她这样数落，都是伊萨贝克不在场的时候。有丈夫在场，她不怎么数落。她还是拿丈夫当丈夫看待的。有时候她还讨讨好呢："瞧我这一口子多么能干！什么东西一到他手里，连生铁也能唱歌，能跳舞！"每到过年过节，伊萨贝克一穿起他那胸前带白棍儿的细腰黑褂子，戴起那卷毛的圆皮帽，脚登没有后跟的黑皮靴，来到院子里，阿丽法就高兴得叫起来："瞧我的山鹰！谁敢说咱不是王家后代？哼，谁有这样的丈夫？你们那些男人都是饭桶、牛皮大王、糊涂虫！瞧，这胡子没有一根白的，只不过有几根银丝……"她故意大声喊，好让邻居娘儿们萨莉玛听见。萨莉玛又能干，又能说会道，可是丈夫的个头儿太小。阿丽法就有得谝了。确实也是的，每到节日里，全村很难找到像伊萨贝克这样匀称、这样挺拔的男子汉。只有拉手风琴的马拉基姆能比得上他。

伊萨贝克和阿丽法有一个吃奶的小女儿，名叫纳西玛。小丫头一天到晚躺在摇篮里，不是哭，便是睡。除了瓦列金家以外，我常待的地方就是伊萨贝克家的土坯屋了。夏天一到，我就天天坐在这儿做箭。白铁片是现成的，使用什么家什也很方便。伊萨贝克把我当平辈人，跟我说话都是用商量的口气。我要是拿什么东西，他也不生气。他这儿好东西有的是。有铜片，有铁片，有铜块，有铁块，有锡，有铅，要什么有什么，想做什么玩意儿都行。有时纳西玛哭起来，而阿丽法坐在石头上嚼树胶怎么也嚼不够，我为了不妨碍我们做事情，就去摇那摇篮。但有时我怎么也哄不好纳西玛，这时候伊萨贝克就放下手里的活儿，亲自走过去哄她。他用发自心底的亲热声音唱起摇篮歌儿，答应给她许许多多好吃的东西：

阿哩哩，巴哩哩，纳西玛，
你好比可爱的小星星。
给你葡萄干，给你蜜枣，
再给你一个大甜饼，
你比月亮还好还圆。
给你面包，给你饼干，
还要给你油炒大米饭，
可是睡梦比什么都香甜。
阿哩哩，巴哩哩，纳西玛……

好东西一样又一样说出来。没有一样衣服，没答应给纳西玛穿过；没有一样好吃的东西，没答应给纳西玛吃过；没有一样糖果，没答应给纳西玛尝过。我听着听着就不住地流口水，可是伊萨贝克还一个劲儿地在唱。不愧是王子，好东西多得不得了，也大方得不得了。可是贪得无厌的纳西玛还是嫌少，一个劲儿地哭。

我忽然害起怕来。万一小丫头一下子从摇篮里跳出来，要她爹答应的那许多东西呢。那可怎么办呀？哪怕要一样，也拿不出来。我知道，他们家没什么好吃的东西。好在纳西玛还只会哭叫，不会说话。等到实在没办法把纳西玛哄好的时候，伊萨贝克就拿起一小块又硬又光的黑麦面包，嚼烂了，用破布一包，塞进那张得大大的小嘴里。孩子抽搭两三下，就不哭了。

有时候阿丽法抱起孩子到村子里闲逛，我们就像男子汉大丈夫一样神气活现地谈起来，说一说心腹话儿。可是常常有各种各样的闲人来打岔儿。就像这会儿，就剩我们面对面两个人了。你听，有人来了……啊！是不久前的游方毛拉。他的大褂子衣襟挂在篱笆上的树枝了。伊萨贝克还没有做大门，只在篱笆门口横插一根疙疙瘩瘩的树棍子，进出的人或者从下面爬，或者从上面跨过。这个挂在树枝上的毛拉上星期五带着铜罐来过。

“伊萨贝克！”那一天他说，“你给这铜罐换个新底，过一星期我来拿。要扔掉，实在舍不得。这还是我爹，是朝圣者伊三古拉留给我的呢。”

“好吧，我给你换上。”伊萨贝克说着，拿过铜罐，扔到屋角上废铁堆里。后来对铜罐连看也没看。

“伊萨贝克大叔，那个毛拉又来啦。”我赶紧向他通报。

“哪一个毛拉？”

“就是送来铜罐的那一个。”

游方毛拉挂在树枝上的褂子大襟还没有脱下来，伊萨贝克就跳起来，从废铁堆里抓过铜罐，又在树墩上坐下，一锤子把坏底敲下来，紧接着，游方毛拉在门口咳嗽了两声之后，走进屋里来。

“伊萨贝克大哥，你好！”

“你好，毛拉。请这边来，到堂前坐。这么说，你是来看我的手艺来啦：我刚拿起铜罐，你就来啦。一直都腾不出手来，真是的……”

“是这样……”毛拉说，但是他没有到堂前去。“你看，什么时候能换好呢？”

“毛拉，好东西弄来不容易，不是三下两下就能弄好的。首先要焊锡，然后还要擦干净，要磨光……”

“你还是说说，伊萨贝克，究竟要多少时候？”

“明天这时候能完全修好。到时候给你新的你都不肯换。”

“不能等到那时候。明天苏拉雷要出大殡，派车请我去呢。”

“那就随你的便了，毛拉。给你，把你的铜罐拿去吧。”

“你这不是开玩笑吧？你怎么……伊萨……伊萨贝克……我这种身份，怎么能提着没有底的铜罐出门呀？”

“毛拉，那就随你的便了。”

“随你的便……随你的便……你这骗子、流氓！不等我咒你，你的胳膊就烂掉，你的腿齐根断掉！”游方毛拉忽然发作起来，“你这该死的浪荡汉！”

“毛拉，什么叫浪荡汉？是不是没有教区的毛拉，没有家的流浪汉？谢天谢地，我头顶上还有屋顶，头底下还有枕头。”

“呸，你这坏蛋！”朝圣者伊三古尔的继承人吐了老大的一口唾沫，唾沫“啪”的一声落在地上，接着他走了出去。

“别吐，别吐，没人要的毛拉，要是再吐，你的唾沫就挂在你的脸上啦！”伊萨贝克拿这话把游方毛拉送走。“老丁当”一发起火来够人受的。他一旦发作起来，连阿丽法都怕得不得了。但是她睬也不睬，只是懒懒地说："够啦，哧哧，嗞嗞……"这"哧哧，嗞嗞"是把烧红的锥子插进冷水里的声音。就是说，发火的伊萨贝克应该在水里"哧哧，嗞嗞"一下子。可是好哭的纳西玛不论怎样哭闹，他都不生气。每当"老丁当"发怒的时候他额头上的皮肉就要跳，游方毛拉吐唾沫的时候，就跳了两下。不过，似乎没有动太大的火，很快就过去了。要不然就要闹大了。

可是，伊萨贝克对待教门人员这样不客气，使我很担心。万一教门来问罪呢？要处罚他，不是也要处罚我吗？我们一声不响地坐了很久。

"骂教门的人，不是罪过吗？"我畏畏缩缩地问道。

伊萨贝克把手里的铜罐转悠了两下。

"嗯，从癞猪身上拔一撮毛也是好的，这还是纯铜哩，早晚有用处。"

我又把我担心的事说了一遍：

"万一教门来问罪，咱们怎么办啊？他可是天天跟神打交道呀。再说，他们家一直是教门的人呀……"

"他这种鬼样子，还跟神打交道呢！"伊萨贝克用嘲讽的口吻说："偷马贼伊三古尔那样的朝圣者，就跟我爹那样的高加索国王一样。"

真有点儿新鲜！他一点也不怕哩！伊萨贝克似乎离我远了。他说的话，我简直不能理解。他一口气把朝圣者伊三古尔，把游方毛拉，甚至连他爹高加索国王全说得不值一钱了。

可是他还在继续揭老底，毫不心软：

"这家伙也真是的，带着货物跑一趟布哈拉，就成毛拉了。

瞧,穿起了大褂,缠里头来啦。”

天有点儿黑了,我咬紧牙,加紧打我的箭头。伊萨贝克把铜罐扔回废铁堆里,磨起他那把剪白铁用的大剪刀。干活儿有点儿不怎么顺手,有一回打在手指头上。我心里老是在想:为什么他拿偷马贼跟他爹高加索国王相比呀?

伊萨贝克放下活儿,叹了一口气,抬起头来,透过昏暗的小窗户朝远处看了看,我也朝远处看了看,灰白色的云彩在高高的天空飘游着。伊萨贝克小声唱了起来。以前有时候在深夜里听到过这支歌,很像他唱的这一支。我们一家人都惊异不解:这是什么歌呢?是谁唱的呢。这一下子知道是谁唱的了:

白云飘过,遮住高加索的山冈。
我一遍一遍说:原谅我吧,故乡!
我一定归去,从遥远的异乡归去,
抱住那灰色岩石,尽情哭一场。

好一个“老丁当”!他能唱出这么好的歌子!……我好不容易憋住,没有哭起来。我多么同情他呀。

“伊萨贝克大叔,你想你那高加索王国,是吗?”我问道。

他没有作声。我想安慰安慰他:

“我很同情你那被绞杀的父王,同情你家被侮辱的四十位王妃,同情被掳的四十位公主,同情被害的四十位王子。愿他们在天堂幸福。不然有什么办法呢?又不能跟着死者去死。各人有各人的寿限嘛……活着的人应该忍着活下去呀……”我把从大人嘴里听到的话一口气说了出来。

“唉,你这个小小的布道士!”他抚摩着我的头说。我又觉得伊萨贝克是很亲近的人了。我看了看他那噙着泪水的眼睛,我的眼里也涌出了泪水。有两滴就滴在我面前的一块白铁片上:丁当,丁当!也许并没有响。不过我觉得是这样响的。就这样,我们想着高加索王国血腥的灾难,悲切切地坐着,哭着。

“让别的人随便把我的事说得多么离奇吧,我不在乎。可是看到你的无罪的眼睛,我觉得不好意思,不能蒙骗这样的眼睛。”

伊萨贝克说的话又怪了。说我的眼睛是无罪的哩。他要是知道我天天和晒哈达尔在浴室里打牌,就不会说了。

“我不是王子,不过是逃亡者。”他忽然斩钉截铁地说。

“当然,逃难的人,就是逃亡者。”我解释说。

可是他没理会我的解释。

“我是逃亡者!我是背叛家族和族规的叛逆者,也是良心和良知的奴仆。我的心就这样分成两半。一生中这两半互相诅咒,在心中争斗。不论在人世,不论到阴间,这两半都不会和解,不会联合。因为其中一半变成鱼,另一半变成鸟。高加索王国不过是个又美丽又可怕的梦。而且这个梦也不是我自己做的,是别人替我做的,还是老早做的。是别人早晨醒来,说了自己的梦,就说那梦应在我身上。这也没什么,我接受了他们的说法,没有否认。渐渐的,我自己也相信了。所以传起了有关高加索王国的可怕的故事!……”

“原来是这么一回事儿呀!”

我刚刚小声说出这话,阿丽法就抱着哭哭啼啼的纳西玛回来了。伊萨贝克的故事就像他的心一样,被划成了两半。

过了五六年以后,才把故事连接起来。

我们全村都参加了集体农庄。在为农庄马群选夜间牧马人的时候,有一个记性很好的人想起很久很久以前伊萨贝克说过会骑马,这个就说:“大家伙儿!咱们有个好骑手伊萨贝克!是个忠实可靠的人。就把这事交给他好啦!白天要是有工夫,还可以做白铁活儿。咱们农庄里也用得着这种手艺。”大家马上就同意了。伊萨贝克自己更没有意见。

就这样,就在时光染白了胡子的时候,这个高加索骑手又骑上了马。第一天晚上,他牵着他骑的马来到家门口,把缰绳扔在篱笆上,自己走进屋里。他从头到脚穿着漂亮的高加索服装走出门来,把左脚往镫里一插,轻盈地跨到马上。就是说,还没有忘哩。而且一切动作都还是很像样子。阿丽法手拿装在银鞘里的长剑走出来。是剑!这玩意儿我们在他屋里还从来没见过哩!本来嘛,我们没见过的东西还少吗?

“喂,孩子爹!纳西玛爹!”阿丽法站在不高的门坎上,拼命朝邻居萨莉玛家的篱笆里面望着,大声呼喊道,“你的银剑忘记带啦!”

“孩子娘,给我,我正要带呢……”

骑大马,佩银鞘长剑,确实十分神气。真的,这样威武的骑马人一辈子难见到两回!除非在画上能看到。伊萨贝克骑在马上,阿丽法站在地上,两个人都陶醉在幸福中。纳西玛站在石头上,拍起小巴掌。这时候,洋溢在伊萨贝克那小小的院子里的幸福透过篱笆溢了出来。一个人佝偻着腰摆弄了一辈子白铁,现在一下子直起腰来。过去有些瞧不起“老丁当”的街坊,用讥笑的态度或可怜的态度看待他的那些街坊，现在一下子发了呆。有人甚至咂起舌头：“瞧咱们的街坊，真是好样儿的！”打从这时候起，可以说，伊萨贝克直到死都没有下马鞍。

有整整两个夏季，我帮伊萨贝克牧放马群。最快活的时候，是焦马河边树林里的草已经割过的时候。夜里还不怎么冷。苍蝇、蚊子、牛虻和马蝇已经不叮人和马了。嫩绿的再生草一到马嘴里自己就化了。焦马河水已经恢复了秋天的美味，怎么喝都喝不够。在这样的黄昏时候，我们把马群赶到巴雷拜河湾或者卡普卡拉河湾里，就在河边生起火堆，支起茶壶，在柴草里烧土豆。不论到哪儿，都有支茶壶的东西。不等天黑，伊萨贝克就会把走散的马拢到马群里，对每匹马都要看一遍，说一说这一天的情况：“嗯，大红马，今天把你赶累了……大老灰，你这老滑头，今天没出劲儿……大青马今天没干什么事儿……”他也不会忘掉这一天使用马的人，有的人他要夸奖，有的人他会骂一顿。他见到小马驹都要拍拍脖子，抚摩抚摩那柔软的鬃毛，并且要对每一匹马说说亲热的话儿。在两个夏季里，我一次也没有听见爱发火的“老丁当”用大嗓门儿吆喝马，不论是对小马驹儿，还是对头马。至于牧马人常用的家什——鞭子，他连摸都没有摸过。

每天晚上，他巡视过马群，弄清马群的状况之后，便走到头马，即公马达尔曼跟前，正经八百地和马谈起来，就像男子汉和男子汉谈话那样。他说的声音很小，别人什么也听不见。过一会儿，达尔曼晃晃头，表示同意。就是说，谈好了。牧马人给头马下了过夜的指示，头马领受了。

等到天完全黑下来，茶烧开了，火堆也晓旺了，土豆也烤熟了,这位老牧马人才来到火堆旁。

两个夏季里,看样子,所有的事他都说了,所有的歌他都唱了。伊萨贝克在悲伤时唱得特别动人。但是有关云遮雾障的高加索群山的歌他一次也没有唱过,有关高加索王国的事他一次也没有说过。我也不敢问。

有一天夜里,他望着渐渐熄灭的火堆,叹了一口气,说:

"你大概以为,坐在这火堆边的只有我们两个。不对,不只我们两个。那儿,在火堆那边,还有我的青年时代。"他拿头朝夜空点了点,"就像还在那儿。在青年时代和我之间是渐渐熄灭的火,在青年时代和我之间是逝去的岁月。"

我已经听惯了他这种绕弯子的话。我不急着说话,他的话尾自会出来的。

"艰难的青年时代,不幸的青年时代!是啊,举起剑,要勇敢;举起的剑不劈下去,也要勇敢。"

这我就一点不懂了。举起刀,就要劈;拿枪瞄准了,就要开枪。我差不多已经长成男子汉,懂得什么是勇敢。

"你的青年时代为什么要上这儿来呀?"我学着伊萨贝克的语气,问道。

"来和你见见面,认识认识。也许,认个朋友,也许,你把他骂一顿,把他撵走。"

我不知道该说什么,就没有作声。

"不管怎么样,我还是让你认识认识吧……

"……我十二岁那一年,我家世代仇人杀死了我的哥哥,于是我成了家里最大的男子。我爹早在土耳其战争中就阵亡了,报仇的重任就落到我肩上。我家仇人有一个儿子，和我一般大，同年同月生。他名叫鲍塔什。我必须在他满十七岁的那一天把他杀死，有这样的族规。要是杀死仇人本人，他一死，也就不痛苦了。如果杀死他的儿子，会叫他痛苦一辈子，就像我们遭受的痛苦这样。这时候，杏树就要开起粉白色的花儿，把一面面山坡覆盖，树丛里的鸟儿就要唱起歌儿，小河就要哗哗流动，奏起春天的乐曲，上帝创造的万物将生机勃勃，尽情享受生的乐趣。就在这时候，我的剑就要在一个黑夜里插进鲍塔什的心脏。我一天又一天，一个月又一个月，培植着对他的恼怒，积累着对他的仇恨。我的吹毛可断的宝剑一直磨了五个冬夏。苍蝇往剑刃上一落，也会劈为两半。起初我一年一年地数算着，后来我一天一天数算着了。鲍塔什的死期一天天近了。等时辰一到，我就去要他的命，鲍塔什就要完了。仇人的血就要在土里消散。等我报过了仇，就可以挺起腰杆，打起精神。

“鲍塔什是一个瘦弱的孩子，而且是个瘸子，很小的时候从屋顶上跌下来跌坏了腿。但是他容貌和蔼可亲，生性活泼、愉快。如果他又丑陋，又古怪，又凶恶，那倒好些。可他一点儿也不是那样，就好像这是有人故意安排的。不论跟孩子们玩什么游戏，他的声音比谁的都快活。可是等我一来到跟前，他马上就一声不响，一张脸也变成死灰色。他感觉出死亡的临近。等他长成半大小伙子，在唱歌和游戏的时候他都是带头的人，在集会上击铃鼓也是头一把好手。但是只要我一来到集会上，他就胆怯起来，躲到人们背后，然后就一瘸一拐地走回家去。他感到死期不远了。

“有时候他露出负疚的神情，就会冲淡我的仇恨，使我的决心越来越小。但是我摸摸腰上的剑，恨劲儿又会上来。

“鲍塔什的爹，也就是我家仇人，在打猎时从悬崖上跌到铁犁上，一下子进了阴曹。把他的尸体用篷裹起，横放在马上，驮进村里来。鲍塔什牵着马。我在路上碰到他们。鲍塔什垂下头，转过脸去，从旁边走过去。一个死人在马上摇晃着，另一个死人手握缰绳在路上慢慢走。这个死人也走不多久了。

“杏花开了，我等了五年的时刻到了。但是，就像故意为难，就像有人有意安排似的，夜晚完全不像我盼望的那样。这天夜里十分明亮，一轮明月照得到处如同白昼。这天白天鲍塔什到下比金村去赶集，还没有回来。我来到村外，守候在他要经过的大路边，躲在几块大石头中间。月夜使人心醉，月夜里有一种麻醉剂。整个人世好像一下子哑了，一点儿声音也没有……啊……山嘴上出现了一只野羊羔。看不见羊羔的妈妈，看样子，可怜的羊羔在月夜里走迷了路。朝这边看看，朝那边看看，想叫，又怕狼听见。也许狼就趴在附近，守候着哩。说不定狼会跳起来，一下子把羊羔咬死。这世界上一只漂亮的小羊羔，转眼间就没有了……谢天谢地，小东西还活得好好儿的，平平安安地走了，这一回没碰上狼。不过有的地方还是有狼躲藏着的……这只小羊羔触动了我的心灵，使我犹豫起来。我在羊和狼之间算哪一个呢？我是可怜的、傻乎乎的小羊羔，还是窥伺羊羔的狼？我必须马上得出答案。要不然……听，‘吱，吱，吱’……鲍培什的大车声已经传了过来。正在往这儿来呢。于是我伸手去抓长剑，就好像去拿答案。但是我的手哆嗦起来，不听使唤。大车还在一个劲儿地响着，渐渐近了,驾车的老牛哼哧哼哧喘着气,渐渐来到我跟前。鲍塔什在后面推着大车,使劲儿在帮助疲累的老牛。他是个残废人,恐怕也累得够呛。在这地方,我也常常帮老牛出劲。就这会儿我也觉得,这不是鲍塔什,而是我在推车。我身强力壮,这不算什么。

"许多东西在我脑子里搅在一起,全乱了;傻乎乎的羊羔,狼,老牛,月亮,鲍塔什,我自己……大车一个劲儿在响着,鲍塔什吆喝着赶牛。老大的明月挂在山顶上,月光使我醉了。月光照在杏花上,泛出晶莹的亮光。在这样的夜晚杀人?在这样的夜晚应当说说心腹话……我呼唤被杀的哥哥,希望他那消散在土里的血给我力量。我在心里一遍又一遍地喊:'报仇!报仇!报仇!'全族人的诅咒声在耳朵里响着。全族的人都在骂我胆小,骂我背叛世代相传的族规。我又伸手去摸剑。手发抖,下不了手。山嘴上月光中又出现了小羊羔。鲍塔什的大车吱扭吱扭地过去了。

"我的仇人进了村,我自己回家的路就永远断了。像这样背叛族规,是无法赎罪的。我一旦放掉了仇人,如果回到家里,家族的人决不会要我。他们会咒骂我这个叛逆子孙,把我赶走。那时候我自己也容不得自己。

"我心里怀着没有讨还的哥哥的血债,到处游荡。做白铁活儿是我家祖传的手艺,我就靠这种手艺糊口。我无家无室,游荡了很久,终于在这儿找到个窝儿。起先我的窝儿是冰冷的,是不舒适的。可是,你也看到,我老来交了好运,又有马骑了……

"这不是,当年那个年纪轻轻的汉子这会儿还站在火堆那边呢。"伊萨贝克说着,又用头朝夜空里点了点,他等着我回答。我没有说话,我又能说什么呢?

……后来我离开了家乡。伊萨贝克依旧在放马。我在前方写家信的时候，在不指名地问候过街坊邻居之后，还要指名问候伊萨贝克。家里来的每一封回信中，也都有他的附笔问候。但是，就在战争即将结束的那年春天，家信带来的却不是他的问候，而是他的死讯。在那封信里，这样写着："咱们村出了非常痛心的事。咱们的邻居伊萨贝克离开了人世。这事就出在河流开冻、他在卡普卡拉河湾里放马的时候。一匹小马驹在河边玩儿，掉进了水里。伊萨贝克跳进冰块堆里，去救小马驹。他游到小马驹跟前，一把抱住，可是怎么也游不出来，就这样抱着小马驹沉没在冰块下面。大概他不知道那地方有很多旋涡。他的尸体没有找到，就把他从高加索带来的长褂子、皮帽、靴子和长剑，还有他的马鞍，葬到坟墓里。出殡的时候来了许许多多人。阿丽法躺在地上，又哭又叫，在地上直打滚……"

就这样，我们的邻居伊萨贝克踏着焦马河的冰走上自己最后的旅程。

当年伊萨贝克在火堆旁边，在叙说他的青年时代之前，对我说："也许，你认作朋友，也许，你把他骂一顿，把他撵走。"听了他的叙述，可是我什么也不能回答。我无权触动他的隐秘的感情和终生的困惑。

没有讨还的血债……

在战争的头两年里，当我们为祖国的苦难心疼如焚的时候，我们觉得：对于每一个穿军装的德国人，如果能杀死五次的话，一定要杀死五次。简直恨透了，一定要杀！他们不放下武器，要杀！就是在他们吃饭、睡觉、做祈祷的时候，也要杀！不论白胡子老头儿，不论乳臭未干的小孩子，都要杀！要杀得一个不留！仇恨的火炭是他们自己放进我们心中的，是他们把火炭吹成了火。我们不是生来就这样狠毒的。这种以血还血的战争是他们挑起的。他们种下仇恨的种子，现在就等着报应吧。一个也不能饶！

但是，在太阳刚刚升起的时候，一双既无生气又失去希望的蓝眼睛望着你，露珠儿像泪珠儿似的光闪闪地从树叶上往下落，整个天地间一片寂静，这时候，能够把枪口对准一个人的额头开枪吗？不能。

我就遇到过这样的事。

在雅西—西基什尼奥夫战役中，我军大败敌军。战场上空一团团硝烟，夹杂着尘土和焦煳气味。但是在一昼夜之前，激战的战场已经离开这地方，转向普鲁特河边。我是战地记者，日落时候来到这里，一支奉命休息的连队的连长带我看了昨日的战场。

“进行战斗的时候，战场的整个面貌是看不清的。等到激战过去，才能看到战争的悲惨情景。”他说。

是的，这也是我的亲身体验。这不是，就好像德国人把全部所有的一半丢在这儿了。打坏的坦克、大炮、迫击炮、汽车、拖拉机……数也数不清。战场转移的前一天在这儿击溃一个骑兵师。至今还有一些鞍辔齐全的战马在玉米地里到处转悠。其中有几匹一看见我们，就一声不响地跟在我们后面。一些逃散的德国官兵大概也躺在玉米地里，躲着。他们暂时还没有朝我们这边来。

我们让司机在前面开着车，我们抓住两匹鞍辔齐全的马，跨上去，跟在车后面走。我骑的是一匹花斑灰色牝马。一小群无主儿的马紧紧跟随着我们，来到村子里。在村边，有三名士兵就在大街上围着一个大钵子，用茶缸子舀着新酿的葡萄酒在喝。我骑的牝马来到三个人跟前，用头把这三位酒友拱开，把嘴插进钵子里，呼啦呼啦地吸起酒来。我们这才知道，这些马都渴坏了。我们便把马群带到小河边。马饮足了水之后，我又骑马往前走。我必须尽快地赶到我们的编辑部。我知道，编辑部现在正在小城博尔格勒。我看了看地图：如果走大路，就要绕一个大弯子，两天两夜都到不了。我回到村子里，向一位摩尔达维亚老汉打听有没有直路。老汉很爽快、很详细地说了说。我查了查地图，看出他说得不错。

“要小心点儿，这条路很荒凉，”等我跨上马，他又说，“弄得好，明天天黑以前能赶到。不过，要让马多歇歇。”

天已经要黑下来，可是我听天由命，还是上路了。狭窄的小道朝天无边无际的玉米丛里伸去。月亮升上来的时候，我走过一座不大的村庄。后来又经过一座被毁的犹太人的小镇。老汉说的一切都没有错。一切都静下来，而且越来越静，越是静，我越是提心吊胆。在战场上，寂静中往往隐藏着危险，而且月光勾起心头一股惆怅感。我还是第一次这样单独面对明月。如果对月伤感，那就会完全忘乎所以。这几年在战场上大概什么心情都有过：有过慷慨激昂的心情，也有过惊慌害怕的心情。可是今天完全是另一种心情。因害怕寂静，我浑身哆嗦起来。好在我的牝马是一匹很大胆的马，见了任何影子都不慌张。虽然是牝马，却很顽强，真没说的。而且，看样子，新酿的葡萄酒也起了作用。

将近黎明时候，我打起盹儿。两腿麻木了，变得非常沉重，我的两只脚有多年没插进马镫了。我的牝马跑上了劲儿。有时放开腿快跑起来。也许它以为这是回家,回德国去?我拼命克制睡意。有时睡魔战胜我,有时我战胜睡魔。月光越来越淡,越来越微弱,黎明已经在驱赶月光。但是就连月光也不轻易服输,不愿意走,也在搏斗。夜晚的光和白天的光都想把对方遮盖,吞没。时而明亮,时而朦胧。

忽然我的马猛然昂起头,站了下来。我差点儿跌下去。我面前出现了老大的、红红的太阳。大概马和我都盯住太阳。太阳冉冉上升。路旁三四步远的玉米丛中露出一个人头,那头擎在一根细细的脖子上,一头红毛乱蓬蓬的。我马上从枪套里掏出手枪来,对准了那窄窄的、一道道肮脏汗迹的前额。这时我才发现额头下面有一双蓝眼睛。那双眼睛里已经没有恐惧神情,只有祈求的神情。眼看着他就要喊出那两句话,那是每一个德国佬在单独被俘的时候都会喊的:“斯大林大大地好,希特勒完蛋!”八成他也要这样喊的。他要是这样喊,我就扣扳机。听到这种祈求饶命的胆小鬼的咒语,我会更加厌恶和痛恨。

但是那人一直没有作声,等待着制裁。他是侵略者,我是这片土地的主人。我对他制裁是正义的。要制裁,是现成的,他就在这儿,在我的枪口上。

“我十八岁。”他说。他的膝盖哆嗦起来,身子也摇晃了几下,但没有跌倒。

……忽然我想起一件事。两年前当众枪毙了一个十八岁的坦克驾驶员,罪名是开小差。所谓开小差是这样的:我们当时是后备队,他驾了坦克到十公里外他的村子里去看了看母亲。为这件事判他死刑。那一天,对准十八岁小伙子的自动步枪同时枪毙的还有我们每个人都有的无忧无虑、马马虎虎、毫不在乎的心情。我是这样解释那次残酷无情的制裁的。解释也无用。事实上,那个小伙子什么坏事也没有干,只是看了看妈妈。一回来,就被枪毙了。

现在站在我面前的是我的仇人,我的死敌,就是他,还是一身法西斯打扮,昨天他还屠杀我的同胞。他的父兄一辈焚毁千百座斯摩棱斯克的村庄,在顿巴斯矿井里成百上千的人被他们活活打死,许许多多乌克兰姑娘被他们蹂躏,被掳到德国做奴婢,我们的白发苍苍的母亲受他们侮辱,幼小的儿童被他们扔进火里。这一切,该由谁偿还呢?你这蓝眼睛、红头发的魔鬼,听见没有?谁来偿还?

我心里想的,他是听不见的,要不然他眼睛里不会流露出希望的神气。这种希望的神气冲淡了我的愤怒。玉米叶上的露珠儿一滴一滴往下落。大地的神态这样安详,这样开朗,这样无忧无虑,就好像人世间没有过去,只有未来。我哆嗦了两下,不知为什么大地也奇怪地哆嗦了两下。

我气呼呼地一下子把手枪插回枪套里。

“朝前走。”我朝道路指了指,说。他瘸着一条腿,朝前走去。我再也没对他说一句话,也没有看他的脸。

我们走上大路,太阳已经老高了。在一座桥边碰到一队俘虏。我把我的俘虏交给押队的一名中士,对他说:

“这是个跛子,你们在路上别怎么样他……”

我不知道当时我为什么这样说。也许我以为,既然如此,就让他回到家好啦。也许……不,这事儿用言语是说不清的。

阿克云朵斯

就在停犁节的前一天,我们的邻居家娶来了新娘子。不是门挨门的邻居,是多少远一点儿的——隔着一家,是很会过日子的加利亚姆老汉给不爱说话的第二个儿子哈姆萨娶了亲,像我们常说的,叫他成了明眼人。

在我们这地方,喜事是冬天先在新娘子家里办。到了夏天,百花盛开的时候,才骑着一匹匹高头大马,马铃丁当响着,把新娘子接到新郎家。未接来以前,从冬天办喜事起,新郎每个星期四都要到新娘家里去过夜,这叫做“讨新娘欢心”。不论是相隔几十俄里,还是仅仅隔一条街,新郎上路时,都要郑重其事地准备一番:要把马刷一刷,把马鬃和马尾编成一条条小辫子,要系上彩带,要用沙子把马鞍和笼头上的钿片儿打磨得锃亮,而且不是骑马出门,要拉着缰绳把马牵出门,到了街上,这才使出全副本领,很漂亮地跳上马去。但是在街上还是不立即放马快跑,而是昂然挺起胸膛,对直地向前望着,走上一阵子,那意思是说,谁要是没看见，就好好看看吧。

去年我大哥穆尔塔萨，前年曼苏尔的儿子哈日穆拉，都这样神气过。就连平时最邋遢的，一到了做新郎的时候，几乎就变成最讲究的人了。

可是哈姆萨怎样去“讨新娘欢心”，大家连见都没见到。他在春耕以后去过一次，就连这一次他还是拉着他哥哥一块儿去的。那些缠磨人的小伙计们问他，为什么他不去看自己的新娘子，为什么不去讨她的欢心，他就回答说：“太远啦，路上还不好走，说不定还要碰上坏人。万一碰上坏人，未过门的老婆就要守寡，未生下的孩子就没爹了。亲事反正已经定下来，她跑不掉啦，到了时候，她自然会来的。”

一到傍晚的时候，我们村上的男子汉就凑到一起，坐在不管哪一家的墙根，抽烟，闲聊。他们的说法就很不一样。他们说，是新娘子自己出这样的条件，她说：在新郎家没有派人迎娶以前，新郎不要上门。“她为什么这样说，这里面的奥妙，就只有天知道啦。”前几天放羊的努列金这样说。

不过，哈姆萨的话也说对了。亲事是已经定了，所以新娘子没有乱跑，径直到新郎家里来了。听说，是从很远的地方，从焦马河上游把她娶来的。她的模样儿非常讨人喜欢，在有眼力的人看来，简直就是仙女。当然，在我们村里，美丽的姑娘，标致的媳妇，端庄的娘儿们，也还不少。感谢上天，她们都还好好的。比如，我家上首的邻居曼苏尔的女儿古里布斯坦，就够迷人的。不论身材，不论风度，都恰到好处。她走路不像走路，有时像风摆杨柳，有时像水上波浪。据说，光是走路她就有五种走法。今年春天，在菜园里栽土豆，曼苏尔老汉生气了，骂起了女儿："古里布斯坦，你那'小姐'走路的样子，叫人看够啦！"原来，她出神了，在干活儿的时候也走起了"小姐"步子。

在给我大哥穆尔塔萨找媳妇的时候，我们本想请媒人去向古里布斯坦求亲，但是后来改变了主意。我们认为："标致媳妇是给大家看的，能干媳妇才是丈夫的好帮子。我们家的庙太小，盛不下太漂亮的古里布斯坦。"所以给我大哥穆尔塔萨娶了季麦涅伊街上中等人才的姑娘比卡。原来，我大哥早就看上她了。我爹什么样的媒人也不请，亲自去找姑娘的爹求亲。去是去了，可是回来时心情很不好。喝晚茶的时候，他这样说：

"姑娘我一下子就看中了。她身上有些东西，跟咱们家很配称。可是亲家公和亲家母……好像很小气。"

"怎么，他们要的牲口很多吗？"我大娘问道。

"不是的，他们要的不多。我不是说他们贪财，是说他们小气。"

"哎，一下子哪能看得那么清楚，咱们过去又没有跟他们打过交道。"

"拿上桌的奶油只有一点点儿，糖块切得小小的，只有豆粒儿那么大……"

我大娘没有再说什么。

我大哥果然娶了个好媳妇，我们都赞不绝口。可是亲家公和亲家母也真的是一个比一个小气……

像古里布斯坦这样的姑娘，在我们村虽不能说有成千上万，但如果算一算的话，那还是相当多的。难怪附近各村里那些最活跃的小伙子天天围着我们的村子转悠,就像一群黄蜂围住了一根带蜜的木头。转呀,转呀,到最后空手而去。漂亮的姑娘只够本村小伙子娶的,而且并不完全够。要不然哈姆萨为什么要到焦马河上游去娶媳妇呢?

但就是在我们这以美人出名的村子里,来了一个新媳妇,就像是小牛群里来了一头小鹿。她的整个外貌,不论是脸,不论是身段,不论是目光,其至声音,都使我们觉得有点新鲜,有点神秘。好像她不是在这土地上、不是在这天底下长大的;好像她呼吸的不是这空气;好像她一向喝的不是水,而是玉液琼浆。她那银铃般的嗓门儿不是当地的水滋润出来的。我们村上有不少女子,只要送一个秋波就能把男子迷住,使男子成为俘虏,但是像她这样的,还不曾有过。就连她的名字,也是从来没有谁听说过的:阿克云朵斯——白星星,白天的星星,中午的星星。

我第一次听到这个名字的时候,不由得朝天空望了望,好像是想看到大白天在头上发光的亮晶晶的星星。我没有看到。但是,我这一辈子,只要听到她的名字,就要朝天空望望,寻找星星。想寻找她的姊妹星的,也许不只是我一个。

也许,有人会问:“这个以天上星为名的女子究竟是什么样子啊? 你最好描写描写她。”

我要这样来回答:太阳和月亮,你能描写出来吗?对于每一个人来说,太阳就是太阳,月亮就是月亮。同样,阿克云朵斯就是阿克云朵斯。只有她一个。

阿克云朵斯按照风俗,跟着街坊上的姑娘们去踩自己到泉边的路,又挑着水回来的时候,一条街上的人都去看。真的也十分好看。新娘子挑的两桶水都满到了边,连一滴水都泼洒不出来!她走起来,脚后跟不沾地,只是鞋尖轻轻挨一挨地面。她微微笑着。她为什么笑呀?莫不是发现了我:我这个被她迷住的十二岁的男孩子,当时正坐在板墙上呢。她究竟是在对谁笑呀?对自己?对看她的人?还是对另外一些人?因为如果仔细看去,好像她就要大哭起来,就要把自己的微笑洒开去……

……这样的笑容后来我一生中只见过两次。有一个短命的、好像是主入人世的同辈、同族的姑娘,有一天她看了我一眼,对我笑了一笑,就把我的心俘虏了……这是第一次。第二次就是列奥纳多·达·芬奇的不朽杰作《蒙娜丽莎》中蒙娜丽莎那永不消逝的一笑,我一看到,心就飞上了天,然后坠入思想的深渊……

在新郎家里,热热闹闹的婚筵一直开到下半夜很晚的时候。我二哥萨里赫和我这两个单身汉,就睡在棚子顶上。满天的星斗。我躺着,望着星星。有淡蓝色的,有淡绿色的,就是没有白星星。也许,白星星只有一颗,而且只是在该出来的时候才出来。也许,这星星现在不在天上,而是化成了女身,降落到了人间。真想知道,阿斯哈特又会怎么说呢?可是这会儿他不在家,在邻村放牲口呢。

加利亚姆老汉家里的闹声渐渐静了下来,村子里的狗也不叫了。公鸡已经叫头遍了。

就在这时候,下街头传来手风琴的声音。起初那声音好像拉着长声亲切地呼唤人，接着就热情奔放、急迫地倾诉起密藏在心中的痛苦，后来倾诉变成了哀告和急切的恳求，恳求声忽然在不能自制的哭声里中断了。随后手风琴不作声了，并且好像是要平息胸中的颤抖，又深深地叹了一口气。但是哭泣并没有使手风琴倒嗓子。手风琴多少歇了歇气以后，就满腔热情地、高声地向着整个夜空歌唱起自己心头的希望，自己未来的幸福……

我不仅听到了这歌声，而且也看见了这歌声。这歌声就像燕子在飞，飞上又飞下，身后留下发光的痕迹，从下街头朝上街头飞来。

"马拉基姆又着魔啦。"萨里赫睡意蒙眬地说。

哎，二哥啊！你为什么这样说呀？这怎么是着魔呢？你这么说过，就又打起鼾来啦。刚才迷住了整个寰宇、照亮了一条街道的美妙声音，叫你这一句话说完了。

要是我大娘，她才不会这样说呢。她会说："马拉基姆孤单的心又出来寻找知心人啦。"那时候我还不知道，半夜的孤单是什么滋味。过了很多年我才懂得了，这时候的烦恼，最是无法排遣的烦恼。但不管怎么说，这会儿我已经全心全意地站在马拉基姆方面。不仅是他的痛苦、他的欢乐，都没有消散在夜空中，而是点点滴滴溶化在我的心里。好像整个天地间这会儿只有两个没有睡的人，那就是他和我……

后来，等到逝去的年华的白灰染白了我的头发，我才悟出了这样的道理：人什么都能习以为常，漂亮人的漂亮，丑八怪的丑，坏人的坏，见常了，就不觉得怎样了。所以，就因为人们总是习而不察，漂亮的人和善良的人往往输得很惨，赢者往往是丑八怪和坏人。可是阿克云朵斯过了一个月又一个月，过了一年又一年，直到晚年，一辈子都没有成为习而不察的人，始终保持自己的见地。总是站得多少高一点，比地面高出一级台阶。这不是因为高傲或者骄矜——她完全不是那样的人。是大家认为她站得高，是大家看重她，而且后来，不论在什么情形下，大家都没有看低她。

起初，我们谢尔谢街上的人赞赏的是阿克云朵斯的美丽和标致。后来，使大家感到吃惊的是她的勤劳和麻利以及她的亲切与和蔼。都说，加利亚姆的儿媳妇纺的线、织的麻布，就和丝绸一样；擀出来的面条比琴弦还细。女人们一穿起她做的衣服，就笑盈盈的，好像皮肤都变嫩了，又舒服，又松快。以前加利亚姆家给花母牛挤奶，要把四条腿全捆起来。现在花母牛一从牛群里出来，就要跟着儿媳妇转悠。这是每天傍晚我们亲眼看见的。连脾气很坏的骒马都乖乖地听起话来。有一天，到树林里去拉木柴，阿克云朵斯从丈夫手里接过缰绳，只说了两声“走吧，我的乖马儿，走吧，我能干的马儿”！那马听到这话，回过头来，点了两下头，那意思就是说：好的，我懂啦，我一定要这样。阿克云朵斯不管是搂干草，不管是割黑麦，人们从旁边走，都不会无动于衷地轻易走过。总要站下来看看，连自己的活儿都忘了。后来清醒过来，就喊：“真福气啊！”这才走开，还不住地回头看着。“希望你们也有福气！”阿克云朵斯不等丈夫说，就回答说。哈姆萨虽然娶了亲，还是很难开口。

那时候我还不知道有这样的女人：把鸟儿放到手上，鸟儿就会唱起歌儿;朝花苞吹一口气,花儿就会开放。第一个这样的女人就是阿克云朵斯了。沙吉杜拉的娘敏列凯大婶每一次都说:“这个阿克云朵斯一从街上走过,街都要变好看了。天啊,天啊,天啊!我这昏花老眼可别把她看坏!”

加利亚姆老汉是个孤僻的人,喜欢关着门过日子,跟街坊们不大来往,他们家的大事小事都传不到门外。像敏列凯大婶家,哪怕秃毛母鸡刨了两棵土豆,我们一条街都能听到详尽无遗的报告。可是他们这一家,就是丢了一匹马,一点声息都不会叫你听到。阿克云朵斯在这一家过得怎样,外人是不知道的。

新媳妇过门以后,繁忙的夏天过去了,树叶黄了,凄凉的秋风吹过了,富饶的冬天开始又结束了,冰雪融化成水,顺着山沟奔跑起来。马拉基姆的手风琴已经很长时候没有声音了,好像根本不会作声了。起先大家只是觉得奇怪,后来就觉得不安和遗憾:一度因习以为常感到安慰,可是后来连这都不灵了。怎么会这样呢?过去年年月月,村上人即使不是每天,那也是每个星期都能听到马拉基姆那忧伤的手风琴声,村上人也跟着伤感一番。忽然,这一切就像切断了似的……大家都说,那是有原因的。我也这么想。看样子,马拉基姆的那可怜的心完全乱了;寻找知心人,没有找到,绝望了。心底的希望破灭了,手风琴就不作声了。大概是这样。也许,完全不是这样……

我小时候有一个很坏的习惯。一到晚上,就连头钻到被窝里,装作睡觉,其实是在听大人说话。为了叫大人相信,还不时地小声打一阵呼噜。真像一个暗探!呸,真是个小鬼头!现在想起来,耳朵都要发烧。不过,实际上这已经不是我干的第一桩捣蛋事了。第一次干捣蛋事儿还是在我四五岁的时候。

我不知为什么常常到我们的邻居加尤普大叔家里去。他们家跟我们家斜对门,我天天都要去。他们家有两个女儿,已经是待嫁的大姑娘,一个叫扎伊娜普,一个叫雅米莉亚。她们一个坐在台阶上,一个坐在贮藏室门前,一天到晚隔着院子互相吵骂。

有一天,扎伊娜普把我叫过去,给我一样小东西,好像是纽扣,教给我许多难听的话,要我来骂雅米莉亚。她对着耳朵小声教我,我就扯着嗓子把她教的话喊出来:

"你跟驼子哈布金抱着睡觉来!流口水的汉萨亲你的嘴啦!你跟歪嘴汉萨亲嘴甜不甜?你还给傻蛋加巴斯写情书来!不要脸!不害羞!丑死啦!干什么要写信,你还是给你那加巴斯做条裤子吧!要不然他一年到头没有裤子穿!"我们就这样拼命给雅米莉亚捏造罪名,一直要叫她大哭起来。

到第二天,就是雅米莉亚收买我了。她给我一个空火柴盒,我就转到了她的这一方。我还像昨天那样带劲儿,但现在是用雅米莉亚的话来骂扎伊娜普了:

"你这个贼!你偷肥皂!偷梳子!你背叛教门!斋期你不把斋,偷着吃肉!你爱撒谎!所以谁都不爱你!傻蛋加巴斯连看都不看你一眼!你以为,你那歪歪的鼻子能钩个女婿来吗?丑八怪!女妖!讨人嫌的女鬼!"

一骂到歪鼻子,扎伊娜普就朝雅米莉亚冲来,并且揪住她的头发。事情到这里,可以说,我今天的任务完成了。

就这样,我天天倒换着位置,干着不体面的事儿。

后来我一辈子都没有忘掉。一想起来,就要打哆嗦,就好像做噩梦。一打哆嗦，就醒了过来，醒来想道："还好，不过是做梦罢了。"有时候也自己对自己说："这是老早的事啦，那时候自己连梦和现实都还分不清呢。"可我还是忘不掉。就是说，这是终生难忘的教训。已经认清的错误以至罪过，如果能得到补偿的话，就会渐渐成为你的良师益友。如果认识不清或者隐瞒，那就永远是你的敌人。我总是尽量记住这一点，如果今天喊的是扎伊娜普的话，明天喊的是雅米莉亚的话，这样下去，就不会说自己的话了。

……我老早就躺在被窝里了，房里只有我的大娘和小娘。我大娘在补衣服，小娘在刮锅底。

"我听说村子里七嘴八舌地在说闲话呢，"我小娘说，"说的是马拉基姆和阿克云朵斯。"

"老听闲话，连脑袋还要听糊涂呢……瓦齐法，别听那些话！"我大娘严厉地说。

可是我小娘憋不住——知道了，就要说出来：

"都在说，他们过去爱得很深，就跟塔依尔和朱赫拉[1]一样……"

我大娘叹了口气，然后小声说：

"爱没有罪。没有爱，瞎胡闹，才是罪过……假如你没有爱，就跟了咱们家老头子，咱们两个就处不下去：天地虽阔，容不下两个女人嘛……有了爱，什么都好说，别的一切都不算什么……"

① 塔依尔和朱赫拉，维吾尔等民族的民间爱情叙事长诗《塔依尔和朱赫拉》中的一对情侣。

“各人的罪过，各人的德行，是各人自己的。我不是责备他们，”我小娘说，“原来，马拉基姆和阿克云朵斯两个人早就认识啦。那一年割麦的时候，咱们村里人到焦马河上游去做短工，他们就见面了。所以阿克云朵斯答应嫁给哈姆萨。有人说，她说过这样的话：‘只要能跟马拉基姆再见上一面，别说嫁给哈姆萨，叫我进地狱都行。’也许，她是这样想过。”

“什么时候老天爷能够像有些人知道的那样多就好啦……”我大娘冷笑说，“不幸的是，人不该知道的也知道，瞎扯的东西还要多些。”

“再说，马拉基姆大概已经快到三十啦。”我小娘说这话，好像要给谈话收尾了。

“爱与不爱是不问家产和年纪的。这你自己知道，瓦齐法。”

我小娘比我爹小二十岁。我大娘大概指的就是这一点。她这样说，没有什么恶意，只是顺便说说，是随便提提……

这可是我在被窝里探听出来的秘密！什么是爱，我已经知道了，我亲身体验过了。去年，我和跟我坐同桌的女孩子(她的名字我不说)恋了半个秋天，交换过很多信。每天晚上我都要给她写老长老长的信，一直写很晚。信里还要加进歌儿：

手风琴为你歌唱，
银戒指闪闪发亮。
哪怕你沉到贝加尔湖里，
我也要到水底把你捞起！

家里人高兴得不得了：“看样子，‘大肚脐’上学入了迷啦，瞧，写字写得多带劲儿！这孩子多么用功啊！腰直都不直，在做功课呢！”我大娘有时候还单独弄点好吃的东西犒劳犒劳我。“你用心学习，应该吃好一点。吃好一点，记性好，脑子更好使唤。”

但是，没过多久，我难受的一天就来到了。

有一天早晨（我们都是在早晨上课前交换信），一个倒霉的早晨，这个小姑娘交给我的不是信，而是包在纸里的一小块木炭。这就是说，我们的爱已经燃烧完了，烧光了，已经变成炭了。全完了！打这以后，她连看都不看我一眼。我在她面前有什么过错呢，哪一点使她不喜欢呢？唉！保持爱情是不容易的，但失去爱情实在痛苦，实在难受。谁没有亲身体验过，那是不懂得的。

我从学校里回到家里，把头放在我大娘那热乎乎的手掌上，小声哭了起来。

“孩子，你哭什么？”她问道，我没有作声。好在有她那温暖的手，可以把头放上去，哭上一阵。只要她的手在我的腮上抚摩一下，我的痛苦就烟消云散。

后来，我的无处可放的头多次寻找可以放的地方，以便驱除苦恼……但是我大娘已经用她那神奇的手悄悄掩上了人生的大门，一去不复回了……

所以，马拉基姆和阿克云朵斯是咋一回事，我根据切身体验是知道的。不过，好像一切都是瞎说。我大娘和小娘说过那一番话以后，一个星期过去了，又是一个月过去了，可是街上人都没有再提起他们。在我们这上街头，只要有一点苗头，甚至不是苗头，而是有一点小小的影子，就议论起来没有完，又是讥笑，又是非难。“某某的老婆跟某某的男人吊膀子啦……某某亲家公跟某某亲家母差点儿搭上啦……浪荡鬼某某趴寡妇某某的窗户啦……”娘儿们在分离奶油的家什旁边，男子汉在看守棚里，姑娘们在挑水的时候，都要拿这些编造的事说笑。像阿斯哈特那样爱说俏皮话的，还要编成酸溜溜的歌儿。

有一个男子汉在晚会上跳舞的时候，就唱了一支歌儿，唱的就是那个不走运的亲家公：

亲家母把绿戒指晃了晃，
惹得亲家公心里直痒痒。
他把亲家公引进柳丛，
自己却忘了来会情郎。
亲家母披着花披肩，
披肩上还带金边。
亲家母啊，你快快来临，
咱俩把嘴亲一亲。

据说，以前如果哪一家的娘儿们或者姑娘真的有了有伤风化的事或者重大嫌疑，就会有人往这一家的大门上抹焦油，或者把这一家的马的鬃毛和尾巴剪掉。如今好像已经没有这种事了。可是，谁要是有什么不体面的事落到别人眼睛里或者舌头上，就别想轻易逃脱。要用磨子把你磨个够，还要用筛子筛上几遍。

关于马拉基姆和阿克云朵斯，既没听到风言风语，又没有听到非难。大概是有人闲着没事儿瞎猜，把瞎猜的事悄悄地对我小娘说了,说过了,就不说了。这样倒好些,我们会忘掉的……

但是他们自己不叫人忘掉。

有时候,有些事亲眼看见了,却又不相信自己的眼睛,愣愣地站着,觉得很纳闷儿。我也是这样,看见了,一下子不知如何是好,不相信自己的眼睛和耳朵。

多亏我们家喜欢乱跑的两岁口的小牛,我无意中成了目击者。这一天傍晚,小牛又没有跟着牲口群回来。我们家所有男的,跑到放牲口的草甸子上到处去寻找小牛。等我走得疲惫不堪,来到仙女山脚下,已经暮色沉沉,夜幕落了下来。白天我偷的我大哥的一撮烟丝,这会儿正好抽一抽了。可是找不到火柴。我来找去都找不到,不知掉到哪里去了。这么看来,偷来的东西就是没有福气受用。

我刚刚想站起来,山坡上出现了一个老大的、奇形怪状的东西。人不像人,兽不像兽,样子叫人猜不透,很可怕。那东西慢慢地朝我走来。我吓得魂不附体。眼看着就要扑过来,我的心怦怦跳着,震得橡树都哆嗦起来。那怪物我已经能看清了。有两头,两条腿,胳膊好像是四条,又好像是六条,看不大清楚。是不是爬到树上去?不行,就是爬到树上,也躲不过。算啦,听天由命吧,动是不能动的。我本来想找小牛,结果,自己找死来了。小牛没有找到,死神倒找到我了。明天早晨,全家人一醒,就要哭我了。就是那个小姑娘,也要因为送我木炭感到难受了。我紧紧闭起眼睛,眼前闪过我们村坟地的大门、清真寺上的新月、刚刚挖好的新坟。所有这一切我好像是在棺材里看见的。

“你爱我吗?”那怪物的一个头用男子的声音问道。

“我爱你……我爱你……”另一个头用温柔的女声回答说。

“很爱很爱吗?”第一个头又问道。

“要不是很爱很爱很爱,我会为这短时间的幸福,来受这么大的罪?反正我不后悔。我在你怀里享受到的这短短的幸福,给我金山我也不换。”

这时候,“啁唧”——像一只鸟儿叫了一声。大概鸟儿在迷迷糊糊地做梦呢。

“你愿不愿我带上你,飞得高高的,飞到那颗白星星上去?”那男子声音说,“飞到你的星星上去……”

真的,在高高的天上,有一颗亮晶晶的白星星呢。那颗星哆哆嗦嗦,好像要向地上落。眼看着就要离开天空,落到仙女山上来。我已经多少有些放心了。这怪物不会来害我的,它有它的伤心事。

“我和你在地上就挺好。在那星星上,咱们有什么好留恋的?我并不喜欢自己的名字,我就喜欢你。”

又像是那只鸟儿在叫,这一次叫了两声:“啁唧!啁唧!”

“我的心苦恼了一辈子,一直在找你。”

“谁要是有心找,一定能找到,一定能把心上人抱在怀里。”那女子用唱歌似的声音说。又像是那只鸟紧跟着叫了两声:“啁唧!啁唧!”

“你老是笑,跟你在一块儿,我在这世界上既没有痛苦,又不知道害怕。痛苦和害怕都飞到九霄云外去啦。”

英武健壮的马拉基姆像抱小孩子一样,抱着阿克云朵斯从我身旁走了过去。他们没有发现我。我看着他们向山上走去,就在这天夜里我头一次猜到了,为什么情人的眼睛往往不是盯着脚下和乱草,总是望着天上的金雕。我已经感觉出,他们为什么向高处,向山顶上爬。这一点用话是说不出来,是解释不清楚的。

等到他们的脚步声听不见了,夜空显得又孤寂,又不自在,头顶上那满天的星星都暗淡下去。我站在这里,可是我的心紧跟着他们去了。他们那好听的声音,他们说的话,使我着了迷。不过,马拉基姆像抱小孩子一样抱着阿克云朵斯,我可不喜欢。我很不喜欢。阿克云朵斯也是的,好像自己连脚都没有啦。

过了四十三年,有一天日落时候,我在契黑亚山上仿佛又看见了他们……有一个身材很像马拉基姆的小伙子,抱着情人在陡峭的山坡上跑,不走大路,也不走小路,径直朝山上跑。小伙子还在笑着。我看着,心里很喜欢,非常喜欢。"好小伙子,有两下子,好样的。"我心里说。这时候我和拉乌莎手挽着手,顺着弯弯曲曲、慢坡上的小路小心翼翼地往下走。"好样的,有两下子。"我又在心里说了一遍,又回头看了看。遗憾的是,我还没有这样抱着谁爬过山呢。这会儿我倒是很乐意抱着心爱的人爬爬山,可是已经没有力气了。就算是有力气,也太不像样子了,别人会笑死的。看起来,爬山也要及时才行,该爬的时候,就要爬……我又回头望了望,我望着遥远的过去,望着四十三年以前,心里说:"好样的,马拉基姆,好样的!"

马拉基姆和阿克云朵斯从旁边走了过去,夜的黑暗好像被驱散了一些。他们走过的地方,恐惧好像在四散奔逃,疑虑好像钻进草丛里。我跟着他们走了几步,但后来醒悟过来,便慢慢朝家里走去。过了一会儿,我不知为什么摘下帽子。有一样东西“叭”的一声掉在石头上,是一盒火柴。原来,我藏在帽子里,自己忘记了。

……现在我想:如果这火柴当时找到了,一根火柴不小心划着了,这两个人那种欣喜若狂的劲儿就要被吓跑,这样了不起的秘密事儿我就看不到了。

这样的秘密事儿怎么能在心里憋得住呢?我憋了一天、两天,到第三天就憋不住了。简直就想爬到清真寺塔顶上,大声喊出来。

我选定了我大娘一个人在家的机会,把她拉到棚子里。

“怎么,孩子,你是想吃酸奶油吧?”我大娘问道。

“不是的,大娘,我有一桩秘密事儿,想对你说说。”

“要是连酸奶油都不吃了,可见这秘密够要紧的啦。”

“是很要紧,大娘。人家说的马拉基姆和阿克云朵斯的事儿,原来是真的呢。”

“什么事儿?你是怎么知道的?……”

“是这样,那一天晚上……大娘……”我一下子哽住了。幸亏哽住,差一点儿就要把我做暗探的事暴露了。“有人说嘛……大家都说嘛……”

“都是瞎说。”

“不是瞎说,一点儿不是瞎说!那一天夜里,我去找小牛,他们两个就在仙女山上,我亲眼看见的!”

“呸,胡扯,全是胡扯!孩子,你是看花了眼!人在黑洞洞的夜里，什么样奇形怪状的东西都能看到。那一天夜里是很黑的。”

“我连他们说话都听到啦。大娘。我不撒谎！我凭面包、凭太阳起誓！怎么，我是撒谎的孩子吗？”

“你不是撒谎的孩子。你是看错了，听错了。错了——不算撒谎。”

“当真看见、听见啦！”

“有时候，人不该看见的却看见了，不该听见的听见了。算啦，孩子，不该操心的事，别操心啦。”

我本来想原原本本地把事情说一说，可是我大娘不肯相信我，也就不说了。

“靠不住的事情，不要对别人说，”我大娘最后说，“万一大家说你喜欢瞎编，那才丢脸呢。”

我们一家人都怕丢脸。“宁肯从胯下马跌下去，也不愿让你的话成为谎话。”我爹常这样说。也许，这一切都是我看错了呢？我大娘这样说的嘛。

但是，那声音不是清清楚楚的吗？……“你爱我吗？”“我爱你。”……就算我没有听见，那声音反正是要留在仙女山上的。

我大娘为什么硬要说这一切全是我的错觉，现在我才明白。古希腊有一位女神，专门帮助和保护有情的人。这位女神就叫爱神。当然，这位女神的事，我大娘根本不知道，听也没听说过。但是，她却不自觉地成了马拉基姆和阿克云朵斯的保护神。啊，谢尔谢街上一片好心的爱神！

那头小牛也找到了。

恰好收割黑麦的时候到了，我们于是高高兴兴地准备请人帮忙。两桶家酿的啤酒在炕头上咕嘟咕嘟地冒着泡儿。这发酵两年的啤酒我们准备拿到酒席上就着肉来喝。我们还准备煮三大缸蜜粥，在中饭时候喝。雪白的面包我们也烤了很多。

帮忙收割——干脆就是过节。许多人热热闹闹、高高兴兴地干上一天活儿，到晚上就坐在院子里痛痛快快地吃喝一番。大口吃肉，大口喝汤。年长些的男子汉和娘儿们开怀饮酒，小伙子们和姑娘们不喝酒也要醉。喜欢唱歌的，像一只胳膊不能动的卡什富拉那样的，就要唱歌：

咱们俩帮街坊干活儿：
我和你一块儿捆麦子。
我请媒人到你家里去：
咱们俩就成了一对儿！

这支歌儿自有其奥妙。凡是勤劳和干活儿麻利的姑娘，在帮忙割麦之后，身份很快就提高了。媒婆往往一把将右裤脚从袜子里抽出来，就登门求亲来了。请人帮工是经过挑选的，要挑那些白天干活在行、晚上吃酒不出问题的。能被人请去帮忙，是一件光荣的事。当然，也有厚脸皮的，不等人请，就自己到了。

在四五天之前，有一次在喝晚茶的时候，我们在街坊、亲戚中间翻来覆去地挑选，商量请哪些人。我统计选定的人数。

“马拉基姆要请吧！”大娘问道。

“他……他老婆好像病啦。”我二哥萨里赫说。

“他会来的。”

在我统计人数的纸上，又添了一道杠杠。

“邻居当中，没有漏掉哪一家吧？”我爹问道。

“只有加利亚姆老汉家没请。反正哈姆萨不会爬出自己的窝儿。”我大哥穆尔塔萨说。

“他来不来，我们都要请，邻居嘛。不要叫人家心里不痛快。”

我又画了两道杠杠。名单就这样定了。

到了割麦那一天，太阳刚刚出来，许许多多的人就来到我家门前。所有的人都扛着亮闪闪的镰刀来了。马拉基姆来了，阿克云朵斯来了，哈姆萨也来了，还来了两三位“冻脚”。不请自到的人，我们叫做“冻脚”。

亲戚们就像事先商量好了一样，一齐驾着大车来了。要是步行，那要走很长时间。今年我家种的黑麦离村子很远。再说，步行出来帮忙，也是不大体面的事，不够气派。

不用说，我时时在注意那两个人。他们两个却不即也不离。阿克云朵斯在和姑娘们闲聊，姑娘们喊喊喳喳地说着话，不时轻轻地噗哧笑上两声。马拉基姆站在稍微离开一点儿的地方，把带小铃的手风琴夹在腋下，在跟我大哥穆尔塔萨说话儿。好像谁也没上过仙女山，谁也没有像鸟儿叫那样“啁唧、啁唧”的亲嘴……那都是别人干的。难道那天夜里我看到的是另外一个男人和另外一个女人？但是，这会儿凝视着他们的不是我一个。一会儿目光从这边投过去，一会儿从那边投过去，一会儿投到他身上，一会儿投到她身上。

我爹赶着灰騸马拉的大车出了大门。

“好啦,动身吧! 一路平安!”我爹说,“大家都上车。顶漂亮、顶能干的姑娘,请坐我的车! 我赶车,你们唱歌。”

大家一齐闹哄起来。姑娘们和年轻媳妇们从这辆车子又跑到那辆车子。有的要跟知心好友坐在一块儿,有的要跟邻居坐一辆车,还有的要跟自己家里人坐在一起。对赶车的也要挑一挑:有的不是鬈发,有的赶车人的老婆动不动就吃醋,有的鼻子又是歪的。挑眼儿,挑起来就没完没了。闹哄了老半天之后,姑娘们终于坐了下来。那些小伙子们,坐哪一辆车,跟谁坐在一块儿,很快就选定了。年纪大一点的女人和男人都坐到后面几辆车上。

“看起来,大哥,没有比我更漂亮,没有比我更能干的啦。”钱村有名的邋遢娘子、脸又黑又有麻子的尼萨大婶一面往我爹的车上爬,一面说。她是我们家的什么亲戚,我不知道,反正半个村子都是她的亲戚。

“来吧,来吧,尼萨!”我爹扶着她上了车,“麻脸娘儿们才暖人心呢。”

“可不是!”她露了露密密的白牙,笑了笑。她一笑,就会变了,脸完全成了另外一张脸,好看极了。

她转过脸来对着我爹,说:“你想说,就把话说完嘛:白脸娘儿们的心像冰,黑脸娘儿们的心像火炭。”

我马上朝阿克云朵斯望了望:她算白脸的呢,还是算黑脸的? 这么说,她不能算白脸的,可是她的脸不黑呀。

前面的几辆车已经动了。大家早已经坐上车,只有三个人犹豫不决地站着,好像不知怎样才好。这三个人就是哈姆萨、阿克云朵斯和马拉基姆。终于,马拉基姆很快地转过身去,跳到我大哥穆尔塔萨的车。

“装美人儿的车子,我们能上吗?”阿克云朵斯用开玩笑的语气对我们说。能说出“为这短时间的幸福,来受这么大的罪”的一个女子,开这样的玩笑,是很不相称的。这一点我很不赞成。我爹把车子赶到她跟前,用鞭把儿把干草翻了翻,让她坐软和些。哈姆萨不知是没有看出来,还是装作没有看见,自己一屁股坐到我爹给阿克云朵斯准备好的地方。真不要脸!阿克云朵斯绕到车子的另一边。尼萨大婶拉住她的手,说:

“来吧,美人儿,到我这儿来!就让大家说‘两个美人儿碰到一块儿啦’吧。咱们和他们不一样。喂,让开点,死东西!”她推了推哈姆萨的肋骨。

阿克云朵斯背对着丈夫,坐在车边上。我家的灰骟马抖了一下,猛地朝前一冲。阿克云朵斯两只穿着白袜、白树皮鞋的脚被颠得跳了起来,她几乎摔下车。幸亏抓住了车边的木杆。我最后一个跳上车,坐到车后面。前面的几辆车已经跑了起来。我们一声不响地坐在车上,爱说话的尼萨大婶和爱开玩笑的我爹不知为什么都没有说话,一向不说话的哈姆萨更别提了。

来到村外,马拉基姆拉起自己的手风琴。我匆匆看了阿克云朵斯一眼。我觉得,手风琴是为她一个人歌唱的。大概阿克云朵斯自己也感觉到这一点。她的腮上涌起两片浓浓的红云。涌起来,又退了下去。手风琴在响着,可是没有人跟着手风琴唱歌。在我们这条街上,出去干活儿的时候,不兴放开喉咙唱歌。等到干完活儿回来,想怎么唱就怎么唱。只有三公鸡街上的人才不管是不是时候,一天到晚像母鸡一样咕哒咕哒地乱嚷,像公鸡一样放开大尖嗓门儿。我们是懂礼貌、守规矩的。还在守着呢！……可是，有一个尖尖的女声忽然响了起来，唱起一支歌儿。又有两三个声音跟着唱了起来。他们的热乎劲儿来得太快啦！前面几辆车上的歌声越嘹亮，我们车上越是显得沉闷。阿克云朵斯脸上罩着一层愁云，越来越浓。

……哈姆萨和阿克云朵斯背对着背，默默地坐在车上，像两个木偶一样，一句话都不说。我当时坐在车子后面，并不觉得这种情形有多么不得了的。哈姆萨生来就是这样，有什么办法呢？总不能真的用锹到他嘴里挖话嘛。好在前面车上已经有人唱了起来。我们也跟着唱了起来。这一回我们很快就来到黑麦地里，并不觉得路太长。可是现在我想起这夫妻两个的一生，心里不由得发起抖来。他们不就是这样，背对着背，一声不响，分别坐在别人车子的两边，度过了自己的一生吗？如果前面有歌声召唤着，那还是不错的。可是如果没有歌声，如果歌声停了呢？……

我家的黑麦地有很多块，分散在各处：这里一亩，那里两分，那里又是半亩。所以，帮忙的人也要分散：有些人要去兔子坡，有些人还留在巴尔苏安河边。上午每个人都在自己分到的地里割，下午大家一起汇集到巴尔苏安河边。这里是我们村土地的边沿，过了河就是别的村子的土地了。

中午吃的是加了蜜的粥和油阿萨。我们把圆圆的白面包叫做油阿萨。帮忙的人们吃起饭来，实在够热闹的。一个个老大的木盘子，切好的油阿萨堆得像一座座的小山。帮忙的人围着每一个木盘坐下来，就看见汤匙上下飞舞起来。如果稍有怠慢，就只有饿肚子了。

等到吃饱了,就要互相取笑,闹着玩儿。有的人的汤匙被别人一下子打到盘子里,有的人刚刚要张嘴咬油阿萨,油阿萨就被打掉了。大家一齐笑吃了亏的人。这一次大家笑的是三公鸡街上用两个指头捏着汤匙喝蜜粥的萨日达,还有不爱说话的哈姆萨。萨日达被打掉了汤匙,气得噘着嘴,走到一边,不吃了。哈姆萨本来把嘴张得老大,想大口咬块油阿萨,连牙齿都咬得咔吧响了一声。吃的打掉了,他也不在乎,只是用鼻子大声吸了一口气,又去咬另外一块。阿克云朵斯又像先前一样,腮上飘过两片红云。我不由自主地注视着他们,仔细观察着。即使我的眼睛有时离开了马拉基姆和阿克云朵斯,我的心也离不开他们。这两个人使我迷上了!

我把蜜粥倒在舀子里,用麦秆儿吸着喝。这比用汤匙舀着喝,更好喝些,更要甜些。后来我长大了,到过很多地方,每到大城市里,用麦秆儿吸着喝各种各样鸡尾酒的时候,我总要想:这些会享受的人采用的这种聪明办法,大概就是跟我们学到的。他们真够灵活。要学到一种好办法,就需要头脑灵活。

"看样子,这粥里的蜜放得太多啦,把尼萨的嘴都粘住啦……"我爹说,"连话都说不出来啦。"

"没关系,大哥,到晚上吃了大肥肉,嘴就润开啦,"尼萨露了那细碎的白牙,"只要肉足足的就行啦。"

大家吃过了,都已经站了起来,只有坐在尽边上的伊斯哈克一个人还没有动。不论喜宴、丧宴,不论请客吃酒,不论帮忙割麦,伊斯哈克都是不请自到。他是村里的头号"冻脚"。大家把一些厚脸皮的人叫做“冻脚”,是因为这些人到了冬天家家办酒席的时候,不等邀请就一家一家地跑,直跑得鞋子上总是离不了冰凌。而且不用说,鞋子上的冰刚刚在这一家的桌子底下融化,可是鞋子还没有干,就要去赶另一家的酒席了。伊斯哈克来了,撵倒是不撵,可是也不叫他坐上席。他也知道自量,懂得分寸。他都是坐下席,坐在尽边上。他这个又瘦又长、头小小的、脖子细得像擀面杖一样的人,却有一个很奇怪的外号——“皇家金库”。这“金库”的意思就是:一个劲儿地往里吃,可是骨头上又留不住油。他拼命地吃,既不知道饱,又不知道丑。当初是谁给他起的这个外号,谁也不知道。可是这个十分可怜、快到五十岁还是独身的人,在推翻了沙皇以后,还是一直叫“皇家金库”。他穿的褂子是用大花布做的。我们这里的娘儿们爱用这种布做枕头套,因为这是一种最便宜的布。我这里再超前说两句:伊斯哈克如果活到今天的话,就成了穿着最时髦的男子了。

且说伊斯哈克喝光了盘子里的蜜粥,又舔起了盘子底。

“怎么样,伊斯哈克,吃饱了吗?”我爹问道。

“没有,大哥,没有吃饱,只是垫了垫肚子。”伊斯哈克一面擦他那细细的脖子上的汗水,一面回答说。

“喂,伊斯哈克!咱们来打个赌!你要是赢了,我把自己的皮带解下来,送给你!”我们的红胡子亲家公赫斯马杜拉说。他在我们这一带是头一个喜欢打赌的人。有一次他在一个楚瓦什人的村子里打赌输掉了一匹马,自己就拉着大车回到家里。他宽慰自己的老伴说:“要不是打赌输掉,马早晚也要死掉的。”我们那傻乎乎的亲家母就高兴起来,说:“还是输掉好,要是死掉了,这样一匹好马才叫人心疼呢。”

伊斯哈克也不是头一次打赌了。虽然出场较量的都不是他自己，而是他的肚子。这会儿他也很快就明白了是怎么一回事儿。

“要我喝多少？”

“满满的十大舀子。”

“打赌啦！打赌啦！”大家闹哄哄地叫了起来，“喂，都来看呀！好汉子伊斯哈克出场啦！”

大家马上把两个打赌的围了起来。

“好吧，你把皮带解下来给我看看。”伊斯哈克说。赫斯马杜拉马上把皮带从腰上解了下来。皮带黄黄的，铜扣环大大的，红胡子亲家公的皮带真是一条呱呱叫的皮带！伊斯哈克接过去，在手里转悠了几下，仔细看了看。

“要是空着肚子，你这皮带能值十五舀子，就是二十舀子也行。可是现在，只能值五舀子，再多我不干。”

“九舀子吧！你们就赌九舀子吧！”有一个喊道。

“六舀子。”伊斯哈克说。

红胡子亲家公一下子把皮带从他手里夺了回去。这皮带可是他的宝贝。

“六舀子，我跟‘大肚脐’都不赌。”他用下巴朝我点了点。

亲家公呀，你真是的……你就找不到比我小的、比我不行的人了吗？我的右手一下子举到帽檐上。举起来，可是又马上放了下去。本来想把帽子朝地上一摔，打赌就打赌，可是觉得不好意思。不管怎么说，这红胡子老头儿是我们的亲家公啊。

“伙计们！现在伊斯哈克的肚子是饱的，能喝八舀子，就不错啦。”季麦尔拜瓮声瓮气地说。如果一只空桶从山坡上往下滚，发出的就是他这种声音。

其余的人都支持季麦尔拜的说法：

“八舀子正合适！八舀子也够他肚子装的。”

“伊斯哈克肚子里恐怕也还有肠子呢！”

“他连八舀子都喝不下。肚子还要胀破呢！”

“这一下子伊斯哈克不行了，输定了……”

显然，这些话都是故意说的，用的是激将法。

伊斯哈克“啪啪”地拍了拍自己的肚子：

“听天由命。胀破就胀破，可不能叫我丢脸。”他对肚子说。“你把蜜粥拿来吧，让我喝八舀子给你们看看。”

抬来一大桶蜜粥，拿来一把老大的舀子。

“老哥，你来舀，"伊斯哈克对季麦尔拜说，”你是个公正人，你手气好。”

大家都就地坐了下来，只有伊斯哈克一个人还站着。

“要是允许，我想站着喝……”他用恳求的目光望了望我爹。

“不行！”皮带的主人斩钉截铁地说，“要喝就得规规矩矩地喝。”

很明显，他说这话并不是真的为了讲究规矩。只不过是，如果站着喝，就能多喝一些。这红胡子鬼怕的就是这个。

“好吧，就照你说的。”伊斯哈克同意了。

他坐倒是没有坐，只是在大胡子跟前跪了下来。这会儿他很像一只马上要飞起的仙鹤。

季麦尔拜舀了一舀子。伊斯哈克喝起来。他慢慢地喝,甚至都觉察不出蜜粥在顺着他那细细的喉咙往里流。第二舀子他也是不慌不忙喝完的。等他喝第三舀子,大家就不满起来。

“喝得这样慢,当然要赢啦。”

“伊斯哈克,你好像是想喝到天黑吧?”

“这哪里像打赌?”一个姑娘很不满意地说,“就像没有娘的小牛在咂破布!”

“伊斯哈克,你这样慢慢腾腾的,还叫人打瞌睡呢!”

伊斯哈克对他们望都不望。但是第四舀子已经喝得快些了。第五舀子和第六舀子他一口气就喝了下去。他那大大的、凸凸的喉结在下巴和锁骨之间来来回回地移动着。这时候,所有帮忙的人都慢慢地走到伊斯哈克跟前,渐渐把他完全包围起来。要喝第七舀子的时候,伊斯哈克深深地倒了一口气。汗水先前是一滴一滴地往下滴,这会儿已经是哗哗地往下淌了。等他把舀子放到嘴上,就听见接连不断的、响亮的咕嘟声。他那花布褂子底下的肚子凸了起来,就像一个填得挺好的枕头。肚脐眼儿动都不动,哪里还有什么地方可以喘气呢?第七舀子他是分三次喝完的。喝完后,打了一个响嗝。

“倒一口气,”有人解释说,“地方就腾出来啦。”

但是,看样子,地方还是没有腾出好多。最后一舀子伊斯哈克喝得很艰难、很费劲。他喝是喝,可是蜜粥不往肚子里去。大家看着他,也都伸直了脖子,拼命吸气,好像在帮伊斯哈克喝。蜜粥还是越来越少了,先是一口一口地进了肚子,后来是一滴一滴地下去。总归是越来越少。等到了底,伊斯哈克就不再喝,伸出长长的白舌头,像猫一样舔了起来。舔干净了以后,他把空舀子向上一抛,然后又接住。没有一滴蜜粥滴出来。红胡子亲家公走到跟前,二话没说,把黄黄的、带着老大的铜扣环的皮带挂到伊斯哈克的脖子上。这样的皮带可是稀世珍宝。就在这时候,我这一辈子第一次也是最后一次看到"金库"伊斯哈克脸上浮起调皮的微笑。

"来吧,红胡子,"他说,"咱们再来赌一下子。"

"你说说怎么个赌法!"我们的亲家公劲头儿又来了。

"你要是敢当大家的面把裤子脱一脱,我再喝两舀子。"

大家又闹哄起来:

"红胡子,跟他赌,跟他赌!"

"嘿,伊斯哈克,好样的,有两下子!"

"撑撑劲儿,八舀子能喝得下,再有两舀子也能喝得下!"

"好啊,试试吧!"

"真不要脸!"有一个娘儿们吱吱叫了起来,"偏要这样来寻开心——丑死啦!"

"我同意!季麦尔拜,你舀吧!"红胡子亲家公再也憋不住了,"要是丑的话,怕丑就转过脸去。"

但就在这时候,得胜的英雄一只手按着肚子,朝麦堆后面大步跑去。不管是下午割麦,还是晚上坐酒席,他都没有出场。

但是,从这一天起,一直到他离开人世,他都没有离开过这条皮带。后来又把他和皮带一起葬了。据说,这是他死前唯一的嘱托。也许,他一生得到的最大的彩头、最高的奖赏就是这条皮带了……

可是，最值得看的打赌和比赛还在后面。吃过午饭以后，剩下的一片一片的黑麦都是大家在一块儿割的，帮忙的人很多，所以大家不再顺着割，而是横着割。已经快到傍晚了，所有的帮忙的人都来到最后一块麦地边，每个人相隔三步，成一条线排了开来。

穿白围裙的姑娘们、头巾挽在脑后的娘儿们、敞着怀的小伙子们、背上汗水淋淋而且衣服起了白碱的成年男子汉们，都把镰刀放在肩上，一时都没有作声。熟透了的黑麦地也静了下来，就像平静的湖面，在我们面前沉沉欲睡。好像这许多人就要从岸上跳下去，抡开胳膊，向前游去。

忽然，站在尼萨和哈姆萨中间的阿克云朵斯十分果敢地跨到前面。跨出去，又很快转过身来对着大家。她先是把绿缎纹布连衫裙的下摆撩了撩，把袖子挽到胳膊肘以上，把两条带银饰的长辫子围着脖子盘了盘，又系到背后。然后这才像抽刀出鞘一样，手一挥，把她那红把子的弯弯的镰刀从左肩上拿了下来。她的眼睛里流露出奇异的、至今在她身上没有见过的豪迈神情。那总是在笑的好看的嘴唇，现在闭了起来，而且不笑了。

大家都在等待着，阿克云朵斯也站着，微微叉开双腿。好像很多时间过去了，有一会儿，我都觉得这一切好像是在梦里。不是的，眼前这都是现实。现在站在田埂上的标致的新媳妇，以后还要多次进入我的梦里。她在我梦里依然是这样站着：有时是在高高的悬崖尖上，有时是在汹涌的瀑布边，有时是在熊熊的烈火中。她一举起她那弯弯的镰刀，准备跳到悬崖，跃入急流，投身烈火，我就要醒来。只是要在醒来后，她那红把子镰刀还要像告别一样闪一阵子。所以我一醒，就高兴得不得了。

也许，我的一些梦不是毫无意义的，也许，阿克云朵斯过的日子就像这些梦……

且说，大家都十分惊异地看着：这个一向从容镇定、性情高雅的新媳妇究竟想干什么呢？所有的眼睛都盯着阿克云朵斯。只有哈姆萨不是睁大了眼睛，而是张大了嘴巴注视着这一场面。

“在我们那地方，男子汉不是比吃喝，而是比干活儿。”阿克云朵斯说。她的声音又像原来那样柔和而清脆，既不激昂，又没有什么顾虑。“谁有胆量？不论哪一位男子汉，勇敢点儿，出来跟我较量较量。喂，谁出来？”

大家都站着，没有作声，不知道怎样才好。阿克云朵斯又说话了，这一次带有激将意味了：

“难道这个村子里没有男子汉吗？”

我不自觉地用眼睛去寻找马拉基姆。他站在田埂的尽头上，是这一行列的头一个。我真想对他吆喝起来：“她是对你说的呀，就是对你说的！你还犹豫什么？”

“哈姆萨，你去，”我们的红胡子亲家公说，“既然是这样，你就出去跟老婆较量较量吧，证明你是男子汉。”

“去吧，哈姆萨，去吧！”其他的人都跟着说。

“红胡子说得对，就让哈姆萨跟她较量较量！”

“咱们来看看，谁高谁低！”

“下一次再看吧，”哈姆萨嘟哝说，“自己的老婆嘛，不用较量我早就叫她服了。没什么好较量的啦。”

“伙计们，咱们全村要出丑啦！”我们的火性子亲家公着起急来，“我本来想自己出去，可是镰刀不快，割起来很不得劲儿。镰刀不快，是割不了很多的，难道除了我，就没有有种的人了吗？”

马拉基姆不慌不忙地顺着田埂走过来，站到阿克云朵斯面前。他来到跟前，别的男子个头儿显得矮了下去，身子瘦了下去。所以，那些爱面子的男子，都尽量不在他跟前转悠。可是，小巧得像鲑鱼一样的阿克云朵斯，跟这样的壮汉在一起，丝毫不显得慌张，没有变矮小，甚至好像长高了。真是怪事！

“我来比一比！”马拉基姆说，“穆尔塔萨，你给每个人量出三步宽！”

这时候我才又看了看阿克云朵斯。她的腮上又浮起很熟悉的两片红云，很快又飘走了。

“你赢了，给你一吻；你输了，就丢了男子汉的名声……”输掉了皮带的亲家公用歌子里的话说。

“男子汉的名声可不像皮带。输掉了，就没法换新的了。”有人挖苦他说。

“常言说，英雄难过美人关啊，”马拉基姆忽然振奋起来，“听天由命吧。输给阿克云朵斯，也是光彩的，我要当做奖赏。”

“马拉基姆，恐怕不能算很大的奖赏。”阿克云朵斯说。她那好看的嘴上掠过一丝微笑。

“该怎样，就怎样吧……”马拉基姆好像也微笑了一下。可是他那一双蓝眼睛还是露出忧愁的神情。他从肩上拿下镰刀，目光也活跃起来。“阿克云朵斯，咱们就这样定啦！你有热乎劲儿——我也不会凉……”

马拉基姆这一下子说得多妙啊！这话的意思我是很清楚的。我想，别人是领会不到的。大家都争先恐后地商量起比赛的条件。

“割下来的麦子由各人自己捆吗?”尼萨大婶问道。

“自己捆，自己捆！”

“让他们割下来，马上就捆！”

“不！不！让他们先割完，然后再来捆。”

“哎，大家伙儿！他们觉得怎样方便，就怎样干好啦！”

“随他们怎样干！反正看谁先捆好最后一捆！”

这时候我大哥穆尔塔萨在田埂上量出两个三步，在三个点上用麦秆子打了三个结，分成两个等份。然后又走到对面田埂上，在那一头做了三个同样的记号。其余的男子将所有的缰绳接起来，接成三条能拉到对面田埂的绳子。按照所做的记号，把三条绳子从这头拉到那头。就这样公平合理地分出了同样大的两长条麦地。

眼看着就要开始了。我倒不替阿克云朵斯担心。谁都知道，她割麦子是最快的。我替马拉基姆担心。不错，他也是个能干的汉子，干活儿样样在行。编起篱笆，篱笆就像姑娘们挑的花边那样好看。堆草垛，草垛又整齐，又光溜，就像教堂的圆顶。他做的和他油漆的护窗板，老远就惹人注目。就是他从树林里拉木柴，也不随便乱装，而是摆得齐齐整整，十分好看。他拉起手风琴，更用不着我说，我们这一带的人都听到的。可是他割起麦子又怎样呢？要是阿克云朵斯输了，那不算什么，她是女的嘛。可要是马拉基姆输了，全村就丢脸啦。啊呀，这是好玩的吗？可是我心里有个小小的捣蛋鬼在鼓捣我，偏要叫我希望阿克云朵斯赢。为什么女的就应该光是输呢？

"好啦，开始吧！但愿输了的别哭鼻子！"我爹祝福说。

阿克云朵斯和马拉基姆在中间一条绳子的两边紧挨着站定了，这两个人在这黄黄的湖水中是互相往水底推呢，还是互相救援？我替他们两个担心，因为他们是我的人，我保留着他们的秘密呢。这秘密我再也不想告诉人了。这事儿只有我知道，再就是我大娘知道了……可是他们为什么紧挨着站呢？每一个割麦的人都应当各自站开呀，因为割麦都是从右向左。这个马拉基姆可真怪，站在反手，连左右都不分了。别人会笑的呀！我真想喊一声，提醒提醒他，但是没有喊出来。

"阿克云朵斯，你先开头。"马拉基姆说。

阿克云朵斯挥了挥镰刀，割了一把。然后一把一把地割下去……镰刀在她右手里飞舞着，快得叫人看都看不见，只见寒光闪闪，一把一把的黑麦随着镰刀的节拍，转来转去地跳着舞，自动地往她左手里跑。等到割满一抱，她就用镰刀拢住靠近麦穗的地方，放到后面去，放好了，又往前割。弯弯的镰刀又飞舞起来，一把一把的黑麦跟着镰刀又跳又转，舞了起来。阿克云朵斯每割一行，只需一眨眼工夫。只能听到系在背后的两条辫子上的银饰有时丁当响上几声。脸是看不见的。头抬也不抬。头好像在往地里钻，一个劲儿地钻。她已经不是把一棵一棵的黑麦抓成把，不是往手掌里搂，而是一棵一棵的黑麦自动凑到一块儿往她的手掌里跑，手掌只管张开又合起就行了。那寒光闪闪的镰刀飞舞得上了劲儿，舞着舞着就发起疯来。以后想停下来恐怕都离不开，可是眼睛还是非离开不可。因为旁边还有一个人呢。

我现在才明白,马拉基姆原来是个左撇子。他用他那大得像马刀一样的镰刀,一大把一大把地朝相反的方向割去。他那像木锨一样的大手真不得了,一搂就是半捆。他的动作慢一些,可是一下子就是一大抱。哎呀呀,简直是阿尔帕梅什!

他们很少在中间的绳子跟前碰到一起。即使碰到一起,也只是一下子,每个人又各自朝不同的方向割去。两个人都不抬头,彼此都不看,只是碰到一起又分开。也许,不看还好些。马拉基姆的白褂子已经湿了,粘到了背上。先是湿了小小的一片,就像树叶子那么大,后来整个背上都湿了,一直湿到裤腰带。阿克云朵斯背上一点儿没有湿。这很好。但愿以后也不要湿。这样漂亮的女子,出一身臭汗,才不相称呢。我一看到我家骒马跑得浑身是白沫,就觉得心疼。

一直到割到一半以前,他们都齐头并进,你一把我一把,你一镰我一镰。但是再往后,阿克云朵斯就开始超过马拉基姆了,先是超前一步,后来两步。

在这以前一直屏住气观看比赛的人们,有的高兴起来,有的担心起来。有些人给阿克云朵斯打气:"嘿,新媳妇好样的!新媳妇简直是宝贝!""这个不说话的哈姆萨真走运……""好好心疼她吧,胡獾!"这"胡獾"是哈姆萨刚得的新外号。

另外一些人就催促马拉基姆:"喂,你就像拉手风琴一样,把键子按快点儿嘛!""你要是输了,就丑死啦!""伙计们,别着急!狗熊慢慢腾腾,可是就这样都能逮到狍子!""这狍子没有尾巴,你抓不住!"有人也说了下流话。有人哈哈大笑。尼萨大婶忍不住了，两手叉腰，走过去站到说下流话的人面前。

“下流东西！无赖！浑蛋！这样好看的场面，应当好好看，一声不出，就像听赞美歌一样。可是你们这几条叫驴，却张开嘴拼命地叫！你们这些浑蛋，多少用点儿心看看嘛！”她的声音忽然柔和起来，脸也放光起来。“这是天大的盛事！可不能看坏了！这是美和力气的比赛。这样的盛事一辈子只能看见一回，就连这一回还要有福气才能看见……应当仔仔细细地看。可是你们这些不要脸的，就像挑着狗打架一样！”

在尼萨大婶说这番话以后，比赛就好像发出了另外一种光，有了另外一种意义。“这是美和力气在比赛！……”这两者哪一个能赢呢？大家都静了下来，好像是在听赞美歌。

“狍子”还是那样，两手不住地挥舞着，像变戏法一样把一行一行的黑麦割倒在地，已经快到地头了。她十分专心地变着她那迷人的戏法，好像这世上只有她和这一片黑麦地。马拉基姆也老鹰扑打翅膀那样，把一大抱一大抱的麦子往背后直摔。阿克云朵斯把最后一把割到手，滴溜一下转过身来，朝后面望了望。马拉基姆还有一丈长的一段没有割呢。

但是比赛并没有结束。谁先捆好最后一捆，才能算赢。现在阿克云朵斯动手捆了，要搓好草绳，勒紧，捆结实，这才把捆子往后面推。她捆的麦子像一个个的洋娃娃，四面都紧绷绷的，好像还在笑哩。可是马拉基姆干这种活儿更是拿手。虽然他开始捆要晚得多，可是快到一半的时候他就撵上了阿克云朵斯。不错，他捆的捆子要大些。捆子大，捆的麦子就多些，捆起来就快些。但是马拉基姆并不拼命往前赶，也许他在想：“我的手像木锨一样，劲大嘛。”所以并不过分用劲。可以说，他们是同时捆完的。快到结束的时候，马拉基姆本来超过阿克云朵斯两三捆，可是她一下子就赶了上来。在四五十双眼睛前，他们谁也没有弄虚作假，谁也没有糊弄谁。

现在过了这么多年，我是这样想的：阿克云朵斯在开始比赛的时候，大概就想到：如果自己赢了，马拉基姆就要叫人笑死了；如果自己输了，自己也很丢脸。看样子，她希望，至少不能对马拉基姆无情，不能让马拉基姆跟自己疏远了。也许，不是这样……女人的心是无底的深渊，谁又知道那深处是什么呢？

只见阿克云朵斯捆好最后一捆，举了起来，朝马拉基姆扔去。那捆麦子落到他的肩上。也在捆最后一捆的马拉基姆连头都没有抬。他走到阿克云朵斯跟前，把自己的老大的一捆放到她面前。然后垂下头，一声不响地站着。阿克云朵斯的唇角又浮起那种诡秘而迷人的微笑。她先解开辫子，把辫子甩到后面，放下撩起的连衫裙下摆。然后才对直地望了望马拉基姆的蓝眼睛，说：

“你真是个男子汉，马拉基姆……”

长长的一口气，驱散了“听赞美歌”的那种宁静。这口气是大家一齐出的，是松了一口气，好像大家都赢了。轻松的舒一口气，很痛快。

“他们简直不得了！真有两下子！”我们的红胡子亲家公赞叹说。

“至少,他们谁也不比谁差。”一个年轻媳妇说。

我爹走过去,站在马拉基姆和阿克云朵斯中间。大概,他有十分要紧的话要说。他攥着下巴胡,一直攥到胡子根。他一些最精辟的话,都是这样从胡子里攥出来的。

“你们两个都赢了,”他说,“赢得很漂亮。赢得漂亮,奖赏也应当是很漂亮的,可是我没有这样的宝贝。你们年轻、能干、漂亮。你们每个人得的奖赏就是你们自己。你们为我家这次请人割麦增了光,争了气。这件盛事我们很久都不会忘记。谢谢你,侄媳妇!谢谢你,马拉基姆!”

瞧吧,我爹说得多有意思!这是什么,是感谢,是赞许,还是钦佩?可是我听出我爹的话是鼓励。算了吧!我怎么老是这样——别人没看见;别人没听出的,我偏偏能听出来。我是不是有点儿神经错乱啦?

然后大家又顺着田埂割了开来。我还没来得及眨眼睛,一小块地就割完了。我们收麦子到这里也就结束了。诸位听到过谜语:“小驼子,弯弯的腰,一下子把田野抢光了。”那么,这就是谜底了。

在晚宴上,大家在院子里草地上铺的一张张地毯上坐下来的时候,马拉基姆和阿克云朵斯也在一桌席上面对面坐了下来。我坐在敞棚顶上,什么都能看见。马拉基姆不吃也不喝,一个晚上光是拉手风琴。他拉得多么动人啊!以前他还从来没有这样拉过呢。一会儿,像是有一种无形的温暖的光照射我的胸膛;一会儿,又像是有一股烈火钻进我胸中,把我胸膛烧遍。我的心一会儿高兴得直颤动,高兴得要飞起来;一会儿难过得在喉咙边突突地跳。悲伤的调子使我憋得喘不过气来。完了,就要完了,憋得要死啦!……可是一阵轻快的调子传过来,又把我救活了。

放在翻过来的木碗上的油灯光线非常暗淡,我看不清马拉基姆那俯着的脸。阿克云朵斯完全背对着我。但是我能看见他们常常对看几眼,有时带着期望的神情,有时带着悲伤的神情(这又是一件怪事:我的眼睛看不见,可是我看见了)。阿克云朵斯听着这手风琴的哭声,好像就要忍不住了,眼看着就要跳起来,火一样的感情就要迸发出来。有人想跟着手风琴唱歌。但是今天谁也合不上手风琴的调子,就像公鸡在跟着夜莺唱。

忽然马拉基姆拉起一种缓慢、悠长、至今在我们这里还没有听见过的调子,拉完了,又从头开始。这时候,使大家吃惊,阿克云朵斯用她那美妙、柔和的声音唱了起来。我们感到吃惊,是因为一年多来我们还是第一次听见她唱歌。我们这里的人是喜欢唱歌的。甚至有些人说话都怕丑,唱歌却很大胆。不管嗓子好不好,张开嘴就唱。

阿克云朵斯唱得多么好听,多么动人啊!就连那些快要喝醉了的男子汉,本来只顾唠叨自己的,根本不听别人的,可是现在也都静静地听了起来。阿克云朵斯的歌声在夜空中慢慢飞了开去,就像人字形的雁群,在朝很远很远的地方飞。也许这飘荡在异乡的歌儿,在朝焦马河上游的家乡飞,想飞回自己的窝儿?就让它飞吧。

世界上什么样的声音都压不倒、阻挡不住她的歌声。可是,听,那歌声没有一去不返,又回来了。我在棚顶上全看见了。

姑娘的手涮洗情郎的衣裳，
涮呀涮呀，就好比抚摩情郎，
整夜里心儿在燃烧，在悲伤。

美丽的阿克云朵斯唱了一阵子，然后，垂下头，一动不动地坐了老半天。在阿克云朵斯来我们这里度过的岁月里，这是她唱的第一支歌，也是最后一支，后来任何时候任何人都没有听到她唱过歌。自己的痛苦与欢乐，她都没有用唱歌来迎接或送走。

阿克云朵斯唱过歌以后，宴会上就没有什么带劲儿的事了。不知为什么，再唱歌也唱不起来了，合不上手风琴的调子。大家慢慢散去。醉得厉害的又坐了一阵子，出了各种各样的洋相，后来也各自回家了。热热闹闹的一天结束了……

天蒙蒙亮，马拉基姆就离开了村子。他揣上一大块面包，背起手风琴，就上路了。他对老婆说："我出去找活儿干，一时不会回来。"马拉基姆在秋天和冬天常常出去找活儿干，所以他老婆不觉得稀奇，只说："好吧，希望你平平安安地回来，剩下的麦子我自己能割。可是，你不要一去就不见影子，我怀着孩子呢……"黑脸尤马古尔的老婆隔着篱笆连这样的详情细节都听到了。后来马拉基姆好像不是走大门到街上，而是从仓房后面出来，从菜园里走的。他在加利亚姆老汉家房后站了很久。站呀，站呀，然后转过身去，朝草甸子上奔去，好像再也没有回头朝村里望。这些情形又是谁看见的，是谁注意到的呢？……

过了一个星期，又过了一个月。村子里除了麻雀和乌鸦，什么鸟儿都没有了，许许多多的鸟儿飞到温暖的地方去了。一条条金色的蛛丝在空中飘着，为温和的初秋生色不少。

可是既没有收到马拉基姆的信，也没有听到他的消息。不过在冬天即将来临，大家都在杀鹅，村子里鹅毛乱飞的时候，好像来过一封很短的信。信里说他身体健康，并嘱咐即将临盆的老婆："如果生的是儿子，你就随便取一个名字；如果生的是女儿，就叫阿克云朵斯吧。"老婆没有违背丈夫的嘱咐。在一月里一个风雪天，生下一个女儿。她就依从丈夫的愿望，取名阿克云朵斯。据我所知，这已经是有现成的名字在等着的第二个孩子了。如果诸位还记得的话，那第一个就是黑脸尤马古尔的孪生儿子当中先出世的那一个。不用说，小阿克云朵斯也是我大娘接生的。但是如今这号事儿我已经不参加了。

我们每天都看见大阿克云朵斯挑水、饮牲口、劈柴，有时她因为什么小事来找我嫂子比卡。她还像过去那样，又安详，又和蔼。但是过去那种使人心醉的笑，却不知跑到哪里去了。阿克云朵斯好像曾经十分秘密地对一个最可靠的心腹女友(既然大家都知道了，就算不上多么可靠了)这样说："他所以要走，大概是以为可以一走了事，免得我们都痛苦……可是实际上不是那样。结果比原来更难受，更痛苦。满肚子烦恼无处说，胸膛里揣着的不是心，是一块火炭。还要忍受多久，我不知道……可还是得忍受。尽管人还要活着，可是心要死啦。"也许，她没有说过这些话，是别人替她说的。但这不是责难她……好像阿克云朵斯还这样说过："有时候我咒骂他胆小，可是我马上就后悔了。过后我就很害怕，怕我咒得他倒霉。我就哀告上天，保佑他吧，保佑他吧……"这就是痛苦万分的阿克云朵斯胸中泄露出来的秘密。秘密的翅膀是飞得很快的，既然出了笼，转眼工夫就飞遍了全村。那翅膀上也有一根羽毛落到了我家。但是我家没有说过阿克云朵斯一句闲话，没有表示过任何一点不好的意思，还是像过去那样喜欢她，甚至比过去更喜欢，更同情她了。

有一天，阿克云朵斯来到我家，她跟我嫂子比卡在帷幔后面坐了很久，说了老半天话儿。这一次我觉得她特别忧愁。后来我嫂子出去送她。房里只剩下我和我大娘。等房门一掩上，我大娘就忽然深深地叹了一口气，这口气还带着颤声，就好像有一团火在心里烧。

“大娘，你为什么叹气？”我问道。

她一声不响地向窗外望着，朝远处看了老半天。然后转过身来，对着我的眼睛看了看，说：

“你已经满十三岁啦，快要长大成人啦。又念过书。我说的话，你大概能懂。你听我说……小孩子从娘肚子里生下来，还只是人的一半。我每接下一个好端端的孩子，胳膊、腿都齐全，眼睛、头都端正，我就操心起来，心想：‘唉，可怜的孩子啊，你将来能不能彼此找到你另外一半呢？但愿你能找到……’如果不幸的人们不能彼此找到，不能结合到一起，那就像这无数的星星，晃来晃去，对大地不住地眨眼睛，可是彼此见不到。连老天爷都无法使不幸的人结合，要不然人世间就不会有这么多孤独的人。就像阿克云朵斯和马拉基姆……两人一半应当合成一个人。他们没有及时地相遇，现在就心神不定，相互盼望又遥遥无期，所以十分苦恼。”

虽然我已经“快要长大成人啦”，可是我大娘说的话我还是理解不透。进了我心里,可是进不了我的脑子。

只是过了很多年以后,为千百个人不幸的命运伤过心,经历过自己命运中的风风雨雨,一生都想弄个明白、但是终于失去信心的时候,我才明白了这番话的可悲的内容。在这以前,心还要破碎几十次,又几十次愈合……

但是不能说,我大娘的话我一点儿都不明白,我还是有点儿明白的。我已经张开嘴想问问她她自己的一半,但是我憋住了。幸亏及时憋住,要不然的话问得才蠢呢!我明明看见,我们是一个爹,两个娘。谁是整的,谁只有一半,这事儿能分得清吗?全混到了一起。就连孩子们的来历也各不相同。我大哥穆尔塔萨是我大娘最小的儿子,最后生的一个。我大娘的大女儿就是盖尼卡玛尔大姐,嫁在赛拉诺夫村,她跟我小娘同岁,跟小娘很要好。我二哥萨里赫是我小娘的儿子,他的亲爹死了。他在我们家算是半个孤儿。所以别人出了错就挨骂,萨里赫出了错往往就没事儿,都心疼他。别人都是该挨骂就挨骂。所有这一切,不用说,我知道才不久。

可是,看样子,我大娘还是发现我的嘴动了动,就说:

“喂,你问吧。你想什么,就说出来。”

我已经留起头发,自己买了个红红的小梳子,冬天围起了青绿色的绸围巾,穿起了长筒毡靴,晚上常去俱乐部,也常去擀呢子的地方坐坐,上衣口袋里装着共青团团证。当初看不上我的那位姑娘,现在主动地跟我接近,不过我没有动声色。我对爱情已经失去兴趣,而是一头扎进社会工作里。我在学校里的大会上常发表慷慨激昂的演说,常为墙报写关于阶级斗争的文章。但是我一到我大娘跟前，就又成了小孩子。

“不是的，”我喃喃地说，“没想什么……”

“不要骗我。你是想问我的一半。”

我的头发都竖了起来。我大娘难道是个女妖？

“我来回答你的问题。我们人往往对自己不如对别人那样了解，对自己的好坏不如对别人的好坏那样清楚。别人的生活好像是在野外的空地上过的，自己的生活好像是在黑魆魆的树林里过的。我从来就没有理清过我的许多想法和我的许多伤心事的线。我在我的树林里糊里糊涂地走……

“不错，你爹是个很好的人，但是他不把我当做他心爱的那一半。这也不能怪他。看起来，是我配不上他。

“那时候我已经是个老大的姑娘。我们家里穷，我爹却不贪财，不肯糊里糊涂、随随便便把我嫁出去，一切由我自己做主。起初我等着，希望有称心如意的，所有上门的都回绝了，后来媒人就不上我家门了。就这样一直等到二十四岁。我们村上待嫁的姑娘当中，除了缺胳膊少眼睛的，再没有比我年纪大的了。有一天，有一个干瘦的老头子带着一个挺拔的小伙子来到我家。那老头子就是你爷爷，那十七岁的小伙子就是你爹。我浑身就像小树一样哆嗦起来，一眼就看上了他，心想：‘我心目中的人这一下子可找到了！’可是我马上就明白了，他是不会把我当心上人的。我心里十分难受。我担心的事后来就应验了。他没有把我当心上人。不光是我，他也很痛苦。

“我们都还年轻的时候，割麦时节我们常在橡树冈上过夜，有几次夜里我爬起来朝我们那村子跑。跑呀，跑呀，天快亮的时候又回来了。跑过了，心里多少要平静些。就这样跑了三四次。有时孩子在摇篮里醒了，你爹就起来，在田野上到处找我，唤我。我回来，他就像没事儿一样，只是说：‘躺下吧，多少睡一会儿……’我就哭，哭着说：‘既然你心里不喜欢我，为什么要娶我？为什么你当时不转身就走？’他不作声。只是过了很多年以后，他才这样回答我多年的问题：‘我是怜惜你，所以娶了你。恰好就在那年夏天割草的时候，我无意中用镰刀砍掉了一只鹌鹑的两条腿。那可怜的鹌鹑扑打了两下翅膀，就歪倒了。又抬了抬头，带着责备的神气看了看我，好像说：你这人好心狠啊！我难受极了。我第一次看见你，觉得你就像那只鹌鹑。就怜惜起来。’他也不欺负我，也不虐待我，但是一直不把我当心上人。我和他合不到一块儿，没有成为一个心。这并不是因为我比他大，不是因为脾气不一样，也不是因为头脑和性情各不相同。我们不是一对儿——道理就在这里……各人过日子有各人的凭仗。但是有一种凭仗是大家共同的，它是每个人终生的支柱，它能为所有的人驱除灾难。这种凭仗就是爱情（我大娘又像以前那样，抚摩起我的脸）。等你第一次用小手搂住我的脖子，我心想：‘现在我在这世上活下去，就不可怕了……’”

马拉基姆不知是怀念家乡了，还是猜想到家乡的人在怀念他，这我们不知道，反正化雪开始流动的时候，他回到了村里。我说想家乡，不是空说的，一个人有了抱负，有了痛苦，往往会离开家乡，又往往因为怀念家乡回到家乡。这是后来我多次亲身体验到的。

这一次马拉基姆穿着黑黑的深筒靴，跨着大大的步子，在众目睽睽之下，在大街上走着，从上街头一直走到下街头。不管是趴在窗口的人，不管是站在门口的人，都朝着他的背影看了很久。他碰到人，都带着微笑十分亲热地打招呼，但是不管碰到谁，他都没有站下来，没有叙叙自己的情形，也没有问问别人的情形，只顾走。虽然背上的包不大，他腋下的手风琴可是我们以前没有见过的。城里人，他是城里人啦。那穿戴，那气派，都不同啦，连手风琴也是大的啦。

每到太阳有了暖意，一道道的化雪水在街道上开始流起来，大家都要把篱笆边的积雪铲出去，尽可能扔远些。每个人都希望春天快点儿来到自己家。马拉基姆从街上走过的时候，我们这些半大小伙子就是在干这事儿。大家都像看到一辆汽车开过一样，一齐拄着自己的木锨，愣住了。他走到加利亚姆家门口，头微微向右转了转。也许是一只脚踩滑了，身子好像摇晃了一下。可是不论怎么看，不论怎么瞅，阿克云朵斯已经不在里面了……哈姆萨分出去了。就在这个星期，他们搬到了沟那边啄木鸟街上。在我们家门口可以看见他们的房子。

马拉基姆回来，全村的人好像都很高兴。他不在家，乐趣不知为什么就少些。在他回来之前，大家过的日子没有什么特别的变化。只是村苏维埃主席换了。以前的主席塔什布拉特去年秋天从磨坊里回来的路上，迷迷糊糊地从车上跌了下来，成了残废。后轮子压断了他的脊梁骨。不可能是因为喝醉了，因为他从来不喝酒。大家都觉得十分惊奇，都说："人有旦夕祸福啊。"塔什布拉特因为脊梁骨断成了两截，现在是拄着拐杖、拖着两条腿走路了。但是快到春天的时候，他还是做了一副十分漂亮的栅栏，竖到萨米古拉的坟上。就是说，他的木匠活儿做得还不错呢。

但是恰好就在马拉基姆回来的那些日子里，村子里忽然乱腾起来，到处闹闹嚷嚷。有些人开心，有些人难受，有些人顾虑重重。不论哪里，都在争吵，不论什么人，都在辩论。俱乐部里天天在开大会，有时要到天亮时才散。

大事情来了——开始报名参加集体农庄了。

我们家里吵得也相当厉害。我大哥穆尔塔萨死活都不参加集体农庄。到末了，他带上他应得的牲口和家产，分了出去。我嫂子的眼泪也感动不了这个犟头。他说："跟'懒蛋'杜斯麦特和'金库'伊斯哈克拉一个套，跟他们配对儿，我才不干呢！"他把帽子往地上一摔，"我只是干活儿的人。要是让像我这样的一些人单独搞一个集体农庄，我举四只手赞成。你们来搞这样的集体农庄好啦！"（顺便说一说，不论在那一年，不论以后，都没有为我大哥建立特别的集体农庄。他单干了一两年，日子越过越穷，后来还是进了集体农庄，用他的话来说，就是进了只有我们这些缺心眼儿的人才进的农庄。后来他甚至成了生产队长。）

在我们家争论最激烈的时候，有一天，我们的又和气、又厚道的斜眼睛姑父卡里穆拉来了。他那斜眼睛里汪着泪水。

"我家祖祖辈辈都没有马，现在我有了。这会儿我怎么能把这唯一的家产交给别人呢？这就好比把大伙的老婆赶成一群。老婆完蛋就完蛋好啦！马完蛋可不行！谁要是从马脖子上拔一根毛，我和他拼了！"他把拳头向上一扬，打翻了吊在顶棚梁上的煤油灯。他从头到脚，溅了一身煤油。

"算了吧，妹夫，"我爹说，"别发火啦，要是再发火，你身上的煤油就要烧起来啦。”

“烧就烧好啦……”他把手一摔，坐到板凳上，又说：“以前没有马，也没有操心事。看起来，马不是马，简直是惹祸精。”

“那你就把马交出去好啦，交出去就不操心啦。”我爹出主意说。

姑父高兴起来，说：

“也许，当真该这样办？大哥，说老实话，我没有马过了一辈子，也没有死掉。再说，你妹妹养牲口也没有多大的热心。因为孩子已经够多的啦。就像苹果一样，一个一个地直往下落。”

“这么说，你过得很富裕啦，简直好极啦……可是你还来这里抱怨呢。”我大哥穆尔塔萨挖苦他说。

老实的姑父不懂得这是挖苦。

“穆尔塔萨，你说得对，是没有什么好抱怨的，”十分随和的姑父马上就应声说，“一家人都好好的，没有缺胳膊少腿的。”然后又转身朝着我爹说：“你处事比我有头脑，我赶不上。这么着，我主意定了，把马交出去。就是不该把灯打破，怪我太莽撞。”

关于我姑父的随和和轻信，还有一些故事呢。我姑姑年轻的时候，有一天傍晚在胡同口篱笆旁边跟一个浪荡子说话儿。我姑父亲眼看见了。等我姑姑回到家里，他就想着找她的茬儿。我姑姑不客气地说：“简直是胡扯，根本没有这么回事儿。”

“是我亲眼看见的嘛，是这样嘛。”他差点儿哭了出来。

“别相信你那眼睛，要相信我的话！你怎么把你的斜眼睛看的比我说的直话都可靠？怎么这样糊涂？”

我姑父一下子就哑口无言了。他倒不是怕老婆骂，而是因为认识到自己错了，觉得不好意思起来。

“天太黑了嘛，”他辩白说，“连我自己都觉得靠不住。心想，这是谁呀，说话的声音怎么跟我老婆一样？果然不是我老婆。”

我姑父把刚买到的马牵回家来的那一天，一条街上热闹极了。他没有把他那身子短短的、毛蓬蓬的小红马一下子就牵进栏里，而是拴到院子里的篱笆桩上。谁要看，就看个够吧！这个更像驴子的畜生把老大的头放在篱笆上，接待观众接待了一整天。但是它见到人不弯脖子，不巴结人，保持着自己应有的气派。这出戏的高潮，是在一条不要脸的野狗跑进院子的时候。我姑姑抓起一根棍子就去撵狗。那狗龇了龇牙，没有朝外面跑，却朝栏里跑去。骑在篱笆上的我姑姑的小儿子萨基杜拉吆喝起来：

“妈妈，妈妈，听我说嘛，你骑上马撵狗嘛！骑上马去撵！不骑马你可撵不上！”

我姑父拿定主意要亲手交给农庄的就是这样一匹好马。后来就交去了。

我爹向来不肯跑到别人前面，也不落在别人后面。从容不迫，不快也不慢，所以才叫做“中农”。现在也是这样。他不早也不晚，跟大家一起进了集体农庄。把我家的灰骟马、一个吊罐、一张铁犁、一张耙、一辆大车和一张爬犁都交了公。这还是我们老早在一次喝晚茶的时候决定的。在一起商量的还有我大娘和小娘、我和我二哥萨里赫，就是说，家里所有的成年人都参加了。

加入集体农庄的所有家主及其家属的完整名单，公布在村苏维埃里面。马拉基姆及其家属的是第七位，阿克云朵斯和哈姆萨是第二十四位,我们家是第十三位(我的名字写得特别清楚,特别漂亮)。我不由自主地注意起那两个人,就再也摆脱不掉了。在任何大事情当中,我都把阿克云朵斯和马拉基姆他们两个摆在一起。在我的头脑里,他们早就成了一对儿。我心想,唉,他们要是能像我想象的那样,真的永不分离,那有多好啊!要是照我的意见办,我就叫哈姆萨去把马拉基姆换出来!我要纠正过去做的不公正的事,让每个人各得其所。虽然我不是神仙……要是好好想一想的话,那我就是拆散家庭,捣人家的窝儿。这么干不仅要挨骂,还要犯法呢。

但是,他们两个在一块儿,他们排在一张名单上,我总可以赞成吧。他们两个活在世上,在我心中就好比串在一起的两颗念珠儿。后来他们之中的一个死了,也还是这样……到那一天,春水还要漫出河岸又回到河里多少次,鸟儿还要歌唱多少年呢……

阿克云朵斯和马拉基姆真的在一块儿,后来我只看见过两次。

七月里,鸟儿在唱歌,唱的是快到收场时候的歌。几乎全农庄的人都来到乌斯曼森林空地上割草。黑麦已经熟了,也要收割了,所以草要很快地割好。姑娘们在搂草,我们这些半大小伙子就骑着马用拖子拖草,男子汉和娘儿们都搭配开来,一个男的配一个女的,帮我们装草,年纪大些的男子就堆草垛。"我那两个人"就在尽边上一片赤杨树棵子跟前装草。马拉基姆用草叉往上装,阿克云朵斯跟在他后面用草耙搂底。他们两个专门给我和哈米季扬装草。我们轮流跑到他们跟前去装,我跑得特别快。我很喜欢看到他们在一块儿。那种使人心醉的微笑,一整天都没有离开阿克云朵斯那薄薄的、好看的嘴唇。只有一次,消失了一小会儿,又重新浮现出来。

马拉基姆差不多一叉子就要叉起半堆。他的蓝眼睛放着光,他高高兴兴地干着,哈哈笑着。他简直有无穷的力气!我在马上转来转去,反正眼睛不离开他们。我知道这样不太好,可是我不能不看。整整一堆草已经装上了拖子。这时候马拉基姆忽然抱起阿克云朵斯,扔到草上。我的马吓得跳了起来,朝旁边一蹦,我像个陀螺一样飞到地上,马撒腿就跑。阿克云朵斯一下子压到我身上,她大概是从草上滚下来的。就在这一刹那间,蓝蓝的天幕开了,星星在高高的天际亮了,其中有一颗白白的。我就是在朝这颗星飞去。飞着飞着,就看见天边浮起微笑……我从这不中用的马身上一下子飞得多高啊。阿克云朵斯跑了下来,抚摩起我的头发。

"鬈毛头,没有跌坏吧?"

我幸福得话都说不出来了。她害怕了:

"你哪儿疼?"

她在抚摩我的时候,眼睛里露出十分忧愁的神情。我躺在地上,摇了摇头。

"噢呀,我都吓坏啦!"她叫道。

"哪儿也不疼。马又矮,离地面又近。"我说着,坐了起来。不过脊梁骨还是疼得很。

就在这时候,马拉基姆拉着受惊的马的笼头来到跟前。看样子,马没有跑远,连拖子上的草都没有翻下来。

“真胡闹，”阿克云朵斯嗔道，“这样会把人摔伤的。差点儿两个人都摔伤。”她又抚摩了几下我的头发。

我站了起来。这一次马拉基姆把一个成年女子像抱小孩子一样抱了起来并且扔到了草上，我没有觉得不对头。相反，我倒是很喜欢。

可是，马拉基姆为什么当着我的面就干这种事儿呢？怎么，他没有把我算成一个人？还是把我算成了自己人？是的，应该往好处想。他不可能把我这么大的小伙子不算人……他们应该感觉出，我怀着一片好心为他们守着秘密。别说是人，就连有的马都能觉察出人对它的好心。

我们整了整拖子上的草，哈米季扬便跑来了。又照常干了起来，一直到天黑，我们三个人——马拉基姆、阿克云朵斯和我——在这个小小天地里过着共同的生活。阿克云朵斯和马拉基姆是十分幸福的。我便是幸福的目睹者。以后我回忆起来，会十分高兴的：做幸福的目睹者——也是一种幸福！

打从那一天起，乌斯曼森林中的那片空地在我的心目中成了幸福地。每次我在草甸子上走过，都要朝那片赤杨林转过头去，眺望很久很久。好像马拉基姆扛着草叉，阿克云朵斯扛着草耙，就要一块儿从里面走出来。他们还是那样年轻，那样幸福，可是那一丛丛的赤杨棵子长成了小树，后来又长成高高的密林。后来赤杨树砍掉了。那地方又冒出嫩绿的新芽儿，新芽儿又一年一年地长大，又长成了大树。树叶长出又掉落，有多少次了啊！我希望再一次看到他们两个在一块儿，我一直没有失去信心。幻想呀,幻想!一百样幻想中哪怕有一样能实现呢!

我也曾目睹他们的揪心裂肺的痛苦。1941年6月24日[①],他们分别了。那一天,第一批上前方的人集合在俱乐部门前。广场上到处是上了鞍的马、套了马的大车和小车。

送行的演说做过了,送行的话也说过了,送行的祝愿也表示过了。马上就要动身了。就剩下告别了。送行的人大多数是妇女和半大小伙子。按照古老的风俗,父亲和母亲都是在家里向出门的人祝福,不出来送行。只有妻子抓住马镫,当兵的骑在马上,一同出门。送人出征,不兴哭,不兴说丧气话。镇定和忍耐——也算是一种祝福。眼泪滴在出征的路上,马走路就打趔趄,眼泪还会搅得出征人心神不宁。

每一个新兵身边都站着自己的未婚妻或者妻子,很多妻子抱着小孩子。其余的人站在稍微远些的地方。虽然人很多,可是既无嘈杂声,又无喧嚷声,就连怀里的孩子也不啼哭。只有马嚼子不时地响几声。

我送我二哥萨里赫。我二哥还微微带着一点儿酒意。

"拖拉机上的钥匙在贮藏间的柜子里,"他对着我们家新媳妇的耳朵说,"明天你就把这钥匙交给赛富拉……钥匙可是世上顶要紧的玩意儿……要不然,为什么会有金钥匙的故事呢?……"

我二嫂没有作声。这会儿她没有心思去问钥匙的事。

我不知为什么跟阿克云朵斯站到了一块儿。她的丈夫今天不走,通知还没有来。她不是送他的。我又像小时候那样,用眼

①这是苏联卫国战争的第三天。

睛去找马拉基姆。

那个比大家高出很多的就是他。一边站的是他的妻子,那样子结结实实,像捆得很紧的一捆黍子,乍看也还好看;另一边站的是女儿阿克云朵斯,黑黑的头发,像父亲一样的明亮的蓝眼睛。这个十来岁的小姑娘有点儿像大阿克云朵斯。我的眼睛不由得从小阿克云朵斯移到大阿克云朵斯身上。真的,像极啦!真是天大的怪事!是不是又看花了眼呢?

马拉基姆小心地用两手卡住女儿的腰,把她举到头顶上。

“再见吧,该走了。”他说。他那洪亮的声音在广场上扩散开来。

他朝送行的人们匆匆扫了一眼,又用稍微小些的声音说:

“乡亲们!我拿我的阿克云朵斯作保,郑重起誓:我决不给我们村丢脸!这就是我要说的话。”

那“一捆黍子”就像要翻倒似的,紧紧靠到丈夫右侧。她摇晃了一下,又站定了。跟我站在一起的阿克云朵斯轻轻挨了挨我的袖子。马拉基姆把女儿放到地上。鼻子老打哼哼的瓦列金从老婆怀里接过吃奶的孩子,把孩子抛到空中:

“我拿我儿子齐甘达尔作保!……”

“我拿大地作保……”阿斯哈特说。别说儿子或女儿,他连老婆还没有呢。但是他热爱大地和生长在大地上的一切。

开始告别了。妻子贴在丈夫身上,未婚妻贴在不久就要成为丈夫的未婚夫身上。当然不久就要成为丈夫啦……他们不久就会打垮敌人,不久就要回来,就要举办热热闹闹的婚事。当然要举办婚事啦……有的是握手告别,有的是拥抱,那些最有勇气的就接吻。马拉基姆还是站在原地方,朝我们这里望着。他用左手搂住女儿的头,用手指头抚弄着她的头发。他妻子向后退了退,站到丈夫后面,好像是给别人让地方。这当儿,阿克云朵斯使劲抓住我的胳膊。好像她想朝什么地方跑,可是又抓住我不放。

告别了,马上就动了起来,喧腾起来了。有的坐上大车、小车,有的跳上马。拨给马拉基姆的大青马是农庄里跑得最快的一匹公马。等到车辆沿街排了开来,马拉基姆也解下大青马,戴上嚼子。他那魁梧的身躯只是在空中闪了闪,就轻轻地跳上了马。车马都动了。出征的人和送他们到区里的人都慢慢离开寂静无声的广场。他们每前进一步,阿克云朵斯的手指头往我胳膊里的肉里就掐得更深些。已经走出一截路了,马拉基姆勒住马,转过身子,朝后看了看。这时候阿克云朵斯就像只狍子一样,跳起来朝他奔去。马拉基姆紧紧抓住马嚼子,猛地将马勒转回头,朝阿克云朵斯跑来。阿克云朵斯抓住马镫,想跟着跑上一阵子,可是那只有力的手把她抱起,放到自己前面。放好了,就飞跑起来,跑到所有的大车、小车和骑马的人前面去了。我们朝着他们的背影望了很久,一直望着他们跑到穆库绍夫岗的顶上。后来有一阵子看不见他们了。没有人喊叫——没有称赞,也没有指责。马拉基姆的妻子同我们站在一起,搀着差不多跟自己一样高的女儿的手,也在望着。她忍住了。我觉得自己对不起她,因为她也是“我的人”嘛;可是我小心谨慎地保守着秘密,这秘密造成了她的不幸……这会儿我心里好像全乱了。谁我都同情……

他们又翻过了一个岗头,消失在地平线后面,很久都不见影子。什么时候能再出现呢?

她后来出现了,他没有再出现。

正如各位看到的,命运使我看见了危险的事件,也看见了不平常的变故,还看见了意想不到的悲剧。

战争结束之后,又过了一年多,我回到村里,因事来到村苏维埃。

“战争结束不少时间啦,可还是不断地有人死。人本身早就死了,可是对于我们来说,才刚刚死去呢,”主席很难受地说,“一会儿来这个人的通知,一会儿来那个人的通知,全是‘英勇牺牲’……”

他递给我一张已经破旧的纸,是一张死亡通知书。我拿在手里都觉得烧手。这种可怕的通知书我还没有拿过呢。在前方,我看见很多人死去。可是亲眼看到死亡通知书还是第一次。

乍一看,这通知书跟一些证明书,如准许卖牛证明书,没有任何不同。可是这通知书证明的是一个人的一生已经结束,证明一个人已死。这通知书无法修改,无法重抄,也无法烧毁。这是一纸永恒的证明:“英勇牺牲。”是谁呢?是近卫军准尉马拉基姆·扎比洛夫。

主席又把通知接过去,在手里转悠了一阵子,又仔细看了一遍。好像他是在寻找差错,希望能找到什么差错。

“送去这样的消息,只能勾起人的悲痛。如今更是特别难受……我一直留着,没有送出,现在没法子,已经派人去找阿克云朵斯了。哈姆萨也在战争结束的时候,死在匈牙利的一个医院里。她这个人太不幸了……马拉基姆的老婆前年春天也死了,是吃了埋在雪底下的毒小麦死的。前年春天我们死了不少人。饿嘛,饿得撑不住,就吃了。阿克云朵斯把无依无靠的马拉基姆的女儿收养下来。这么一来,大阿克云朵斯和小阿克云朵斯两个人就相依为命了。”

在斯大林格勒城下失去一只胳膊的这位主席说的话不长,但是他告诉我的事情多么令人心痛啊。关于他的手,他在跟我握手的时候就说:“我用左手跟你握手。我的右手埋在马马耶夫冈上拉。那可是座有名的冈,埋在那里,不辱没我的手。”

一位老奶奶从街上叫着过来,不知是哭诉,还是咒骂,她拄着一根棍子走了过来。

“小狗日的!真该千刀万剐!”她说着,在门坎上绊了一下,快步走到桌子跟前,在主席面前站了下来。这是三公鸡街上人人都怕的麦塔普老大娘。

“大娘,咱们坐下谈一谈,请,到上座来。”主席连忙用唯一的一只手指了指椅子。

“我不坐!”老奶奶气嘟嘟地说,“你要是主席的话,你就把阿米萨克这家伙关到牢里去。这个土匪实在坏透了,昨天他又挤了我的羊奶。叫他喝了毒死!他简直不像个放羊的,是个土匪!光天化日抢人的东西。狼心狗肺!”

麦塔普老大娘走到上座,在椅子上坐了下来,用棍子头儿支住下巴。但马上又把棍子拿开,说:

“你要处治他!要不然他今天挤了羊奶,明天还要把羊杀了吃肉呢。他可是个没有良心的东西!”

“好的,我们来批评他。”

“光批评可不行,要处治才成。要狠狠处治阿里米萨克,也可以叫别的人知道厉害……”

“好的,如果有证据的话,也可以处治……”

“还要什么证据?羊奶都挤干啦。前天出了三碗啦,昨天就剩两碗啦。又不是神仙吸掉的!”说到这里,老奶奶的声音柔和了,而且打起颤来。“再说,这奶是我要喝的吗?我又不要再长身子,凑凑合合活到死就行啦。我还有两个没爹没娘的孙子呀。他们天天手里拿着碗,眼巴巴地等着羊群回来,盼着喝奶呀。阿里米萨克这没良心的东西,就是从这两个孤儿嘴里夺食儿吃呀。”

在短短的两三分钟里,麦塔普老大娘的控诉先是使我十分气愤,后来我觉得十分可笑,到最后使我伤心起来。

“如果真是这样的话,我要对阿里米萨克严加惩处,”主席保证说,“一定要从严惩治……”

“是要教训教训他……不过可不能关进监牢。他也有一屋子孩子呢。他也很可怜,看样子,他也是实在没办法,才干这种事。你就骂骂他,狠狠骂他一顿好啦。”

不知是我们村里的人喜怒无常,还是生活变幻莫测……这一次你看到我们是这样,下一次再看,就是另一种样子了。自己把火烧起来,自己又用水浇灭。我们就是这样的。

麦塔普老大娘又把下巴放到棍子上。这时候门开了。门口站的是阿克云朵斯。她穿得不讲究,但是很干净、整齐,脚上穿的是白袜子、深筒胶皮套鞋。头巾还像以前那样结在脑后,鬓边有两三根银丝,辫子上还带着丁丁当当响的银饰。她好像笑了笑。但是曾经使我心醉、使我看不够的那种笑容连影子都没有了。她先伸出双手跟麦塔普老大娘握了握手,然后又伸过一只手跟主席、跟我握手。我的手她没有一下子就放开：

“原来是客人来啦……你平安回来啦。就是说，你很幸运，别人也很高兴。愿你长命百岁。”她的嘴边忽然浮现出当年那种笑容，“咱们当年在乌斯曼森林空地上拖草的时候，你还是小孩子呢。那地方我一辈子也忘不了……有时候我在梦里还要到那地方去……还希望再去呢……”

是的，我回来啦。可是不知道能不能待长久，结核菌已经穿透了我的两肺。但我总是回来了，看见了亲人，也让亲人看见了我。

“说是你叫我来，”她那期待的目光转向主席，“是不是马拉基姆有什么消息？”

“你坐下，阿克云朵斯。”

她马上走过去，坐到炉边一个铁皮柜子上。两手互相握着，放在膝盖上。我认出了这个柜子。这柜子放在这里多年了。萨米古拉的钱当年就是在这个柜子里被偷走的。每次看到这个柜子，我都隐隐感到担心，并且感到恼恨，恨的是柜子不该听从贼的摆布。现在也是这样。阿克云朵斯坐到上面，未必有什么好事的。不过，现在反正已经无所谓了。

主席用手擦了擦额头，说：

“我不知道，该怎样说才好……叫一个人失去盼头，就和杀人一样。我现在是叫你失去最后的盼头。不要怪我呀，嫂子。给你，自己看看吧……”他的手哆嗦着，把通知书递给了阿克云朵斯。

阿克云朵斯没有动，好像在考虑，接还是不接。后来伸出双手，就像捧刚刚孵出的小鸡那样，手掌捧着把通知书接了过去。我眼看着她那好看的、放光的脸渐渐暗下去。但是她那细细的、天鹅般的脖子没有弯下去，被悲痛压得沉甸甸的头没有低下去。阿克云朵斯好像变成石头。她的石头躯壳待在这里，可是灵魂已经飞走了。不过，离开的时间不长，灵魂又回到了冰冷而不舒适的躯壳里。

“天啊！”阿克云朵斯痛苦地叫了起来，“连这样的爱都不能保人一命啊！还能相信什么，依靠什么呢？我是多么相信啊！……有多少书里都写着，爱情能战胜死亡。我就像信教那样相信，每一句话我都记着。难道这全是瞎说，全是胡诌？”她又伸出捧着通知书的两手，“这样的好汉，就剩下这个啦……天理在哪里？公道在哪里？”

她不作声了。麦塔普大娘抬起头来。

“大侄媳妇，我可是要这样说：他正是因为这样的爱，才牺牲的。好样的男子，要是爱起来，就爱得什么都不顾，不管青红皂白，不知道什么叫害怕。马拉基姆看样子就是想叫你看到他是好汉子，就头也不回，对直朝火里走。他一定觉得你在看着他呢，所以他朝打得顶厉害的地方直冲，说，你看，我怎么样！他就是这样死的。”

她停了一会儿，又叹口气，说：

“大概，我的话说多了……”

老奶奶的一番淡淡的话，好像一点儿都没有触动阿克云朵斯。她连动都没动。可是我的军便服的两个口袋里装着的两封信，就像两块火炭一样，烧坏了我的胸膛。

其中有一封开头是这样……

不,还是多少等一下吧,先把阿克云朵斯的故事说完了。阿克云朵斯再也没有说一句话,没有掉一滴泪。老奶奶走了。我们三个人又坐了多久,我不知道。阿克云朵斯头一个站了起来。我们走出去送她。她没有朝家里走,而是朝穆库绍夫岗上,朝分别时马拉基姆把她放到马前、一同奔去的地方走去。

……多年之后我又看到了阿克云朵斯,她还是那样美,大概,她那样的美是经久不衰的。我们是在大街上碰见的。她的脸上又恢复了原有的光彩,脸色非常安详。她还没有见老。她搀着一个四五岁的男孩子。她让孩子走在前面,自己喜不自禁地说:

“这是阿克云朵斯的孩子,名字叫马拉基姆。”

孩子极像外公。乌斯曼森林空地上赤杨的新芽儿,就是从第一片叶子开始,从老树桩上长起,来接替老树的生命的。单是我看到的,已经换了三代了。

是的,是的。阿克云朵斯经历了多少浪涛,多少风雨,终于登上了宁静的彼岸,虽然不用说,她年轻时一心向往的不是这样的岸。不过那时候,要朝哪里去,朝什么方向去,朝什么样的岸上去,也许她想都没想。那时候她想的只是今天和明天的一点儿。再往后就是一团迷雾,猜都猜不出来。

“他就是我的安慰,我的支柱。”她说着,把孩子拉到自己身边。那孩子抬起头来,用蓝宝石般的两只眼睛看了看阿克云朵斯。大概,她跟他亲热的时候,常说一些他不怎么懂的话:“马拉基姆的火花——我的生命的光。”也许,话不是这样,意思是这样的。

我们道过别,就各自走开了。

……我的军服口袋里的两封信中的一封的开头是这样的:

“您害死了我的妻子……”

两封信

好可怕的判决。“是的，是您把她害死的，是用您的爱情害死的。她在临死前十分痛苦，一个劲儿地说胡话，一遍又一遍呼唤您的名字。等她清醒过来，就想把事情说一说。她从枕头底下摸出您的信，让我看。我看了您的信。您这个有妇之夫，有什么权利爱一个有夫之妇？您怎么敢这样？谁给您这种权利？什么样的道德，什么人的道德能容许这种事？

“我送她去治病，您却把她害死。您听清了吗？！我咒骂您呀。在我看您的信的时候，柳德米拉说：‘你别恨他。相反，我死了，你们只能更亲近些。’在她痛苦万分的时候，我还顾不到您呢。我一直像发了疯似的爱着她。在整个天地间，我只有她一个人。7月24日，把柳德米拉埋葬了。后来下起雨来，是一场可怕的大雷雨。我希望雷电把我劈死。可是没把我劈死。雷也不是随便劈人的……在她的坟边一直坐到天黑。多么高尚、多么纯洁的灵魂呀！尽管这一点您也应该知道，因为她也使您那样迷恋嘛……见鬼去吧！您迷恋不迷恋又算什么！我想把您忘掉，只当没有您这个人。可是不行，就是忘不了。起初我以为，我的悲痛会冲淡我对您的仇恨。不行，一点儿没有冲淡，悲痛和仇恨结合在一起了。首先我把您的信撕得粉碎，随风扔掉……我恨您，千遍万遍诅咒您。如果把柳德米拉夺走的肺结核，在近期内不把您憋死的话，我一定要报仇。您就是能躲过死神，也躲不过我的惩罚。没有理由好宽恕您，也决不会宽恕您。我的仇恨，我的威胁，将要像一把利剑，终生悬挂在您的头上。您将来要是遇到什么灾祸，您要知道，那是我在惩罚您。您永远无法逃脱！休想逃脱！"

这就是一个痛苦得发了疯的人给我写的信。

可是我，我犯了什么弥天大罪，该受这样严厉的审判呀？难道我的罪过有那么大？

我还是把一切原原本本从头到尾讲一讲吧。

我已经说过，战争结束了，结核菌在我的肺里也猖獗起来。起初我在罗马尼亚的小镇普列加尔治疗过一段时期。山里的空气，松林，春日的阳光，这一切我都能充分享受。可是不见疗效。不仅如此，每天晚上旁边病房里总有人唱歌，唱得人心里很不是滋味：

细细的花楸树哟，
你为何站在那儿摇晃，
把头儿弯得那样低，
一直弯到板墙上？……
大道的那边，

在河的对岸，

也有一株高高的橡树

在那儿孤孤单单……

可是花楸树不能离开地面，

不能前去把橡树陪伴，

它只有形影自怜，

天天独自一个摇摇颠颠。

我觉得自己就是那花楸树的恋人，就是那株可怜的、不幸的橡树。因为伤心，因为孤独，我的叶子渐渐黄了，根渐渐枯了。我思念起家乡。于是医生让我回到祖国的土地上，让我到克里米亚来。

我们从辛菲罗波尔到雅尔塔，乘的是医院的大轿车。先是把乘各次列车来到、准备前往各家医院的病人都叫了来，在车站广场上集合。因此直到中午才出发。崎岖的山路，汽车里的闷热，把我们折腾苦了。最经不起折腾的是坐在我前面的一位年轻女子。她一个劲儿地咳嗽，肺好像要炸了，后来又恶心起来。汽车在阿卢什塔停下来的时候，坐在旁边的人把她搀下汽车。她的脸白得像脱脂的牛奶，白中透青，好像已经死过去了。只是浑身猛烈地哆嗦着，再就是还感觉到不好意思，把头低着。

“你深呼吸。用整个胸膛喘气。”一位少校出主意说。

“要是能喘气的话……就不会这样受罪了。”她又咳嗽起来。

“这是气候变化引起的，没关系，过一阵子就好了。”送我们的护士叫大家放心。

我们在阿卢什塔停了老半天，大家都得好好地喘口气，那位女子也多少有些精神了。后一半路她已经不那么难受了，甚至好像打起盹来。我坐在最后面，她的样子我看得不十分清楚。不过我还是看出来：她的头在椅背上轻轻晃动着。这说明她感觉良好。

汽车在雅尔塔一座小山下的大路尽头处一停下来，所有的人很快都下了车。军人们背起草绿色背包或者拎起漂亮的进口旅行包，妇人和姑娘们夹着小皮包，提起纸箱，朝各条街道走去。到我去的医院，还要爬很长一段山路。“很长一段”——这当然是对于我这个“病鬼”说的。大概有三百来步。我走走停停，走几步，就站下来喘几口气。没走多远，就看到在房屋的背阴处，那女子坐在提箱上。我走到她跟前，又站了下来。

“您走吧，不要管我。我自个儿慢慢走，能走到。我已经有劲儿了……”

我第一次仔细看了看她的脸。她不能算特别美，但如果我说，整个宇宙都沉没在她那睫毛长长的、乌黑的大眼睛里了，那可一点儿都不夸张。这样深邃、这样惆怅的眼睛，不论在这之前还是以后，我都没有见过。还有她那一双手，又细又苍白，手指头长长的，一只手放在膝盖上，另一只手抓着提箱的角，这双手有一种不祥的意味。

后来我把这双手叫做“通人意的手”。

“您走吧，快走吧……”

说起来倒容易。可是我哪儿有力量离开这双如此忧伤的眼睛，自个儿往前走呢？……

“来吧，我来帮您一把。提箱我换着提一提。”

她微微地笑了笑，说：

“您是什么样的大力士，我已经看了有半个钟头啦……”

“也许，一提起您的提箱，劲头儿就来啦。”

“我还要坐一会儿。我觉得挺好。瞧，在这儿都能看见海啦。”

“那么，我也……”我一面说，一面要往自己的提箱上坐。

“您别坐了。走吧。您行行好，走吧。”

奇怪。有人想帮助她，她却撵人走。她仿佛觉察出我的惊异，就又补充说：

“您别生气。我不是撵您，只不过请求您……”

我提起自己的提箱，又朝前走去。我走出几步，她又呼哧呼哧地咳嗽起来。我真不敢再回头了。

我故意在候诊室里磨蹭了老半天，一直在等着那女子到来。甚至有护士要把我送到病房去，我都对她说：“我再歇一会儿。”故意拖延时间。可是她一直没有来。看样子，出什么事儿了。我咒骂起自己：“唉，你呀！人家那种样子，你却丢下不管……”

我一动不动地躺了大约有一个礼拜。最初几天免不了有时想起那双惆怅的眼睛，心里惴惴不安。但那不过是最初几天，后来就忘记了。后来我起了床，出了病房，来到外面。我从旁边的病房大楼经过时，听到一个女子的声音：

“喂，大尉！大尉！”

我没有在意，只管走自己的。在这军医院里，大尉多着呢。

“大尉，我喊的是您呀！大尉！咱们一道来的嘛！”

我一看，原来是那一双深不见底的眼睛。她坐在二楼的窗台上呢。

“您瞧，我好些了，就是不让我上外面去。外面好吗？”

“挺好。要是不让您出来，我把您偷出来，怎么样？”尽管我走起路来两个膝盖直打哆嗦，我还是这样说。

“我已经坐了老半天啦，就等人来偷呢。您来偷吧，我同意。”她说着，伸出两条胳膊。“您先把我送上那座山头，然后再带我到海边去。”

她的嘴唇在微笑，甚至咧开嘴笑起来。然而眼睛里还是充满惆怅的神情。

“我那天在候诊室里等了很久……骂自己把您丢下没管呢……”我为自己解释起来。

“您怎么，等着我自个儿往下跳吗？”

我上楼去找她。病房里只有她一个人，看样子，同病房的人各自外出散心去了。在我上楼的工夫，她已经从窗台上爬下来，坐在床上了。她的脸又是那样苍白了。

“咱们先来认识一下。我叫柳德米拉，我就干脆管您叫大尉好啦。”她伸过手来。我一握她的手，心里不由地一震。这样的手指，这样的手掌，仿佛向我传送了一个非常重要，甚至非常可怕的消息。后来我常常注意到：不仅柳德米拉的眼睛是惆怅的，就连手也是惆怅的。仿佛这一双手也老是在愁思苦想。就在那年春天我第一次看到和懂得了，人的手又能思索，又能悲伤和忧愁。怎么会有这样通人意、这样灵敏的手呀？……

“小伙子，快勒住你的马，可汗的女儿心绪又不佳了。”我心中不觉回响起这样的声音。她倒在病床的被子上。

“要不是这体温的话……您请坐。”

再没说一句叫苦的话。一般地说，我在害我们这种病的病人当中，很少听到什么人叫苦。大概，因为害这种病不觉得疼痛，所以不至于一下子就受不住，不至于很快就灰心绝望。在医院里住的时间长了，便会形成自己的环境，自己的生活，自己的习惯和见解。渐渐就会觉得，真正的生活正是在这四堵墙里面，而不是在医院的围墙以外。那外面的忙忙碌碌，不过是庸人自扰，毫无意思。因为那外面的人自以为生命无限，天天来来回回地无事瞎忙，昨天弄坏的东西，今天又要修理，明天又要补偿今天的过错。我们就不会有这种事。我们已经来到草地的边缘，看清了道路的尽头，可我们依然相信，生命的最后一滴还不会滴下，最后一片叶儿还不会脱落。生命还把注定要死的人紧紧握在手中。

……1942年春天，在发动进攻的前夕，我们旅里出了这样一件事：军事法庭向全体官兵宣布判决，把一个擅自离队的年轻小伙子当做逃兵枪毙了。但使我震动的事，却出现在惩罚的枪声响起之前。小伙子是从小河那边押解过来的。他光着脚。押解他的士兵从水浅的地方过河，蹚起一片片水花。而那个被押解的光脚小伙子，为了不把脚打湿，却是从一块块石头上跳着过河的。虽然用一双不打湿的脚也只能走十五步到二十步，便走到自己的坟墓了。就是这样，一个人直到走最后一步，还怕把脚打湿……

“如果木兰能开花，我也许能好起来。我太爱木兰花啦……

我小时候，有一次闻到木兰花香，都醉啦……”她闭了一会儿眼睛，“那是我父亲带我到古尔祖夫去走亲戚，上我姑妈家去。”

柳德米拉疲乏了。为了不使她更疲乏，我准备走了。

“明天我再来吧。”我说着，站起身来。

“刚才我坐在窗台上，觉得好像有使不完的劲儿。可是转眼工夫就不行了。请您原谅。”

“我反正要把您偷走的。您准备好，小心点儿吧。”

“我时刻准备着。下次我自个儿从窗口直接跳到您的马鞍上。等您上楼来，远征又要延期了。”

她伸过手来。我一把她的手指握在手里，那手指就对我说了一件很快就要发生的、令人担心的事。我感觉出来了，却没有明白。

第二天我没有去找柳德米拉，整整一个星期我都没有去。我开始大口吐血，又倒下了。

现在已经不准我出去了。等我多少有了一些精神之后，就请同病房的人摘来一片木兰叶，我在木兰叶上写了一封信。在这上面写信挺不错。

“尊贵的夫人！”信的开头我是这样写的，“我实在无法把我要对您说的话写在没有生命的白纸上。如果这样。会贬低这些话的意义。因此我才决定写在您所喜欢的树的绿叶上。我可不敢冒昧地幻想这片树叶会化为您的心，不敢幻想我的话会永远留在您的心上。因为，用铁尖在您的心上画字，反正我是下不了手的。何况，别人的手大概已经把自己的话写在这颗心上了。

“最最尊贵的夫人啊！由于这些天来无福拜谒您，我正惆怅万分。

“在我为正义和美而进行的无数次搏斗中，小灾小难和意想不到的烦恼有时候伺机向我袭来。结核菌国国王率领无数军队，高举千万支长矛，将我团团围住，朝我猛扑过来。在这场大战中，敌我双方都流了很多的血。眼下我正养精蓄锐，准备迎接下一次更有决定意义的一战。但是，敬爱的夫人，您最微小的吩咐，我都视为最大的荣幸。只要您一点暗示，一个轻微的手势就行！您听见了吗，我的骏马在长嘶，嘶声响彻长空？听见了吗，夫人？！

愁容大尉”

下午，一双可靠的手就带来了她的回信。

“最最勇敢的骑士，荣誉的俘虏，愁容大尉！您的骏马嘶声响彻长空，也震动着我的耳鼓。写在我心叶上的书信已经收到。您放心吧，大尉，您用铁尖写字的时候，我一点不觉得疼，反而感到很愉快。我仍然待在高高的塔楼里，被七重锁锁在里面。可是搭救我的人不久就要前来，就要用他的巨矛刺穿七重铁门。那时候我将化为一只雪白雪白的蝴蝶，飞出去，飞翔长长的一整天。而且这一天仿佛不是一天，而是整整一生……所以，热诚而英武的大尉呀，我的生命就在您的手中。这就是我对您的小小请求：给我生命吧，哪怕是一次，最短暂的一次……如果您不是如此勇敢、如此仗义的话，我也不敢为这样一些小事打搅您。

“到时候，我将在高塔上向您挥舞白手绢。请您注意。

您的相识柳德米拉”

多么奇怪的玩笑呀！要么她已经失去一切希望，经受过种种恐怖；要么相反，死神还没有沾她的边儿。这封信甚至使我惴惴不安起来。也许，我的玩笑开得很不妥当。瞧，这玩笑惹起多少不愉快的思绪呀！

第二天，我又送出一片亦喜亦忧的木兰叶信。告诉她，这会儿我正在打磨我的铁矛，不久就要用巨矛刺破七重铁门。请她不要挥白手绢，要挥红手绢。我解释说：红颜色更能为我增添力量和激情。过了一天，回信来了。

“令人愉快的愁容大尉！

“您的骏马嘶声一天比一天更嘹亮。我的牢房的墙壁有时被震得摇摇晃晃，简直要倒塌。这么看，有人能用声音劈开石头，也是真的了！现在我相信，不久我就能冲向自由天地了。如果有人对我击鼓相迎，那就太好了。我很喜欢听鼓声。”

这时候五一节快到了，和我同病房的人都进城过节去了。他们已经能下床，渐渐康复了。有一种苦涩的花香飘进敞开的窗户。听说，昨天木兰就开花了。我真想走到窗前，去看一看，可是没有力气，头发晕。躺在床上，似乎还受得住……不行，还是要起来试试。我穿起睡裤，又穿上白衬衣，梳了梳头，喝了半杯葡萄汁。现在到窗前去就有劲儿了。我刚站起来，走了两步，就有人轻轻敲起门来。我应了一声。门开了。先进来的是一只握着红红的郁金香的手，接着进来的是柳德米拉。

“大尉，节日好！这红红的花儿是给您的。让这红颜色为您增添力量和激情吧。”

我似乎摇晃了两下。她跑过来扶住我的肩膀，想把我搀到床前。

“不用,没事儿,我是看到您才摇晃的。”我解释说,“咱们还是到窗口去吧。”

我们走到窗前,靠在窗台上。她对着我看了好一会儿,然后说:

“都成这种样子了……还写那种逞好汉的信呢。”

“我还撑得住嘛,”我讷讷地说,“似乎一时还不会倒下……”

我抬起头来,看见周围完全是另一个世界,一个红艳艳、朝气蓬勃的世界。开满白花的木兰枝丛后面,是蓝蓝的大海。从下面传来悠扬的歌声。这儿却静悄悄的。只有一只鸟儿很开心地叫着。我们在旁观我们还丝毫不曾领略过的这片天地,目前能这样也就不错了。

“我简直没有什么节日礼物送给您,”我难过起来,“昨天伙伴们给我带来一瓶葡萄酒,咱们来喝酒吧。咱们也应该过节嘛。”

“来吧!”柳德米拉来了精神,甚至拍起她那通人意的手掌。

“等会儿我来给您念诗……”

“那咱们的宴会可要比皇上的宴会更气派了!”

我开酒瓶开得相当麻利,当兵学到的本事没有白学。这时候柳德米拉往一只玻璃杯里倒了一些水,把郁金香插在玻璃杯里。她又找到两只玻璃杯,我分别斟上葡萄酒。

“噢,咱们为什么干杯呢?”我问道。

“为节日干杯吧,节日年年有,是天长地久的事。”

“天长地久的事,不需祝愿,也会长久……”

“不长久的,就是祝愿,也不能长久。好,为节日干杯!”她举起酒杯。我们碰了杯。

"为节日干杯!"我也说了一遍。我们都把自己杯子里的酒喝干了。

柳德米拉的脸上泛起一阵红晕。明亮的光芒从眼睛的黑黑的深处迸射出来。我也感觉到,一种遥远而亲切、几乎已经忘记了的状态又要回到我身上——我要醉了。不管上天入地,我现在都可以干。

"现在您来念诗吧。"

"还不行,酒还没有喝够呢。"我神气起来,又伸手去抓酒瓶。柳德米拉的一只通人意的手抓住我的失去控制的手。

"够啦,大尉,"她说,"你想把咱们这一点儿小小的欢乐吓跑吗?这点儿欢乐一飞走,咱们就捕捉不到了。"

的确,此时此刻,我不知从哪儿来的一股豪气。我不仅自己幸福,还能叫任何人幸福。我的威力无穷无尽。我的头只要晃一晃,天上就会泛起层层波纹。

"好吧,请您听着,夫人!"

"别,别这样。大尉,今天咱们不要拼命开玩笑。今天我真的非常快活,非常开心。"

我朗诵了一首爱情诗。大概,只有天知道这是什么样的诗。可是柳德米拉听着我朗诵,沉静下来,她低下头,老半天没有作声,过了一阵子,抬起她那深不见底的眼睛望着我。

"一个女人在您身旁,大概会感到安宁、温暖的……大概,她会很幸福……一定会很幸福……"

我仿佛忽然清醒过来。"幸福"这个词儿,我听起来觉得有点儿奇怪，有点儿吓人。我觉得，幸福和我无缘，也和在远方怀念我、等待我的那个女子无缘。可是同时，我意识到，一听“在您身旁……感到安宁、温暖”这句话，我的心完全融化了。这样的话，一个男性不是常常能听得到的。

再过很长时间，就连在我身旁走路的女子都会说：“这整个城市，所有这些人，简直都不知道我有多么幸福。如果知道的话，就不会这样忙着赶路，会停下来看看我，又惊愕，又羡慕。单是和你一块儿在街上走，就够幸福了……”我竟会听到这样的话！是的，幸福的人不是别人造成的，是自己变成的。这个并不深奥的奥妙我们懂得太晚了。

“您把我看得太高了，”我很不好意思地说，“不过，我能使她幸福吗？这可是一生的事。可是，这一生……”

“要幸福，并不需要一生；要幸福，一瞬就够了……论生命，您也能活很久。”她很平静地说，仿佛说的是一件早已知道的事。

“您的睫毛短，眼睛里的希望还没有消失。人是眼睛先死然后人才死。好啦，把手伸出来。”

柳德米拉把我的手放在她的手掌上。

“噢哈！这是寿纹，连尽头都没有。穿过三条深沟，但是没有断。您的手又小又干。我现在这个丈夫的手又大又肥厚，他很强壮。我原来那个丈夫，那个心爱的丈夫，很像您。那鬓发、额头、手都像，笑起来也像……战争头一年就牺牲了。”她紧紧握住我的手，“您要活下去！真的，要活下去。”

忽然在我们的头顶上出现了一个白影。这是医务主任玛丽亚·阿里斯塔尔霍芙娜。她性情乖戾,常常扰得全医院不得安宁。我们在背后都叫她“可怕的女士”。

“活见鬼,这是医院,还是谈情说爱的公园?不管走到哪儿,都有人成双成对,像一对对开屏的孔雀!”她一看见酒瓶,火气更大了,“还有酒?哼,当然啦,这事儿少了酒可是不行!”她冲着柳德米拉大叫起来:“离开这儿!马上给我滚出去!丈夫送你来治病,可是你跑到别的房里喝酒来啦。再这样下去,我们拒绝给你治疗。你怎么不站起来?怎么,已经站不起来了吧?”

“您别对我大喝大叫。要拒绝治疗,就拒绝治疗好啦。可是不用大喝大叫,”柳德米拉说过这话,依然没有站起来。“我已经没什么可怕的了,玛丽亚·阿里斯塔尔霍芙娜,这一点您也清楚。”

这样突如其来的倾盆大雨,弄得我不知如何是好。我连嘴也张不开,简直没了主意。而且我一生都是如此,一遇到出人意料的事,遇到厚颜无耻的对手、不讲道理的欺压,我都茫然不知所措。

“这事儿……玛丽亚·阿里斯塔尔霍芙娜……”我讷讷地说。

“我还要另外找您谈谈!到床上去!”

我没有动。她又朝柳德米拉吼起来。

“您怎么,是要等马车来接您吧?马车到啦!请吧!”她朝门外指了指。

柳德米拉不慌不忙地站起来。我站起来,走到她跟前,说:

“柳德米拉!”

“好啦，再见吧。我还要来的。”她连看也没有看医务主任一眼，就走了出去。医务主任马上也走了。我们的节日也就完了。

可是我呀，我呀！我还是可怜巴巴、无可奈何、呆呆地站着！本来，这个蛮横而凶狠的婆娘一开口，说出第一句话，我就应该回敬她：“玛丽亚·阿里斯塔尔霍芙娜，您给我出去！滚出去！我不允许您侮辱柳德米拉和我。滚开！您这个少校军医，给我滚开！”我应该这样吼叫，应该使足劲儿把桌子一拍，一脚把这个床头柜踢翻，哧啦一声把胸前的小褂撕开。最后还应该到门口追上柳德米拉，拉住她的手，把她拉回来再坐下。应该这样呀！……可是我一点也没有做到。脓包！胆小鬼！然而柳德米拉表现得多么高傲，多么有骨气啊。像她这样的人才应该永远留在这个世界上哩……

柳德米拉第二天没来，第三天也没来，也没送什么信息来。看样子，她失望了，对我完全失望了。是的，不可能不是这样。她本来把我想象成骑着骏马的英勇骑士，期待我搭救她，希望我给她生命，哪怕瞬息间的生命。可是我却像个从驴背上摔下来的小娃娃，只是无可奈何地在尘土里挣扎。还说什么搭救她，把她从死神手里偷出来呢。实际上，连一个泼妇都对付不了，还让她当着我的面侮辱柳德米拉。难道这不是出卖吗？……

应当说，后来生活为这类事报应了我，毫不冤屈。可是我还常常觉得委屈呢……

不久我就下了床，开始上户外去，可是却没有勇气走近柳德米拉住的楼房，老是在一定距离之外转悠。有一天晚饭之后，来了一张便条："大尉，怎么安分守己啦？有人在外面见过您。要是能来，就来吧。"我再不犹豫，就去了。

门虚掩着。我还是敲了敲门。

"进来！"

柳德米拉倚着枕头，靠在床上，脸烧得绯红。她从被子底下伸出手来，同我握了握手。她的手滚烫。

"我一直等着您呢。您瞧，我没力气走路了。"

"我很惭愧。"

"咱们会忘掉那天的事儿的。我是这样看的：那时候在那儿的不是您，是另一个人。现在才是您本人。搬一把椅子来，坐到我跟前。"

我坐了下来。她伸出一只手，用长长的手指抚摩我的头发。是的，手指在这儿抚摩我的头发，她那颗不安而怅惘的心已经远远地飞到别的地方去了，几颗老大的泪珠从眼里滚了出来。

"请原谅，我不是为自己哭……是为他……为您哭……这算什么，是命运的奖赏，还是惩罚？"她把我的头发攥成一绺，但马上又松开了，手慢慢滑到被子上。"请原谅……"

是的，此时此刻，我代替着一个人。这头发，这手，这额头，这微笑，是我的，又不仅仅是我的。都是我和另外一个人共有的。或者相反？那个人在离开人世的时候，把他的一部分留给了我？特别是微笑。也许，我是在替他微笑？！

"但愿您活下去，活上很久……"

"还有您，柳德米拉……"

“我该活多久，一定尽量活够，甚至还要多少超过一点儿……至于我看着您，就想起他来，您可别生气。他是个很好的人。难道您会像不好的人吗？”

这种事说什么好呢？大概最好就是不说话。

“您还是生气了，不说话嘛。”

“柳德米拉，我自己也不知道这样好还是不好。”

“咱们就认为这是好的吧。”

“就这样吧。”

这时她才用手擦干脸上的泪水。

“咱们来谈点儿快活事儿吧。”她说。

“只要有快活事儿好谈，就谈吧。”

“快活事儿，整个世界都是！”柳德米拉朝着敞开的窗户外面指了指。她忽然把被子掀了。“您转过脸去，我要换衣服。”

“干什么？”

“咱们上外面去。”

“体温呢？”

“把体温留在这儿。大概它跑不掉。”

她很快穿好了衣服。我没有劝阻她，反正劝也没用。是什么类型的人，我已经多少看清楚了。

“把手给我，愁容大尉！”

“请吧，夫人！”

我用手扶着她，我们慢慢下了楼，来到花园里。

人们都急急忙忙上电影院去。今天上映一部缴获的影片《如意佳人》。我去年在维也纳看过。影片里一个女演员同时扮演两个角色，两个长得一模一样的女子。自己同自己面对面讲话。这在电影里十分有趣！……

“今天上映的片子是《如意佳人》。”我说。

“咱们就坐到那张长椅上，等候黄昏，看看夜色怎样降下来。”

“依我看，夜色不是从上面降下来，而是从下面，从地面升上去的。”

她完全像个孩子似的惊讶起来：

“多有意思呀！那咱们就看看夜色是怎样升起来的吧。”

我们坐到一株大木兰树下的长椅子上。木兰花还没有凋谢，但香味已经不那么浓郁熏人。味儿很平和了。

能走动的病人都上电影院去了。四周围静悄悄的，一个人也没有。太阳落山了，但扩散在空中、迅速凉下来的阳光依然照耀着大地。而在大海的那边，已经滚出一轮明月。血红血红的。看，那明月撞翻一股巨浪，往上一跳。但跳上来之后，却没有落回去，就那样挂在空中了。大概，这可怜的月亮在想：“我来了，来接太阳的班了，接替太阳的职务。我哪一点不如太阳？”月亮干吗要跟太阳比赛？好好地完成月亮本身的职责，就够了。

有时我觉得我们的世界是一个大得不可思议的容器，这容器傍晚时候比早晨或白天容纳的东西都多。特别是夏天的傍晚，大海、群山、森林、云彩都消失在这个容器里，希望、理想、欢乐也躲藏到其中什么地方；秘密沉到最底层，在底层隐藏起来。

而我和柳德米拉，只不过是在风中摇曳的两棵小草，不论太阳、大海、明月都不理会我们。可是我们也有一点胜过它们：我们一切都能觉察到，能把整个世界看透，能把整个宇宙容纳在自己的心中。别看我们是小草！所以我们又愉快又惆怅。我们静静地坐着，看着黄昏来临。这是我们的节日。

柳德米拉今天很不错。黄昏时清新的空气使她的精神振作起来，使她有了力气，也不怎么咳嗽了。她抓住我的手，轻轻握了握。她的手掌已经不那么烫了。“谢谢。”她那通人意的手说。至于为什么谢，我不完全明白。

“世界是很完美的。您看，什么都有，气味，声音，真是应有尽有。只缺少一样东西……”柳德米拉第一次笑起来。

“缺什么呢，柳德米拉？”

“我说出来，您会笑的。”

“说吧，我就笑一笑。咱们就来一块儿笑一笑。”

“糖渍苹果。”

“什么，什么？”

“糖渍苹果。”

“为什么不说缺少柿子，缺少葡萄干，缺少无核小葡萄呢？”我一一列举起来。

“就缺少糖渍苹果……在心里安宁、一切都满足的时候，我就觉得缺少糖渍苹果了。只缺少苹果。现在就是这样……”

“奇怪。”

“是的，是很怪。其实，也不算多么奇怪。这是有原因的。要我讲一讲吗？”

“您讲吧。”

“我妈妈当年怀着我的时候，有一次她想吃糖渍苹果，简直想吃得要命。可是那年月,不管到哪儿都找不到。当时妈妈这点愿望就一直没有实现。没实现,所以就传给了我。每当我心情好的时候,就想吃糖渍苹果。这是胡思乱想,我知道。"她又转了话题:"我是晚上生的,大约就在这时候。您是什么时候生的?"

"是在黑夜将尽,光明与黑暗交汇的时候。当时我大娘认定我是一只花鹅,因为黑白间杂的鹅很像黎明前的天色。那一年我家只有这一只母鹅,不肯下蛋。可是到第二年春天,也算我时来运转,那鹅下了满满一窝蛋,而且孵出了小鹅。也许孵出了,也许没有……"

"大娘,这指的是奶奶吧?"

"不是奶奶,是大娘,是我父亲的大老婆。他有两个老婆。"

"啊,我知道啦,"柳德米拉拖长声音说,"这是伊斯兰教规矩!您是不是也要有两个老婆?不应该。两个中必然有一个不幸,或者两个都不幸……甚至三个人都不幸……那只花母鹅看来还是孵出了小鹅。您的运气很不错。这我一下子就能感觉出来。"

黑沉沉的夜色本要从地面升上来,但明月不让那夜色升起来,用自己那如水的光华把夜色冲淡,明月占据了整个寰宇。清爽的黄昏变为凉风习习的夜晚。我劝柳德米拉回去。她起初不肯,但很快就同意了。因为我引用她的话作理由:

"不要考验咱们这点小小的欢乐了。不然它就要从咱们身旁飞走了。"

我一直把她送到病房。

"真奇怪,"她说,"我一点儿也不累,反倒轻快一些了。"她把手伸给我，“再见。别忘了我。”她的手说。

我躺了很久，却睡不着。同病房的两个人从电影院回来，怕把我惊醒，轻轻脱了衣服。他们很快睡着，舒舒服服地打起鼾来。

放肆的明月忘记了一切礼貌，在病房里到处溜达，所有的角落都搜一搜，所有的东西都摸一摸。碰一碰挂在椅背上的皮带环，数数军服上的纽扣。真想知道，月光是不是也洒到了柳德米拉身上，洒到了她的脸上、额头上、手上？那右手无名指上的戒指是不是在闪闪放光？大概，她的眼睛已经闭上，睡着了。

晚安，柳德米拉！

可我怎么就是睡不着呢？真想知道，糖渍苹果是什么滋味，香味又怎么样？我不仅没有吃过，连见也没有见过。大概是非常好吃的东西……什么时候有过这种事儿：月亮这样作弄我，不叫我睡觉？……那是我和小伙伴们要上城里去吃白面包的时候，月光在窗台上老是待着不走。但不像现在这样作弄人。也许后来，胸中充满了激情，我的心学会了惆怅以后，同明月也曾这样相会。也许，将来还会……

早晨天一亮，我就上市场去。街上的人还很少。有一个老汉坐在土坯房的门槛上抽烟。我问他，上市场怎么走。他从嘴里抽出烟斗，很热心地给我讲起来。他讲得不慌不忙，说得十分详细，十分凌乱，以至于他越说，那市场离我越远，越叫我弄不清到市场去的路。看样子，老汉自己也知道说乱了，就又从头开始。到末了，我似乎听明白了一点儿了。道过谢，便按他说的方向走去。一走到十字路口，就碰上一个上了年纪的妇女，挎着一个大篮子。为了进一步弄清楚，我又向她问了一遍。

“那就是市场。”她用下巴点了点，“就在你鼻子底下！”

原来就这么几步路！

在市场上，一些老奶奶和娘儿们在卖腌黄瓜、白菜、大蒜、杏干、土豆包子、奶渣，还有很多别的东西。不过这都是常见的东西，还没有发现一样以前没见过的东西。我先在市场各处转了一遍，拿眼睛搜了搜，然后就打听起来。

回答都一样：没有。有几个年轻点儿的女摊贩开起玩笑：

“怎么，有了喜啦？”

“糖渍苹果，有了喜就格外想吃！”

“我自个儿知道，一想吃，就非吃到嘴不可。是这样吧？”

“不仅是想吃，不吃简直就要命！”我加强语气说。

“吃不到糖渍苹果，你就等着生个闺女吧！”

“闺女就闺女，俗话说，要是命好，车杠也能当大炮。”

几个新到的女摊贩提着木桶、布袋、提包走过来。市场我已经转过好几遍了。

“有没有糖渍苹果？”

“没有。”

“糖渍苹果有没有？”

“没有。”

有一个卖芸豆的俊俏媳妇主动跟我搭话：

“当兵的，我看你半天了，你已经绕市场转了五个圈儿。好像找的不是糖渍苹果，是起死回生的仙丹。”

“要不是找起死回生的仙丹，我就不这么找了，不是为自己找，我还从来没尝过呢……”

“好像我家的小桶里还剩几个。你多少等一会儿，等我卖完这五杯芸豆，咱们就走……”

“正好，我还要买五六杯芸豆……”

“别骗人，当兵的，你要芸豆有啥用，干吗要糟蹋钱？就这样你的脖子已经细得像草秆一样啦。你去，到树荫下坐一会儿。”

不知这年轻媳妇是不是卖完了芸豆，反正她很快就来到我跟前。

“走吧。”

我跟着她走去。她走了没几步，停了下来。

“唉，你简直走不动嘛，呼哧呼哧直喘，就像脖圈把你勒住了。好吧，咱们就慢点儿吧。”

我们穿过一条条窄窄的小街、弯弯的胡同，一会儿往右拐，一会儿朝左转，这样走了老半天。终于在山边一座歪歪斜斜的破房子前面停了下来。她摘下篱笆门上的绳套，说：

“这就是我们的庄子了。”

“不管怎么样，总是自己的窝儿。”

“这窝儿不是我自己搭的，是人家扔下的没人住的房子，我是没办法才来住的……”

一个老奶奶坐在靠墙根一把矮矮的椅子上。听见篱笆门响，她竖起耳朵听了听。

“加林娜，是你吗？”

“是我，妈妈。”

“我老远就听出脚步声啦，好像还有客人呀？”

“是的，妈妈。”

等我们进了屋，加林娜向我解释说：

“妈妈是叫炸弹炸瞎的。我家在乌克兰，炸弹就落在我家房子上。所有的家当一下子都完了，幸好那时候妈妈在菜园里。”

加林娜走出门去，很快就端着一个碟子走了进来，碟子里放着几个皱皱巴巴的黑疙瘩，一点儿也不像苹果。

“家底下就这些了。这碟子我不能给你，家里简直没有家什用。”

她从橱子后面掏出一张很结实的黄纸，把苹果包好。我想付钱，便掏出钱来。

“起死回生的药不收钱。谁让我们是乌克兰人呢？”她的话，使我感到惭愧。“谁要吃，就拿去吃吧。”

我从这冷清的小房子里带走的不是三个皱皱巴巴的苹果，而是无穷尽的心灵瑰宝。

啊，人啊人！人是一个永远解不开的秘密。永远猜不透，谁有多少慷慨大方的精神？加林娜呀！我又把目光转向您。那次同您见面之后，又经历了许多事：我在富丽堂皇的宫殿里接受过礼品，从德高望重的领导人手里接受过国家的奖赏，从高尚、正直、不轻易褒贬的人士嘴里听到过夸奖和赞许。都有过，而且每一次我都由衷地高兴过。但是这种高兴，加林娜呀，永远遮不住多年前您的馈赠以及与此类似的一些馈赠所发出的暖人的光芒。假如一旦遮住了，那我就把自己丢光了，一无所有了。

我把得到的宝贝紧紧抱在胸前，急急忙忙朝医院走去。走错了路,找到了路,又走错了,到末了终于平安回到医院。

我径直去找柳德米拉。今天她的精神似乎不坏。她打扮得十分好看,梳得高高的发髻上扎了一条白绸带。她甚至显得更年轻了,那丰满的嘴唇流露出少女才有的神气。她坐在窗前一张凳子上,在打毛线。看样子,打的是一顶小孩子帽。真有意思,为什么要打小孩子帽?

她一看见我,便放下毛线,站了起来。她那副神情仿佛在说:"瞧,今天我多么漂亮!"

"您要是能猜到我手里是什么东西,我就送给您。"我一进门就这样说,连问好都忘了。

"您好。"她说。

我有点儿尴尬:"您好。对不起。"

"我要是猜不着,"她指了指纸包,"那您送给谁?"

"还是送给您。"

"真有意思!"她在高兴的时候,常常说这话。"不行,就是死,我也猜不出来。您要是想叫我活下去,就快点儿给我看看吧。"

"我想叫您永远活下去……"

我不慌不忙地打开纸包,露出三个皱皱巴巴的黑疙瘩。

"苹果?糖渍苹果?!天呀!您哪儿来的这么大的本事?苹果我以后吃,等您走了以后再吃。"她又把苹果包好,放到床头柜上。"谢谢您,大尉!这样的礼物是永远不会忘记的。"

很可能,柳德米拉只是昨天想吃这种苹果。也许,今天她连尝也不想尝了,但她的高兴和感激是发自内心的。至于这苹果是在哪儿弄到的,怎样弄到的,她却没有问,这正表现出她的高雅知礼。

“好吧,咱们坐下。”

等我们坐下来,她又拿起毛线打帽子。

“我想给两个女儿打两个帽子,”她对我说,“头一个丈夫给我留下一对双胞胎女儿,都已经满四岁啦。一个像父亲,一个像我。一对调皮鬼!”

柳德米拉今天神情十分宁静,既不疲惫,也不烦躁,手指的动作又快又利落。我不敢看她的眼睛。不过,大概她的眼睛里今天也风平浪静。

“我也有一个四岁的儿子。”我说。一说过这话,耳朵里仿佛响起儿子说话的声音。我有一次休假,那时候我还没有生病,儿子紧紧搂住我的脖子,高声叫喊说:“我再也不放你一个人去打仗!不放,就是不放!”

“真有意思!您的儿子也是四岁。我也给他打一顶帽子,好吗?”

“他是小伙子,已经戴鸭舌帽啦。”

“他像谁?”

我掏出被德国炮弹碎片打穿的团证,从里面抽出一张照片,是儿子同妈妈的合影。

“像妈妈,长大一定很漂亮。我没带女儿的照片,免得伤心,要不然看一次就要哭一次。”她拿起照片,“您的妻子有一双聪明的眼睛。有人说,漂亮女人用不着聪明,这话是不对的。最叫人看着难受的,是漂亮的女呆子。是造物主的错误,而且是严重的错误……”

我们渐渐康复,身上有劲儿了,走路也稳实了。

暂时还没有勇气爬山,但只要白天的热气一消退,我们便到海边去。坐在海边,看那撞成碎沫的海浪怎样向四处飞溅,看那些游泳的健康人怎样同波涛搏斗,注视着那行驶在天边的轮船冒出的缕缕灰烟,并且把轮船分成两份儿:一艘是她的,另一艘是我的,再一艘是她的,又一艘是我的……我们的轮船已经这么多了,可我们依然坐在岸边。

但是,不知柳德米拉是对我冷淡了,还是变得谨慎了:她不再抚摩我的头发,见面或分别时那通人意的手也不说话了。然而哪怕多少有一阵子不见面,她就要走到窗下来喊我。我也老想往她那儿跑。她的病房里的人和我的病房里的人都把我们当成形影不离的恋人。因为都把爱情看做最厉害的一种病,所以他们都对我们表示关切,同情我们。连玛丽亚·阿里斯塔尔霍芙娜也不管我们了。只有从基辅来的一位年轻中校拼命要在柳德米拉周围拉开情网。在街上一看见她,便缠住不放;我们上电影院,他也围着我们转悠,一心想把我挤走。单是我在场的时候,他就敲过柳德米拉病房的门好多次。但他很快就碰了硬钉子。"您该看见嘛,中校,我喜欢的是大尉呀。"终于她对不知趣的中校说。

……二十五年以后,这位中校因事来到乌法。他到处打听,终于找到了我,来我家喝过茶。他告诉我,那时候他不单是喜欢柳德米拉,而且是深深爱上了她,真心实意爱她,一辈子都忘不了她。"我那时候就看出来,她的心灵不同一般,有一股神奇的魅力。您是幸福的。您能跟她在一起……那一年春天我非常恨您,恨死了。可是现在我来找您了。有一种力量叫我来。我来了,心里就安宁了……”他早已不是军人了。他言语不多,动作斯文,看来是个很和善的人。而当年那样顽强,追得那样紧,大概因为爱得太深吧……

现在,对柳德米拉来说,我已不是代替什么人,我就是我了。因此,我们的关系是安稳、平静的。另外,如前面说到的,我还要保护她,抵挡别的男子的进攻,抵挡那一道道火辣辣的目光。且住!这就奇了!……我又代替起什么人,干起别的什么人该干的事情:噢,我现在是充当挡箭牌的角色了……

出院的时间到了,我们应当一块儿走。晚上我们在外面坐了很久。原来那一轮明月这时候没有了,出现的是新月,小小的,弯弯的。这新月不挂在天上,而是钩住木兰树梢,挂在旁边,一伸手便能抓住。可我这会儿没有心思去抓月亮,柳德米拉心绪不佳。许多该说的话都不知跑到什么地方去了。回忆还早了点儿,要做什么保证……任何保证都是空话。还是她第一个开口:

“谢谢您,大尉。”

“为什么谢我?”

“我不知道,说不清楚,还理不出个头绪。”她把我的手抓在手里,握了握,但没有放开。“不为什么,只不过我觉得你这个人很可贵。更多的话,我怕说了……”她的手这样说。后来又说了点什么,但我没有懂。

趁早晨凉爽,我们很早就出发了。尽管汽车里挤得满满的,但我们一直很顺利地到达辛菲罗波尔,一路上柳德米拉也没有觉得难受。我们暂歇在离车站不远的一所房子里。火车到晚上才开。

我们一下汽车,就有一个红头发中尉在我眼前转悠起来。这人个头儿小小的,牙齿龇得像凿子一样。他老想对我说点什么,叫我到一个什么地方去。但我没工夫跟他说话,要搬行李,还要给柳德米拉找个休息的地方。

我把事情大致都弄好了,才走出门来。一到街上,那个中尉又出现了,那小小的个头儿又挺得直直地站在我面前。

"我是乌托奇金!廖尼亚·乌托奇金。咱们认识认识。"说过这话,他猛地把头向后一仰。这时他真像一只吞食儿的小鸭。如果他不说出他那来自"鸭子"的姓氏,大概我也未必注意到这个动作。

"咱们认识认识。我是……"

"大尉,您要知道,在这儿等到晚上,真能把人渴死。再说,闲着没事儿,这一天就白过啦。"

"那又该怎样,一天才不白过呢?"

"应该从早晨就喝酒。我知道这儿有个挺好的地方,咱们去吧?"

一提到这种"事儿",我的喉咙就痒痒。只要有人暗示,我决不会错过。只不过要向柳德米拉打一下招呼,不然不大好。

"我去说一声,就出来……"

"大——尉!"乌托奇金拉长声音说,"你是个军人嘛,解放了欧洲,可要珍惜自己的自由。干吗还要去问?走吧!"

"里面有个女人呀……"

“女人就应该等着。就像那支歌儿里唱的：

当兵的喝酒要喝够，要喝够，
好姑娘反正等候，反正等候。

老兄，这歌儿里说得不错。”

这位又瘦又小的中尉简直是硬拖我去。我好说歹说，他都不听，只顾拉着我走。我在心里很讨厌这股缠劲儿，实际上却不能反抗，反而听他的。

乌托奇金把我带到一个酒亭。酒亭的门锁着，窗户也上了护窗板。

“这太好啦。谁也不会来打搅咱们。”我的这位向导说。他走到后门，敲了敲。没人应声。于是他便像打电报那样敲了起来。忽然，就像神仙念过咒似的，门自己开了。迎接我们的是一个装了一条木腿的亚美尼亚老汉。

“啊，是中尉呀！您回来了？”

“我这是回家，老大爷，拿到免役证啦。就跟你那木头腿一样管一辈子啦。”

“我这木腿可是不错。冻不坏，不生病，不疼也不痒。两位喝点什么？”

“什么好，喝什么。”

开头我们各喝了一杯酸酸的白葡萄酒，然后又尝玫瑰色的甜葡萄酒，最后喝起红葡萄酒。等各种酒都尝了一遍之后，乌托奇金使足劲儿把桌子一拍：

“我天生是当将军的材料！当骑兵将军。可这会儿只是个退役中尉！真没劲……”

“你能活着回来，就该谢天谢地啦，你这傻瓜太不知足啦。”老汉骂他说。

“屎壳郎也活着！怎么，我这许多勋章和奖章是放牛得来的吗？”他侧着手掌在挂满勋章和奖章的胸膛上扫了一下。那些勋章和奖章不知为什么很不快活地、低沉地丁当响了几声。

“老兄，二十三岁就没有了前途，心里不轻快呀……唉，不轻快呀……”

我已经喝得迷迷糊糊的了，但我还能理解他的心情，也能同情他。我和他好像处于两个不同的世界，生活在不同的时代。他的希望已经成为过去，我和他不同，如果我能活下去的话，我的希望在前面。那个无忧无虑、硬拖我来喝酒的中尉再也不见了，坐在我面前的完全是另一个人了。看样子，他是把自己的痛苦和悲伤隐藏在闪闪发光的鳞甲和公鸡般的雄姿之下。我能对他说什么，拿什么安慰他呢？

我第一次遇到这种情形。我们这些幸存者，正如亚美尼亚老汉说的，能活下来，就谢天谢地啦。可是乌托奇金还觉得不满足。

可是中尉突然停止了发牢骚，又披起了他的鳞甲。我们又拼命喝起酒来，把世上的一切都忘了。在亚美尼亚老汉的酒亭里喝过以后，我们又来到一处地下室酒铺，每人喝了一大杯，然后又上市场逛了逛，回去的路上又光顾了车站小吃部。但是在这儿才喝了几口就有人扯住我的袖子。

“大尉！我把全城都跑遍啦，到处找您！哎呀，我真吓坏啦……您还活……活着就好啦！”

我抬起眼睛,可是一句话也说不出来。舌头粘在上颚上,转不动了。

"天啊！怎么弄成这个样子啦……"

先是货架上的酒瓶摇晃了几下,后来窗户、墙壁也摇晃起来。眼看着墙壁就要倒塌下来,但马上整个房子都旋转起来,而且一切都旋转起来。只有两只深不见底的眼睛一动不动。我渐渐地溶化,渐渐地往下坠,渐渐消失……不,不是溶化,是沉没。这双眼睛引我往里沉。

轧轧声和轰隆声把我惊醒。原来,我们已经在火车里了。额头上有一块湿手巾,有一只手按着手巾,我熟悉这只手,这是柳德米拉。昨天喝酒的情景展现在我的眼前。我吓得赶紧闭上眼睛。但是那种不可一世的情景还是浮现出来,而且越来越清晰,越来越分明,越来越丑恶……是啊,光靠眼皮是遮不住羞耻的。

"您想喝水吗?"

"嗯……"

她抱住我的脖子,让我把头抬高些。她的手发烫,好像还有点儿哆嗦。

"如果还能原谅我的话,请原谅我吧,柳德米拉。"

"好吧……喝吧,大胡子小宝宝。您的呼吸停止过,停止过好几次。我简直吓坏啦……喝吧。"她一直端着杯子让我喝。

有一条细细的长腿从上面搭拉下来,那腿随着车厢的震动有节奏地摆动着,大概是亚美尼亚老汉锯下来的那条腿挂在这儿。大概是的……不,是我胡思乱想,说胡话。我糊涂啦。

"我说胡话了,柳德米拉。"

“这会儿已经不说啦。”她把我的头放到枕头上。“睡吧。”

“您也睡吧。”

“我也睡。”

整整一夜，柳德米拉的头连枕头都没有挨。不管我什么时候醒来，她总是这样坐着，用手按着我额头上的湿手巾。天快亮时，我完全清醒过来。这时候柳德米拉才马马虎虎躺了下来，连衣服也没有脱。她打起盹儿来。我却在这一生中第一次也是最后一次那样长久地看着她的脸。看着那长长的睫毛、微微鼓起的嘴唇、高高的额头、黑黑的头发、小小的耳朵，看了又看，就是不能不看。她大概感觉出我在看她，睁开了眼睛：

“怎么啦，大尉？干吗这样盯着看我？”

“要分手了嘛。以后再想看，就……”

“用不着提前悲伤，还有一整天的时间呢。正是一年中最长的一天——8月23日。”

可是，这样短暂、过得这样快的一天，在我一生中还不曾有过。真是一闪即逝，仿佛火石打出的火星。和我们同车厢的人，窗外闪过的翠绿的夏日大地，我都没来得及留意。“这一天”一直在柳德米拉的眼睛里，她的眼皮只要一张一合，天色便一明一暗。

我们夜里抵达斯大林格勒。火车在这里停车半小时，柳德米拉要从这里转车上罗斯托夫，她丈夫说好在斯大林格勒接她。我和她提起她的行李下了车。正下着雨，我们就等候她的丈夫来。没有人朝我们这儿来。大约过了五分钟，十分钟……我们站着，相对无言。过一会儿就该跟另一个人说另外一些话了。可那个人还是没有来。我们决定不再等了，便朝车站走去。那边有一座木建筑的大厅，那就是车站。走到台阶跟前，柳德米拉向我伸出手来：

“再见吧，大尉，再见……给我写信，一定要写信。”

她不想让我进车站。我把她的提箱放在车站门口，便朝列车跑来。我跑得上气不接下气，停一下子，然后又跑。雨越下越猛，还有一阵阵的狂风。我浑身湿透了。跑到月台，看到我乘的列车，才多少放下心来。我站下来，喘了几口气。忽然，空旷的月台上响起大嗓门儿的呼唤声，那声音盖过了哗哗的雨声，而且那样惊恐，就像是他自己在这可怕的黑夜里迷了路，或者在寻找迷了路的什么人：

“柳德米拉！柳德米拉·索科洛娃，你在哪儿?！柳德米拉！柳德米拉·索科洛娃！”

他从我背后朝列车的尾部跑去。我没有回头看。那声音一遍又一遍地响着，直到渐渐消失在哗哗的雨声中：

“柳德米拉·索科洛娃，你在哪儿?！柳德米拉！柳德米拉·索科洛娃！……”

这呼唤声从耳边掠过，像鞭子抽打我的心。等我上了火车，下了火车不论我躺着，不论我走路，耳朵里和心中一直在响着那呼唤声。现在已经是我在呼喊，是我的迷了路的灵魂在召唤了：“柳德米拉·索科洛娃，你在哪儿?！”没有回音。我接连给她写了两封信。我知道，她在人世的日子已经屈指可数；我明白，我的感情不会有什么结果；我十分清楚，我的话对她不是什么安慰，也不会使她轻快；但我还是写信。也许我的信在她死前能到她眼前；

也许，她那双通人意的手已经来不及打开我的信；但我还是写。因为我倒是还活着呀。

我的信到了她的手。回信来了。

“亲爱的人！

“大概，您从字迹就能感觉出，我的手指不听使唤。字母跟字母连不到一块儿。可我还是要写。我只是想说一说：我爱您，是的，就是爱您。爱的是在雅尔塔的您，而不是在辛菲罗波尔的那一个。不，不对！这样来分，这样吹毛求疵，不是笑话吗？我爱您过去的半生，也爱您今后还要过的半生……而我，在4月里就应该跟人生告别了。那时候，我下了汽车，走了几步，便坐在提箱上。我在同大海告别，同群山告别。您在我面前停下来。我撵您走，为的是不让任何人看到我的痛苦。把您撵走后，我马上就后悔了。可是我们又相遇了……您知道您做了什么事吗？您给了我三个月，给了我整整三个月的生命……这三个月我只是靠爱情活着。这三个月里，爱神守护着我，不让死神把我夺走。假如我们早些相遇，也许还能战胜死神呢。只是已经晚了……但就这样，也应该谢谢您，谢谢命运……而我还没有尝到的幸福和欢乐，我希望都留给您。您替我欢乐吧，替我品尝幸福吧。不要悲伤……

柳德米拉”

这就是我军便服口袋里的另一封信。

我该去找谁，把头扎到谁的手掌里？大娘那热乎乎的手早已冰冷。在她那永远不再揭开的黑被，在她那黑黑的坟包上，又蒙上罩单，有时是绿色的，有时是黄色的，有时是白色的。天国的时令也在变化呀……

大娘辞世

看样子,敏感的人甚至能知道自己死亡的日期和时辰。我大娘死前两三年,生病的时候越来越多。心里又焦灼,又难受,坐卧不安。一年到头熬旋覆花汁或者苦蒿汁来喝,这种苦蒿汁非常难喝,非常苦。我大娘喝起来,眉头皱都不皱。疼也好,蒿汁苦也好,她一概不说(她又对谁说呢？在我们家里,她是最年长的。因此她不能觉得麻烦,也不能觉得难受。只有别人才觉着苦……当然,这一切到后来我才明白)。

向晚时候,下起了松松的、毛茸茸的雪花。这是头一场雪。漫长的、一片黑乎乎的秋天,转眼间就成了一片白茫茫的冬天。要让季节变化,看来并不麻烦。雪云往天上一铺,就行了。但有时候这白茫茫的世界转眼间又会变成黑乎乎的一片。这也是我亲身体验到的。

头场雪的雪花刚刚在空中飘舞,我大娘就在自己的鹅毛褥子上躺倒了。她一辈子都是在里面的房间,同孩子们一起睡,可是现在她叫小娘给她把床铺到客房里，客房的窗户是对着大街的。在躺下去之前，她穿起了崭新的花长衣、带银饰的绿坎肩，头上扎了白头巾。又叫我和萨里赫把寿柜给她抬来。

寿柜又是什么呢？这是一种十分秘密、十分受珍视的柜子。我们这里的老奶奶为了给自己准备后事，把平时置办的寿衣、寿物都放到里面。里面有肥皂、小瓶子香水、殓衣、殓衣里面的天衣（因为是穿了这衣服升天堂的，所以叫天衣）、缝殓衣的针和线，以及入殓时所需要的其他一些东西。

但这只是这柜子里收藏的宝物中的一小部分。这里面主要的宝藏是各种各样的礼物，是死者留给活着的人的。当然，死者是不能亲手赠送的，死后由别人代为赠送。这种风俗倒是挺有意思：一个人往坟墓里去，却好像是参加婚礼，送起礼物来了。我们给大娘抬的柜子里，也有这样的宝贝。柜子非常沉，她积攒了真不少呢。

“瓦齐法，我快不行了，我一个人在这儿躺上两三天，要歇口气……”我大娘说着，头放到枕头上。

我的心一阵抽搐，大家也都呆了。这是怎么一回事儿？大娘是不是在说梦话？不是的，她的眼神清清楚楚的，十分和蔼，只不过显得有点儿疲惫无神。

“天啊，老头子又不在家！是不是叫萨里赫去找他回来？”我小娘着慌了。

“不着急，他会回来的。马上还没有事，该办的事情还来得及办一下。”

哎呀，这是怎么回事呀？大娘说的话多可怕呀！可是她的声音又是那样平静，就好像喝晚茶的时候向大家报告一件很平常的新闻。从我胸中发出一阵无声的抽泣，可是脑子还没有意识到大祸就要来临，还不相信。就像太阳只顾在明朗的天的一边放着光，好像就看不到，黑云正夹着闪电从天的另一边气势汹汹地朝太阳扑来。但是太阳很快就要淹没在黑云里。大祸已经来到，不过我还没有完全认识到罢了。

我爹到城里去了，我大哥穆尔塔萨到乌拉尔为集体农庄采购木材去了，家里的男子汉只有我二哥萨里赫和我了。

"我的孩子们，到这儿来，"大娘唤我们说，"我有事要请你们办。"

看样子，我们的头耷拉得太厉害了。

"别垂头丧气的，要打起精神来。这几天我还有不少事要你们办。"

"我们没什么，大娘，你说吧……我们马上办……大娘，你只管吩咐好啦……"我二哥萨里赫惶惶不安地说。

"这些年我接下地的孩子，我剪过脐带的孩子，我都想看看。明天你们把他们都叫来。从三十天的，到三十岁的，每一个都要来。"她语气十分严肃，"每一个都要来！你们不要一家一家地去叫，把话传出去就行啦。"

她这话转眼工夫就传遍了全村。凡是有关的人，自己能领会这话的用意，自己还领会不到的，还有爹和娘。这事儿是有点稀奇，不好理解。但我大娘一向不是空口说白话的。就是说，必须是有道理的。夜里就照我大娘自己的意思，她一个人在客房里度过。早晨她没有起床，就在床上喝了一碗茶，别的什么都没有进口。我给牲口添了草料,把栏里打扫干净了。这一天早上天气晴朗。但是这早晨的清爽与明朗,这万里无云的蓝天的明丽,只能使我家更显得阴暗与静寂。天地是天地,我们是我们,各不相顾。

吃过早饭,厨房里的饭桌还没有收拾,就开始来人了。头一个来的是黑脸尤马古尔的老婆,她怀里抱着一个吃奶的娃娃,另外还带着四个孩子,一个个都黑得像生铁铸的。两个大的孪生儿子哈比布拉和赫斯马杜拉,我是知道的,他们已经上学了。另外两个也是孪生的儿子,还有怀里抱着的一个,我就不知道了,这都是我不在场的时候生的。紧跟着尤马古尔的几个孩子来的是三公鸡街上的卡德尔古尔老汉的儿子——鹰钩鼻子伊什穆尔萨,他朝门里伸了伸长嘴。阿斯哈特和哈米季扬躲在角落里。法莉达走了进来,这个"黑屋里"的、"又饿又冷"的姑娘靠在炉子上(她已经成了大姑娘,而且漂亮得不得了。但是她还没有看上哪一个。如果有谁叫她看上的话,大家都会知道的)。

成年的小伙子和姑娘们也都来了,有的手上还抱着或领着自己的小弟弟或小妹妹;还有夫妻两个一起来的,有的还抱着娃娃。总之,会爬的,会走的,会跑的,长成男子汉的,成了大姑娘、新媳妇的,陆陆续续都来了。

先是厨房里挤得满满的。大些的为了给小些的让地方,都走到过道里。后来过道里也挤不下了,就走到院子里。只是我们家的亲戚没有人来,因为我大娘还没有给我们的亲戚家接过生,他们都是请别的老奶奶。我家屋子里和院子里挤满了大大小小的孩子。

就连凶狠毒辣出了名的塔日特金也来了,周围的人都怕这个人。那一年闹饥荒的时候,他把我吓得够呛。有一次我在仓房后面用自制的手枪放了一枪。所谓一枪,不过是往枪筒里放一撮火药,再用火柴在枪筒旁边的小窟窿上一擦就是了。忽然塔日特金不知从哪里跑了出来,把我的手枪夺了过去,并且朝我吼道:"好啊!你想打死人!我要是把你放枪的事报告村苏维埃,你可知道厉害?会把你关进监牢,然后还要枪毙!伙计,你的小命完啦!"我吓得一直凉到脚后跟。完啦!塔日特金这个人心肠狠毒,怎么哀求都不会有用。我呆呆地站着。他停了一会儿,又说:"好啦,算了吧,看在你大娘面上,我饶了你。可是等天一黑,你弄一桶土豆出来,把土豆倒在我家屋后那棵橡树底下,要满满的一桶。就从这仓库房后面走,不要叫人听到动静!"他把我的手枪放到口袋里,就走了,对我连望都没有再望。我还是呆呆地站在那里,又害怕,又不放心。他可别改变主意呀!天一黑,我就从地窖里弄出一桶土豆,倒在那棵橡树底下。应当承认,塔日特金说话还是算数的。我犯的罪谁也不知道。我还是很轻易地就逃脱了。如果不是我大娘的面子,我的小命就完了……现在这个塔日特金也来了,又斯文,又有礼貌,就像一位毛拉的女婿……

我走去报告我大娘:

"大娘,人都来啦。"

"让他们进来吧。"

一会儿,我们的客房里里外外都挤满了人。

大家都站着,只有抱着吃奶孩子的妈妈们,带着孙子、孙女的老奶奶和顶小的孩子们尽所有的位子坐下来。来的人什么样子的、什么颜色的没有啊!有黑头发的,有淡黄头发的;有的眼睛黑得就像深水潭,有的眼睛蓝得像青天;鼻子有翘着的,有带鹰钩的;人有漂亮的,也有不漂亮的。他们都是我大娘接到人世上来的。我们家的人只有我一个来到这房里,这是我大娘的意思。

说话声、喧嚷声、耳语声马上就没有了,连小小的孩子们都安静下来。因为很小的孩子都完全安静下来,这样的安静很快就使人惶惶不安,甚至提心吊胆起来。现在房里正是一种惶惶不安的气氛。

大娘坐了起来。她慢慢转过头,用眼睛看了看每一个人的脸。对有些人她看的时间很长,很留心,对另外一些人她只是用眼睛扫一下子。她还叫了叫一些人的名字:"萨比拉,都长成大姑娘啦,很久没看见你啦……""苏尔坦卡里,你的眼睛好了吗? ……""听说沙伊穆拉特爱哭,现在大概不哭啦……""大侄媳妇,来,让我再看看你那个小的……"黑脸尤马古尔的老婆把睡梦里还在吃奶的像生铁一样的孩子的脸转过来,对着我大娘。她对着这个还没有名字的孩子看的时间最长(这是全村最小的孩子,也是我大娘接下地的最后一个孩子)。她的目光又在塔日特金身上停了停。"你来了,很好。"她的目光好像这样说。

大些的惊异,小些的腼腆,所有的人都焦灼地等待下文。我大娘叫他们来,不是要点名检查人数,不是为了要逐个儿看看的,一定是有什么事情。一大早就把他们叫来,自然不是什么高兴的事情……

我大娘直了直身子。

"孩子们,"她说,"你们来到这人世上,我是一个一个地接下来的。可是现在要分别了,我就一下子把你们全叫来啦。你们来，我很感激。有的现在还不懂我的心情，等长大了，会懂的。大人可以给他们讲一讲。我是想：趁我还活着，趁我还清醒，咱们见一次面，最后一面……我有点儿不对劲，长不了啦。”

有人抽搭起来，哭的正是法莉达。大家一齐回头看了看她。

大娘用异乎寻常的冷淡语气说：

“孩子们，如果是来哭的，那还不如马上散了好。我不是叫你们来哭的，目前还不到时候。等到了时候，我不拦你们。那时候我也不能拦你们了。可是现在，咱们要好好地、平心静气地说说话儿。”

她这话一说，把眼泪从心里往眼里直涌的一切通道一下子就截断了。

“大娘，她这是心里觉得难受……”阿斯哈特替法莉达说话了。

我大娘什么都没有说，只是点了点头。她沉默了好一阵子，然后用自己平常那种温和、亲热的声调说起话来：

“孩子们，不管是遗训，不管是遗嘱，我都没有。我不是叫你们来听这个的。我只是向每一个孩子，不管是睡在摇篮里的、吃奶的，不管是耕地的、割麦的，再一次表示我的祝福，再对你们说一遍：你们彼此都要好心相待——好心待人，自己也好。”

“谢谢你，大娘，我们忘不了。”阿斯哈特回答说。他一向看重珍贵的话。

当然，我大娘的话并不是每个人都明白。她自己也感觉到这一点。但她也许在想：即使有的孩子不明白，能够记住也行，好种子落在地里，以后到了时候会发芽，就能抽穗，一颗麦粒就成了有三十颗麦粒的麦穗。

小孩子们的耐心是有限的,已经渐渐地开始动弹,开始闹哄了。忽然我大娘从被窝里爬了出来,跪在那个大柜子跟前。她用右手轻轻地摸弄着柜子盖。

"这一辈子我收了很多礼物,"她说道,"你们生下来的时候,都给我送了很贵重的礼物。论价钱不算贵重,可是我都当成很贵重的东西。送我鸡,我当成鹅;送我铜,我当成金子;送我麻布,我当成绸缎。"她幽默地笑了笑,"所以我就发了财,阔气起来。看我攒了多少宝贝,"她又摸弄起柜子,"收了大家的东西,应当向大家还礼。以前光是大家给我送礼物。以前大家给我送,现在我要送礼物给大家。"柜子盖哐啷一声掀了开来,但是谁也没有伸出脖子去朝柜子里看。"哪怕我送的是一个扣子,你们都要当成骆驼。好吧,你们过来拿。让小些的先来……"

谁也没料到这一着。我大娘满脸放光,手的动作变得非常轻快,她的样子显得又高兴,又得意。现在她要办的是她一生中最崇高、最神圣、最美好的事。但是还没有谁往跟前去,都很惊愕,都在等着。大娘就对黑脸尤马古尔的老婆说:

"大侄媳妇,你就先来吧。"她把一个很好看的橡皮奶嘴递过去,是给怀里的孩子的。她又给哈比布拉和赫斯马杜拉每人一支铅笔。这一下子热闹起来了!……胆子大的孩子一齐围住柜子,但是谁也没有伸手,都在耐心地等着,很懂规矩。大娘那两只很大方的手从柜子里拿出来的东西,一样比一样好。有的孩子得到的是泥娃娃,有的得到笛子,有的得到小皮球,有的得到别针,上面还带着亮晶晶的小石头……年纪大些的得到的礼物要值钱些,有香肥皂、像小指头一样粗的小瓶子香水、弯弯的梳子、香粉、铜戒指、铁口琴,扎辫子用的红绸带和蓝绸带、铜夹子等等。人虽多,可是不乱。每个人接到自己的礼物,就回到原来的地方。尽管热热闹闹地很有意思,这件麻烦事还是花了不少时间。我大娘很累。但是每一个人来到跟前,从第一个到最后一个,她都拍拍脊梁,摸弄摸弄头。不论大的、小的,一个不漏。只有塔日特金她不知为什么忘记了。她把礼物交给他,带着一种惋惜的神情朝他看了一眼,就转过脸去。

"都拿到了吗?"到最后,她问道。

没有人作声。

"没有漏掉谁吧!"

还是没有人作声。

"好吧,那这就留到最后那一天了。"我大娘盖起了柜子盖。

这时候站在门口的一个六七岁的黑头发小姑娘忽然哭叫起来。她朝大家伸着两个手掌,很难受地说:

"我还没有呢……你们不信,就看看……接生奶奶也还没有跟我亲热呢……"

有一个大些的男孩子马上塞给她一只泥捏的小兔子。她没有接,但是不哭了。大娘又打开柜子,把小姑娘叫到跟前,拍了拍她的脊梁,摸弄了摸弄她的头。然后把手往柜子深处伸了伸,拿出一块带红边的蓝头巾,打开抖了抖,又对折起来,亲手把头巾给她扎在头上。"这是给你的。"大娘说着,又摸弄了两下她的头。现在大娘是把柜子最后关上了。

大孩子们和小孩子们得到礼物,都没有高兴得嚷起来,都没有跑来跑去地你给我看，我给你看……这种稀奇的事不管在我们村里，还是在我们区里，大概都还不曾有过。一个人会亲手散发自己的丧后赠物……实在稀罕！该高兴呢，还是该悲伤？这是多么了不起的场面呀，我们过了很多年才懂得，当然，只有能懂得的人才懂得。

大娘又不慌不忙地躺到自己的褥子上，又用眼睛在屋子里扫了扫，又把大大小小的孩子们逐个儿看了一遍。

"咱们见见面，你们看看我，我也看看你们，这很好。我要是死了，希望以后你们每个人过得好好的。每个人都好好的……年纪大些的也许要到我坟上去，给我撒一把土，我先在这里道个谢。但是有一个人我不许去。"

年纪大些的惶惶不安地互相望了望。每个人都在心里寻思起来——这又是谁呢？但是我大娘没有让大家寻思多久。

"塔日特金，"她说着，低下头去，"我听说，你虐待你那可怜的娘，还常常骂她。是真的吗？"

没有回答。

"我还听说，你还打过你娘。也是真的吗？"

"是真的……不是虐待，是一时的火气……"

我大娘抬起头来，说：

"听见没有？都听见了吗？塔日特金打他的娘。能让他用他那样的手往我的坟上撒土吗？我可是不答应。"她把手从膝盖上拿了下来，轻轻地摆了摆，"好啦，现在你们走吧……"

大家都站起来，不慌不忙、你让我、我让你地开始往外走。已经听到外面有深深的叹气声、低低的哭声。能够在屋子里憋住了，就是很不容易的。我以为塔日特金会第一个溜掉的，谁知他没有溜掉。他是最后一个走的。等别人都走了，他才把手里拿着的一小瓶花露水放到柜子上，轻轻地走了出去。

大娘合上眼睛，好像睡着了。我还站在她身旁，守候着她。

低低的冬日的太阳照在她那放在被子上的干瘪的两手上。两只手光闪闪的，好像是在放光。仿佛那不是两只手，是落在被子上的两个太阳。大概就因为这样，每当我把头放到这两只手上的时候，就觉得浑身热乎，浑身暖和。只要这双手一抚摩，一切不幸和痛苦就立即烟消云散。可是又有谁的手能赶走她的痛苦，驱散她的悲伤呢？我对这个问题想了又想，因为我已经到了思考的年龄。

我不知道我这样坐了多久。但是就在这段时间里，我好像在过去跟着大娘走过的所有道路、树林和草地上又走了一趟。走是走了，但就是不能走遍。遇到我和她一起喝过水的水泉，我就趴下来喝水。喝是喝了，就是喝不够。我长到十八岁，一直是在她的翅膀底下。不管长多么大，都是孩子。现在她就要走上最后一段路，往最后的归宿地去了。我知道，她去时，我是要哭的。哭是哭，但心里的苦楚永远都哭不尽……这会儿泪水已经涌到喉咙眼儿里……

她睁开了眼睛，说：

“孩子，你在这儿呀。很好……”

“我想，也许你有什么事儿……”

“没事儿。你在这儿，很好……有你在，心里就踏实了。”

“孩子们拿到你的礼物，才高兴呢。”我随口说。

“不必，孩子，不用宽慰我。如果他们高兴的话那就不大好了。是长点儿见识，不是高兴。我送礼物不是叫他们高兴，是留做纪念。我不能伸着空手和他们告别。我想看看所有的孩子。谢天谢地，我的心愿兑现了。不过我对塔日特金是不是太严厉了？也好，这对他，对别人都是一次教训。该教训不教训，没有好处。有些罪过是不能饶恕的。你要记住，没有比母亲更神圣的了。”

“我知道，大娘，清清楚楚知道——你们两个我都知道……”

她又合上了眼睛，说：

“我没有什么可惋惜的。如果有什么事可惋惜的，现在也晚了。可惜的只是，我丢下你，还早了一点儿。你的翅膀还没有长硬，还经不住风雨，你还是孩子。不过，你永远都脱不掉孩子气……这样也好也不好。但愿上天保佑你……我今天就好像在天和地中间转悠。我并不累，就是好像没有劲儿了。老想睡觉。”

她又睡着了。我走出来，在村子里走了走。关于我大娘的各种各样的说法已经到处流传起来。有些人说：“看样子，天使已经把死的时辰告诉她啦。”另外一些人担心地说：“接生婆是不是着魔啦？”还有一些人在寻思某种暗中的用意……至于一个人趁活着的时候，想跟活着的人告别一下，毫无用心，只是想尽点儿人的心意——却是谁都没有料到的。

到了晚上，她先是把我的小妹妹萨莉莎和小弟伊里亚斯叫去。后来萨里赫又在她那里待了很久。我二哥萨里赫的心很软，动不动就流泪。这一次他出来，眼睛也是湿的。我小娘慌了：“怎么，不行啦？”萨里赫回答说：“不是的。她还请我多担待呢。她说如果有什么不周到的地方，请我多多担待……”就连一向沉着镇定的嫂子比卡，也一反常态。她也是抽搭着从里面出来的。

最后一个进客房的是我小娘。她在里面待了很久。弟弟和妹妹等得乏了，都睡着了。二哥萨里赫坐在角落里一根木头上，缩着身子，不时沉重地叹两口气。我越来越害怕。实在憋不住，便轻轻地推开门，走进客房里。煤油灯灯光十分暗淡，但房里还是能看得清楚。小娘在大娘跟前，跪在没有铺地毯的光光的地上。大娘的一只手放在小娘的头上，她们在小声说着话儿。我听到小娘的声音：

“多少年来我过的好日子，觉得就好像欠的债。有时候我都打哆嗦：我的孩子们好像也是我借的债。实在就是这么一回事儿。我把孩子生出来，你就把孩子放在翅膀底下，照料起来，抚养起来。我又高兴，又难受。高兴的是：你心疼孩子，也就是心疼我。为什么难受，我可说不出来，哦，哦……我说得有点乱了。我是想说别的，噢，噢……我是想说：我不是木头，因为有了我，你心里不好受，苦闷，我早就明白。所以我说：我的欢乐、我的幸福、我的希望——都是欠的债。有时候两边鬓角直跳：欠债，欠债，欠债。你现在一生病，我就更难受了。”她小声哭了起来，“敏列娅马尔姐姐呀！要么你就饶恕我的罪过，要么你就亲口骂我一顿。我还不清你的债啦，我没办法还呀。”

“哎，你真是小孩子，你没有过错，你也不欠债。你什么债都不欠我的。每个人的幸福和苦楚都是自己的，如果你还记得的话，是我亲自给你做的媒，我当时清清楚楚，没有糊涂。”

“是这样的，是你通情达理，自觉自愿给自己的男人娶亲。

可是情理是一回事儿,心情是另一回事儿。我当时也没有多想,没有朝两边看看,只是想到你的一片好心,就答应了,可结果是……我心里的幸福和良心上的痛苦,就不知哪一头更大些了。要么你就饶恕我,要么你就骂我一顿。不要老是叫我欠着,那样不行……"

"你没有错。"大娘又用十分和蔼的口气说了一遍,"我以往的痛苦,完全不能怪你,只能怪我的命不好。现在我什么样的痛苦都没有啦……"

"敏列娅马尔姐姐,"小娘用恳求的语气说,"看在上天面上,你让我放心,明明白白告诉我吧……"

"就照你说的,我把话说明白些。如果你有什么过错的话,那也应该由我来承担……是我亲自给你做的媒嘛……好啦,你去吧,要不然孩子们要怕啦……"

但是小娘没有马上就站起来。我轻手轻脚地溜出门去。

半夜里我爹才回来。到早晨,赛拉诺夫村的姐姐和姐夫也来了,是萨里赫去叫来的。附近几个村里的一些亲戚也都来了。大娘把每个人都叫到跟前,跟每个人都说说话儿,告告别。当天傍晚她眼看要不行了,到夜里又轻快些,天快亮的时候就死了。她去世的时候,只有我爹在她跟前,看样子,是我大娘希望这样的。

大娘的死使我悲痛欲绝,简直想在地上滚,想大哭一场,可是哭也哭不出来,就好像变成了石头。三天以来我大娘当着我们的面跟死神做游戏,看样子,她是想叫我们习惯习惯,想锻炼锻炼我们的意志。让我们不要感到太突然,不至于因为她的死悲痛过分,丧魂失魄。可是她想错了,她没有料准。我们一直就不相信她会这样简简单单,轻易地离开人世。现在还是不相信。她只是穿上崭新的花长衫和带银饰的新坎肩,扎上白头巾躺下来了。她甚至都不累,就是没有劲儿了。

早晨,纷纷扬扬地下起了大雪,下了一整天,停都没有停。阿斯哈特和哈米季扬从农庄的马棚里牵出两匹马,骑上马朝我们家跑来。他们就要向全村发出最可怕、最悲痛的呼唤声。他们分别站到街道两边,站了一会儿,朝我家看了看,就朝下街头奔去。

他们的呼唤声交替地传来:

“都来送殡呀!……”

“都来送殡呀!……”

那一天午后,我们把大娘葬了,堆起了黑黑的、软软和和的新坟。大雪还是不停地下着。这黑土新坟眼看着跟白茫茫的世界融合到一起。新坟一点儿都看不见了……但是忽然间,一切都变了,涌来了黑雪,黑黑的雪花往地上落,朝天上飞,带着轻轻的啸声像旋风一样在空中旋转。整个世界变成黑沉沉的一片,只有我大娘的坟像一座白山似的矗立在黑沉沉的大地上。黑黑的雪花飞来,想朝坟头上落,可是落不到上面去,有一股力量不准落,把黑黑的雪花赶开。

送葬的人已经全走了。不知是谁抓住我的肩膀,摇晃了几下。原来是我二哥萨里赫。

“走吧……”

“哪儿去?为什么要走?”

我大娘就这样永远离开了我们。除了这种悲痛之外,我又感到另一种痛苦。我大娘活着的时候,我觉得我对大娘和小娘同样地爱。说得确切一点儿，我没有想过这个问题，没有把爱分成份儿。

但是等到我大娘离开人世，我对小娘，对生了我、用奶水喂过我的亲娘，忽然感到很冷淡、很生疏，要躲着她。她想分担我的痛苦，安慰我，想抚摩我的头，我却躲开，从她手底下溜掉。她对我说亲热话儿，我不听。心里就是不想跟她接近，我自己也没有办法。我这是怎么啦。究竟是怎么一回事儿呢？难道大娘把什么都带走了？怎么办啊？我真想趴到我小娘脚下，请她原谅我……可是我不能……我已经十八岁了呀。只有我一个人待着的时候，我就要哭，憋都憋不住。这不是我哭，是躲在我大娘怀里的我的童年在哭，而且要哭很久很久……

一年一年过去，心渐渐安定下来。就像我大娘过去常说的，迷路的心回到了自己的窝儿里。回是回来了，可是一颗心分成了两半。一半变成了怀念和忠忱，另一半成为现实和希望。就这样，每一个母亲各得到自己的一份儿——一份是怀念，一份是现实。我的心从此就分成两半儿，就这样活到如今。

“好手气”纳西普

如今，战争已经过去了很多年。世界太平了，国家富强了。身体的创伤愈合了，心灵的创伤消失了。不幸的人习惯了痛苦，孤儿习惯了孤单，失去腿的人习惯了瘸腿走路，失去手臂的人习惯了自己的空袖筒。该习惯的，就得习惯。我们这些战争中生还的，又像小时候那样亲近起来，而且更亲热了。共同的命运带着我们走过了架在死与生之间的摇摇晃晃的独木桥，又带我们回到共同的家乡团聚。就连那些年轻时为了姑娘几乎拼刀子的男子，也忘记了多年的怨仇，围到一个火堆边，要在一个锅里吃饭了。我们也和那些奔赴外地的伙伴常常通信，互相问候。不过，有一点我们这些同龄人还是很怕——怕互相打听下落。我们知道，过去密密的树林里响声很大，如今只剩下稀稀拉拉一些树了。一人回音，四人没有反响。我回想起树林不是没有缘故的。当年我们村子附近有座茂密的橡树林，四个漫长的战时的冬天，已经把树林砍光了。只有一些零零落落的橡树冷冷清清地矗立着。剩下的都是一些最大、最坚硬的树。看样子，是妇女和儿童没力气伐这些树。

有时候也会出现奇事：杳无音信的人忽然寄信回来，大家认为已经牺牲、已经追悼过的人忽然回到家里。因此，盼亲人的人心中的希望还一直没有破灭，还在盼呀盼……

就在圆头塔利普死而复活的那一年，大家早已为之开过吊的"好手气"纳西普回到了村里。我们见了面。如果不是这次见面，他的事就没什么好写的了："纳西普手气好，这大家都知道。还有什么好说的呢？"可是，这一来，就有什么好写了。

我一听说纳西普回来了，便立即来到"大胡子沙拉菲金"家，"大胡子"是纳西普爹沙拉菲金的外号。沙拉菲金的全部家当就是这一部黑黑的、像刺猬一样的大胡子。我还记得，他家院子没有围墙，院子里没有牲畜，但是他一直很爱惜他的胡子，常常抚弄，时时注意。那胡子先是黑黑的，后来白了，再后来又有点儿黄了。沙拉菲金有一个很怪的习惯：对家里的人不叫名字，而是叫外号，外号是他想出来的。纳西普叫"狗子"，二儿子叫"布掸子"，小儿子叫"耳朵"，老伴儿叫"女戏子"。扬莉哈大婶一点儿也不像女戏子。不错，她是有一点儿怪毛病：在走路的时候，因为一条腿麻痹，走着走着，忽然就斜着走起来，或者忽然站下来，就地跺几下脚。也许就是这一点像女戏子吧。别的才能似乎没有。可是丈夫却把她捧得那么高，叫她女戏子……扬莉哈大婶虽然是纳西普的后娘，却很和善，从来不虐待他。沙拉菲金却很粗暴，很凶狠。在他跟前，任何人都没有好日子过，特别是大儿子。他是酒杯不离手，骂娘的话不离口。天天在外面逛荡，做手艺，好像是做木匠活儿。很少回家，一回家就把家里搅得天翻地覆，弄得一条街都不得安宁。

好像是在我们参加集体农庄的头几年，有一次，沙拉菲金在外面待了很久，据说挣了不少钱回来。他是在农忙时候回来的，天天喝得醉醺醺的，嘴里骂着娘，在街上来来回回逛荡起来。

有一天傍晚，街坊们干完了活儿，来到我家的墙根下，在谈一点什么事儿，这时候沙拉菲金走了过来，身子摇摇晃晃，并且还在破口大骂日本天皇。他每次喝醉了酒，要找谁的茬儿的时候，总要先骂骂日本天皇，而且接二连三地骂许多下流话。

“我日他娘，把他们一块儿日，日他爹，日他爷爷，日那些日本佬……日所有的日本佬……所有的日本族。我要叫日本天皇尝尝我的鸡巴。把他娘日得死死的，再叫牙狗把他娘撕个粉碎……”

“沙拉菲金，你还是斯文点儿，孩子们都在这儿，”我爹说，“女人们也能听得见。”

“就要让她们听见！女人不就是要日吗？”他用手捋了捋胡子，“就要让她们听听呢！”

“沙拉菲金，到这儿为止吧，够啦。”我爹又一次警告说。

“你这老家伙，凭什么大模大样坐在这儿，对我发号施令？你有什么资格？”他发作起来。“怎么，你是日本天皇？滚开，你少管闲事！我日你那日本祖宗……”

“我早就看不惯你这号儿的啦！”这时已经六十岁的我的爹说过这话，很轻快地跳了起来，抡起拳头，一拳把他打倒。沙拉菲金仰面朝天倒在地上，在地上躺了老半天，后来用四肢撑起身子，晃了晃脑袋，清醒过来。他站起身来，皱着眉头盯着我爹看了老半天，看架势就要朝我爹扑过去，一副气势汹汹的模样。他朝前走了走，身子往后仰了仰，亮了亮架势。但是却不急着抡拳头。

“哎呀，大哥！你简直可以当皇上！”他摇摇头，“哎呀，大哥，你干的好事……”

沙拉菲金转过身去，径直朝自己的家走去，连摇晃也不摇晃了。已经走出老长的一截路之后，唱了起来：

> 可爱的小伙子
> 把辫子上的绸带摸了摸，
> 过后就像喝醉了酒，
> 心里说不出地快活。

嘿！原来，他还会唱这样美的歌儿！甚至还有点儿合乎情景哩。

打这以后，我们听是能听到他那难入耳的骂娘声，但是他再也不醉醺醺地到我家门口转悠了。

纳西普在家里和村里都不能为自己的运气好的手找到用武之地，还是孩子的时候，就离开了家乡。那是在我们进城吃白面包的那一年。早晨起来他上大路旁边的一块地里锄黍子，就不见了。很多人到处找过。不论陆地上，不论水里，都没有发现纳西普的尸首。没有人哭他，没有人为他难过。到了割黍子的时候，大家已经把他忘了。

过了两年，纳西普穿着马裤和黄色运动鞋回到了村里。最使我们吃惊的是那绿顶的军帽。阿斯哈特一看见他，就说：“绿头儿马蝇。”帽子在大家手里传来传去，大人、小孩都转悠着看，还要戴在头上试试。纳西普还很大方地对沙吉杜拉说：“你想戴，就拿去，我一点儿不心疼。”但是队长还给了他：“一顶帽子不够大家戴，还是你自己戴吧。”至于他到过什么地方，见过一些什么，他对谁都没有仔细说。我们只知道，他流浪了很久之后，进了收容所，就在那儿上学了。还听他说，这绿顶军帽是一位军官给他的。为什么了不起的事儿给的，他却不说，只说：“给就给呗……”

快到秋天的时候，他又不见了。这一次连找也不找他了。“牲口饿了，到时候就要回来吃草。”他爹这样说，并且骂了起来。沙拉菲金嘴里出来的东西，连狗都不去闻。

这一次我们的流浪者很久没有音信，有七八年不知下落。有一天，正是夏天最热的时候，纳西普手里提着两个黄黄的大箱子，身穿黑色西服，脚登带孔的白皮鞋，头戴黑色呢帽，脖子上系着绿色带，回到了村里。单是模样儿就够神气的！他家的邻居说，一个皮箱装满了衣服，是给他爹、后娘和两个弟弟的，另一个皮箱装的是送亲友的糖果。大概就是这样。当天沙拉菲金就从头到脚换了一身新，到街上来亮相。“我过去操心没有白费。把本事传给儿子，这会儿得好处啦。这孩子算有用……”这时候已经白了胡子的沙拉菲金谝了起来。到处叫人看他的新上衣，看了面子，又看里子。为了让人看到那双锃亮的新套靴，故意把两只靴子踩得吱吱响。

另一个箱子里装的是核桃、杏干、葡萄干、各种各样的水果糖、红红的蜜糖饼干、黑黑的李子干，这我亲眼看到了。纳西普打开箱子，放到炕上，就开始分礼物，老头子、老奶奶、小孩子，凡是来看的人,都分到一份儿。如此大方的出门人回来的消息很快就传了开去。整个一条街上的小伙子们,特别是孩子们,把沙拉菲金全家的屋子挤得满满的。

纳西普总是用他那好运气的手一大把一大把地抓起好吃的东西,往每个人伸过来的手掌或者撑开的衣襟里倒。一批批的人来了又走。后来开始来一些奇怪模样的孩子:脸上抹了黑烟子,头上扣着大人的帽子。这变的是什么戏法?从哪儿来的?

“哥,哥,”纳西普的一个弟弟揭穿他们的把戏,“这个戴大帽子、脸上抹了烟子的孩子,已经来过一回,吃过你的东西了。”

“他是吃过,他爹的帽子还没吃过呢。”好手气纳西普笑了起来。“伙计们,把帽子摘下来。”

孩子们马上执行他的命令。又是一把把果干或核桃落进帽子,纳西普很喜欢这些小淘气的机灵。孩子们马上溜了。

忽然大家对他都亲热起来。很多人都说非常想念他,天天盼他回来。一直到夜里,不断地有人来。不来看看他怎么行呢?为了招待老年人,茶炊一直离不开桌子。“这玩意儿我实在咬不动,可我就是想吃,”曼苏尔老汉一面说,一面把硬邦邦的杏干往没有牙的嘴里送。“一大早嘴唇就发痒,原来是有好东西要吃呀。让我家老婆子也沾点儿光吧……”于是老汉抓了一把葡萄干,塞到小褂口袋里。

可是纳西普的热情招待到此也就结束了。过了几天,他把我们这条街上所有的同龄人,也就是一块儿长大的小伙子和姑娘们,都邀请了来,开起了宴会。那时候,在年轻人的宴会上还不兴喝酒。不过各种各样好吃的东西纳西普让大家吃了个够。整个晚上热热闹闹，又吃，又唱，又跳。又是沙吉杜拉的手风琴，又是阿斯哈特的俏皮话。我们这些同龄人聚在一起，无忧无虑地欢笑，这是第一次，也是最后一次。这全亏了纳西普……

但是我们对他却表现得很不礼貌，很不尊重，无情无义。我们谁也没有邀请这个远方归来的客人到家里来，以贵宾相待，宴请他，表示敬重。也许把他的慷慨大方当成古怪，认为他有点儿疯疯傻傻。是的，可能就是这样。大家都吃饱了，喝足了，还暗地里嘲弄他。因为我们狭隘的头脑和有限的胸怀无法理解这一切。他也许并不指望我们尊敬和款待。可是我一想起来，至今还觉得对他有愧。

如我们当时所了解的，纳西普在外面上完了师范学校，就在中亚某地教孩子们读书。他在村子里玩了一个月左右，把自己的黑色西服半价卖给了商人扎伊努什，便回中亚去了。这一次他不是偷偷走的，临走前拜访了街坊邻居、小时候的伙伴，跟大家告了别。两个弟弟把他送上火车。带的行李不多，两个黄黄的空皮箱留给后娘。后来一个皮箱装了鸡毛，另一个装了大葱。

……唉，唉，多少时间过去啦！大概有二十年吧。我又来到沙拉菲金家，我是来看纳西普的。沙拉菲金老汉早已进了坟墓。他一辈子闹得人不得安生，一直闹到胡子黄了，后来他站在街心里，为自己的胡闹向大家悔过，悔过以后就死了。不过，不是悔过以后马上就死的。他又害了一阵子病，受了不少罪。沙拉菲金死得很不漂亮：一头栽倒在灶旁的泔水盆里，呛死了。

纳西普高高兴兴地迎接我：

“又一个从阴间跑回来的！你的事儿我听说啦！好样的，大肚脐，不含糊！”他沙哑地笑起来。纳西普的嗓门儿一辈子都是沙哑的。小时候他有一次掉进冰窟窿里，打那以后就哑了嗓子。他那没有血色的脸更没有血色了，鬓角已经发了白，但两只细细的灰眼睛依然还是原来那种样子，既没有阴影，也没有云雾，就好像这一生中进入他的眼睛的只有无穷的欢乐和不尽的幸福。那笑眯眯的、无忧无虑的孩子般的眼睛，在他那疲倦不堪的脸上，就像两个光彩夺目的小岛。

他伸出两只手跟我握手。我握到的不是两只手，是两个厚厚的圆饼子，好像有人非常细心、非常熟练地用剪子把所有的指头齐根剪掉了。两只手当中只有一只手剩下惟一的一个小指头，看样子，是剪子没有剪到的。我打了个哆嗦，不知是由于怜悯，还是由于厌恶。可是纳西普见了面只顾高兴，没留意这一点。也许，他那善良的心灵并未察觉自己形体的残缺？这可怜的人呀，他竟忘啦。

“嗯，怎么样？”他那相当沉重的“饼子”拍了拍我的肩膀。“想吃家乡的饭，就回家来了。真想家乡呀，简直想死啦。实在话！”

“怎么样？看起来，你挺好嘛。”我随口说。

“没什么好抱怨的，”他闪动着他那纯真的眼睛说，“还活得好好的，身体挺不错。可以说，胳膊腿都还是全的。不错，手指头是不全了……可我的指头也不是金指头。马生来就没有指头呢。也活得好好的！再说，我又不是用指头教孩子们，是用舌头，用脑子教。”

是的，这就是好手气纳西普，一点儿未变，还像二十年前那样，穿着黑色西服。可是这一次上衣袖子已经磨破了。绿色领带油光光的，已经沾了不少油。白衬衣的领口也很脏了。我的疑问的目光在半路上被他抓住，他说：

“换洗的衬衣倒是有的。不过西服在我最阔气的时候也只有一套。我不贪多。就是幸福，我也不需要双份儿。一份儿足够了，只一份儿我不会胀破……”说到这里，他用左手上（是的，是在左手上）还剩的那个小指头摸了摸胸前的红旗勋章，不知是想引开我的注意力，还是没什么用意。

别急，为什么一见面我就断定他是“可怜的人”呢？可怜他，安慰他——这不是很不识相、很不通人情吗？他既不觉得自己可怜，又不因为受过伤而居功自傲，不拿自己的伤残作资本，来做买卖。

但是，在这五光十色的世界上，既有人拿美貌，也有人拿丑陋做买卖。1944年9月初有一次我在我们刚刚攻下的罗马尼亚城市康斯坦察转悠了一整天。不慌不忙地走着，随便看看。我第一次来到外国地面上，第一次见到不同的生活、不同的风尚。给我当向导的是一名警察，俄语说得挺不错。这城市和城里的人他都十分熟悉。当时遇到两件事，使我十分痛心，特别使我不能忘怀。在一条大街上，我们碰上一位姑娘，美艳绝伦，叫人怎么看也看不够。警察忽然抓住她的袖子，把她拉住。很轻薄地捏了捏她的下巴，摸了摸她的肩膀，又拧了拧她的脸蛋儿。说了两句话，就很放肆地笑起来。我看到这情形，又惊奇，又愕然。我惊奇的是，这姑娘竟有这样美，感到愕然的是，一个维护社会秩序的警察竟这样放肆，对这样美的姑娘如此无礼。那姑娘要走的时候，警察用俄语说："走吧，干你的去吧。"并且拍了拍她的屁股。这一下子我简直不相信自己的眼睛了。不过，我实在压抑不住赞赏的心情，就说：

"多么漂亮呀……看一眼，死都值得。"

"她是卖的……不卖整的，卖零的，卖临时的。不过价钱很高。"我的向导很平静地说。

"卖……这是怎么回事儿？她那么漂亮嘛……"

"正因为漂亮，所以价钱才高呀……这些'玩意儿'的价钱我全知道。"

天一下子暗了下来，变成了阴天。多么叫人伤心呀，不是吗？

后来我们走到一个广场上，广场上到处是人。广场中心有一匹驴子在嗥嗥地叫。我们挤到跟前，那驴套在一辆很长的大车上，有个头戴高高的毛皮帽的人站在旁边，在扯驴耳朵，那驴就嗥嗥地叫。大车上躺着一个光屁股小男孩，有三四岁。那孩子老大老大的脑袋，小小的身子，没有胳膊和腿，都被砍得只剩了短短一小截。我不禁向后一退：因为起初我以为只有一个头单独放在那儿。那孩子旁边放着一个洋铁碗。驴不停地在叫。有时候有几个铜板丁丁当当落到碗里。这场画所表现的可悲主题，不用说也很清楚：父亲在出卖自己孩子的丑陋，零卖。

一看见这场面，就连神气活现的警察也低下了头。

"人一穷了，什么事干不出来呀……"

就这样，我在一天之内又遇到出卖美貌的，又遇到出卖丑陋的。二者之中，哪一个更可怜，我不知道。恐怕，二者都很可怜……都一样可怜。

纳西普一双没有指头的手,我已经觉得不是残废的了。不漂亮,也不丑,普普通通,手就是手。我的感觉已经和他本人的感觉一致了。

扬莉哈大婶把茶烧好了。不知从哪儿弄来一瓶火漆封口的好酒。纳西普很麻利地用两膝把酒瓶紧紧夹住,用圆圆的手掌朝瓶底一拍,一下子就把瓶塞打开了。斟了两杯,斟得很公平,不多不少。

“你瞧,顶要紧的事这手都能干,其余的事就更不在话下了……”他用沙哑的嗓子笑了起来。然后他把一双“饼子”伸到自己面前。“有多少年我不能向任何人证实,我这手气有多么好。终于有那么一次,就证实了。”

我们都干了一杯,这一下,纳西普的精神头儿更大了。

“指头是没有了,但我证实了。”他又接上刚才的话头儿。“我从小就这样……还是小孩子的时候,就觉得我的手有一点儿奥妙。你们光笑话我,可是怎么都不相信。唉!”他又咕嘟咕嘟地斟了两杯酒。“来,再干一杯!”

“你究竟是在哪儿把指甲连同指头一起剪掉的呀?”我摹仿着他的口气问道。

“如果你听到别人说,在纳西普手里爆炸过一颗老大的炸弹,那是胡扯。还是让我自己来说说吧。”他又把瓶塞子塞到酒瓶上。“在我讲的时候,别让它打岔儿,好好儿待在这儿,听着,就这样。”

他的脸上泛起红晕。就是说,两杯酒管劲了。只是两只眼睛多少有点儿阴暗了。

“那你就听吧。我的手指头是冻坏的。”

“怎么冻坏的?”

“就那么冻坏的。不过这指头干成了大事。我的指头是像英勇的战士一样牺牲的。”

他接着讲下去:

“我当时在炮兵部队当通信兵,常常带着电话线在指挥部和炮兵阵地之间跑来跑去。那是1943年冬天,一大早就在冰天雪地里打了起来,我们的炮队躲在小树林里,打那儿轰击敌人的阵地。团长通过电话亲自指挥,嗓门儿又大又清脆!真是铁嗓子。忽然在远处的雪地上,有许多黑点儿纷纷动了起来。一个个黑点儿越来越大,越来越大……是坦克!这事儿见得多啦,没什么了不起的。很快坦克就要喷火了。来吧,来吧,来试试看吧!马上就要叫你们像柴垛一样烧起来。我在心里这样说着,一面注视着最前面一辆坦克。他们的大炮原来只是懒洋洋地发射着,这会儿也来劲儿了。天气晴朗,炮声在空中老半天散不掉。整个大地被炮声震得直打颤,两边的炮火旋风都在打圈圈儿。就在这时候,团长气得把话筒一扔:“断啦!电线断啦!快接上!”下士斯克沃尔曹夫马上顺着电话线跑去,我们都看着。他跑到离炮击地带还有三四百公尺的地方,依然好好的,平安无事。可是后来忽然有一批炮弹纷纷爆炸起来。他跑一阵,卧倒一会儿,又起来往前跑。炮弹越来越密集了,看样子,坦克也开始射击了。斯克沃尔曹夫后来又出现了两次,后来倒下去,就再也没有起来。电话还是不通。我说：‘让我去吧。’团长说：‘你别去，’又转身对普通兵什哈诺夫说：‘你去！’什哈诺夫顺着电话线踏着斯克沃尔曹夫的脚印朝前跑去。跑到半路上，一阵爆炸的硝烟把他裹住，他就消失在硝烟里，不见了。电话还是没有接通。我又说：‘团长，让我去吧。我的手气好！’一肚子怒火的团长忽然哈哈大笑起来：‘好，既然你手气好，就去吧！’于是我也顺着那条路朝前跑去。不论是炮弹爆炸声、地雷吼叫声、子弹呼啸声，我都听不见。这会儿炮弹、子弹打的反正不是我一个人。除了拖在雪地上的电话线，我什么都看不见，世界上别的什么都没有了。我既不弯腰，又不卧倒。我的好运气保护着我，我一个劲儿朝前跑。我在地雷炸出的一个黑黑的大坑里看到斯克沃尔曹夫那老大的尸体。他本是一个快活的小伙子，一到晚上，穿起伪装军衣，就学茨冈人，又唱又跳，现在躺着不动了。我没有停住脚步，等我回来，再把他背回去吧。似乎没有发现什哈诺夫，现在记不清了。当时我只知道往前跑，一面跑，一面小声祈求：‘运气啊，可别走掉呀……可别走掉呀……’运气果然没有把我抛开。我找到了电线被炸断的地方，把棉手套一脱，就动手接线。首先把两个头儿接到我带的话机上，试一试。跟指挥部联系，通了；叫了叫炮兵连，也通了。然后才把两个头儿接到一起，用胶布裹起来。两只手冻得生疼，这时候才感觉出来，疼得难受，找手套却找不到。我在匆忙中把手套远远地扔到一旁去了。我到旁边去找，走了三四步，身子就软了下来。只记得，我是不慌不忙慢慢倒下的，是炮弹爆炸把我震伤了。这是后来才知道的。我军已经发起进攻，可是我还躺在那儿。然而，看样子，运气还坐在旁边守着我，有个人撞到我身上，看到我还活着。不过,我躺在雪地上的时候,手指头完全冻坏了。可是,就因为我的手气好,那么多敌人坦克都被我军消灭了。我花了九个手指头,完全够本了。第二天,团长亲自到救护队来看我。他说:‘真不错,上等兵同志,你的手气不坏。谢谢你!在最困难的时候,可以说,就在咱们团瞎了和聋了的时候,你挽救了咱们团。’他还说了一句:‘这样的英雄事迹是不应该忘记的!’真的,他是这样说的。”

“是没有忘记呀……”我指了指他的勋章。

“这个吗?不是,这是在以前得的,在收复勒热夫的时候……”

“为刚才说的那件事,又奖给你什么呢?”

“没有。也许奖给我什么来,可是我没有收到,已经把我送到后方来了。”

“后来你也没有去要吗?”

“这怎么好要呀?能跑去要求说,我当年为执行任务,把手指头都冻掉了,现在该给我奖赏啦?像话吗?”

“可是别人就这样要求。”

“可我又不是别人。我已经得到最大的奖赏,那就是生命。二十岁的斯克沃尔曹夫和十九岁的什哈诺夫又得到什么来?说实在的,有一回我曾经想去要,可是一想起这两个人,就不好意思了。就现在我仿佛还看到,斯克沃尔曹夫那狮子般的魁伟身躯佝偻着躺在那儿。可我的身躯虽然像小鸡一般,依然活到如今。”

“依你这么说,咱们这些活着的,都欠了死者的债,根本就不应该去要求什么报酬了。”

“就是这么回事儿,伙计……这一辈子都得还债。就是说,活人与活人互相还债。”

可是刚才我还在心里暗暗可怜这个人呢。可怜他,多么把他看低了啊!他属于有翅膀的一类呀!不是小鸡,是飞得很高的一种鸟!

为什么纳西普毫不犹豫地坚信自己手气好,手到成功,我现在才明白了。他不想用自己的手去捞什么好处,不想捞名、捞利,也不想捞什么奖赏。他一辈子用自己的手拼命为人做好事,哪怕是小小的好事,尽量使别人高兴,希望在干活儿、在游戏、在钓鱼时有好运气。有一次,他在失去指头之后,向大家证实了他的手的灵活性。现在他再也不怀疑手的魔力了。因为手是心的仆役。心要干什么,手就干什么。像纳西普这样的人的手,尤其是这样。

纳西普用牙齿把瓶塞子咬下来,把剩下的酒均匀地斟在两个杯子里。

“在每个人身上,随时都有文明跟馋劲儿在斗争,”纳西普老气横秋地说,“我们各人才喝了两杯,只不过给它们的斗争鼓了鼓劲儿。现在咱们来干第三杯,把馋劲儿压一压,给文明增加一点实力。”

我们碰了碰杯,便狠狠地压了压劲儿,给文明添了一点儿本钱。

“就这么回事儿,伙计,”纳西普拍了拍衣裳,说。“就这么回事儿”究竟指的是什么,他没有解释。

我也没有问。不过,不用问也完全清楚了。每个人都有自己的主心骨,自己精神世界的支柱。依我看,最结实、最可靠的支柱,最坚强、任何灾难都压不垮的主心骨,就是相信能出奇迹的这种信心。纳西普就是靠这种信心活着,他不管说什么,都不是空说,都要做到。

扬莉哈大婶不时走到桌子跟前,给我们添茶,叫我们把桌上好吃的东西多吃一些。她走路的样子跟以前完全不一样了。既不斜着走,也不原地跺脚,而是直着走,慢慢地挪动了。因为再也没有人朝她吼叫,使她胆战心惊了。

"恐怕,你们还没有听说,"扬莉哈大婶说,"圆头塔利普已经躺到太平褥子上了。在这样的好时候怎么能死啊?你们该去看看他,告告别,也是好事,他这个人不坏呀,心肠好呀。"

"什么时候躺上去的?"

"约莫有七天到十天了。听说,他是用手捂着心口,栽倒的。"

我听到这话,一下子醒悟过来。就在打死萨米古拉的那年冬天,在他头上的圆帽子滚下来的时候,红红的鲜血洒在白白的雪地上。打那以后,塔利普就不那样掩盖他的秃头了。后来他一有什么机会就摘下帽子,亮一亮他那光溜溜的头顶。似乎有人对他说过:"秃头是聪明的标志,是有学问的证据。"如果又聪明又有学问的话,干吗要掩盖着呢?这是体面事儿嘛。还有,该没忘记他送我的那个自行车轱辘,让我在孩子们当中树立了多大的声望啊!所有的孩子都愿意把自己的家当拿出来,只要能借到这轱辘从上街头往下滚一滚。不过他们滚车轱辘都不用花钱。我不像晒哈达尔那样,靠冰鞋赚钱,我只赚一声"谢谢"就行了。单是"谢谢"就有那么大的力量,单是"谢谢"就能逢凶化吉,这一点我当时就似乎领会得比较深。有这样一件很有教育意义的事。

很久很久以前,很遥远的古代,一支满载金银财宝的商队在没有水的沙漠里迷了路。因为没有水喝,别说是人,就连骆驼也奄奄待毙了。可是,很幸运,他们遇上一个走路的。那人熟悉道路,便把他们领到有水的地方。商队得救以后,据说,那商队的头领这样说:"喂,走路的!你给我们帮了大忙,不过,这还不能算多么了不起,还不能说谢谢。你不过是救了我们的命。你做的这点好事还够不上感谢。你别见怪,我的骆驼都在这儿,都驮着金银财宝,你随便挑一头吧。每一头骆驼上的金银财宝都不少,够你一辈子用的。"

古人都很看重感谢的价值。可是,有谁想到,因为塔利普的那个车轱辘,我得到那么多的感谢?

扬莉哈大婶报告了这样一个不愉快的消息,勾起我这么多的回忆。

纳西普不知为什么又用塞子把空酒瓶塞上,叹了口气,说:

"那一回过面包节,是他发起的呀。我傻乎乎的,就当真了。他说,要叫所有的孩子好好吃一顿白面包……塔利普大叔真是个孩子头儿呀。"他这样说,好像是自言自语。

这一下子我们又有操心事,又要难受一阵子了。我们便去和圆头塔利普告别,顺路去看了看哼鼻子的瓦列金。他一直打到柏林,胸前带了一颗荣誉勋章回到家乡。但是,如果听他自己说的,他的英雄业绩简直不得了,能换十颗勋章还绰绰有余。论吹牛,瓦列金能比得上塔利普。我们想邀他一块儿去,我们同弥留者就更容易找到共同语言了。果然没有错。

“起死回生有药方”

塔利普的话终于成了现实。当初我和我大娘给他送羊皮的时候，他说：“到了时候，我还要发大财，还要发福呢……”时候到了，塔利普大财是没有发，但是家道兴旺起来了。出征的几个儿子，凡是活着的，都从前方回来了，几个小的也长大了。有的开起拖拉机，有的开汽车，有的拿起长鞭为农庄放牲口。孩子们都很能干，对父亲又体贴又孝顺。塔利普造了带铁皮房顶、高台阶的房子。护窗板漆成绿色，房顶漆成红色，但是他也和别人一样，外面不打院墙，只围了一道低低的栅栏。“我的一切都露在外面，我的家底子大家都知道。家里有什么，都让大家看个够好啦。”他在围栅栏的时候这样说。各种各样的家畜和家禽多了起来，各种各样的衣服添置了不少。他的秃头上戴起了有檐的毡帽，而且是从来没戴过的细毡帽。只不过他的老伴儿这种好日子没有过多久——两年以前就去世了。现在有人告诉我们，他自己也要死了，他的老伴儿叫他去呢。

我们去看他。迎接我们的是他的一个儿媳妇。塔利普奄奄一息，躲在客房里一张靠背锃亮的铁床上，身子底下垫的是软软和和的褥子。现在天气这样热，可以说，热得像火一样，可是他还盖着厚厚的棉被。看样子，情况很不好。一个人要死的时候，就是很怕冷。只有他那光光的后脑勺从被窝里露了出来，他的脸朝着窗户。

他的儿媳妇把三个平平的软垫铺到三张椅子上，给我们推过来。等我们坐定，她才禀报说：

“爹，有人看你来啦，还是城里来的客人呢……”

没有声音，病人只是微微动了动。

“塔利普大叔，你没有劲儿，就不要说话好啦，”瓦列金说，“我们坐一会儿。看看你，听听你那狮子一样的心跳得怎样。”

病人轻微地哼了一声，就是说，狮子还活着呢。他好不容易转过头来，睁开一只眼睛，但是一句话都没说。纳西普弯下身子，把一只圆圆的手掌放到他的额头上——走运的手想给病人治病呢。但是塔利普把头偏了过去。我们就只有坐着，不说话了。垂危的病人已经不能同我们说话了。

“就是这样，只能张张嘴，可是说不出话来。已经有一个多星期了，”他的儿媳妇说，“只是有时候答应一声……”

有人在堂前碰到什么东西上，把什么东西碰倒了，走进来的原来是自封的毛拉，即所谓天生的毛拉法尔赫特金。

这个我们这儿闻名的人，是我的出了五服的一位姑父。他这一辈子，大概没有哪一样手艺和行当没有干过。我记得，他曾经收购伤残的牲口，杀了卖肉。他用自己的小马拉着卖肉的小车在街上走，不住地吆喝着：“卖肉啦！卖肉卖下水啦！”我们小孩子们就跟着跑，拉着他的小车，跟着他吆喝：“卖肉啦！卖肉卖下水啦！”

后来这位姑父不卖肉了，又收购起破布、废铁、骨头、牲畜犄角和蹄子。到了老年，他更是常常改换行当：焊铁桶、铁锅，修茶炊，做牛轭，用柳条编鹅笼，烧砖，搓绳子。遇到机会，他还给淹死的人、在大风雪中冻死的人、受苦受难死去的人编挽歌，他不计较报酬，人家给多少算多少。这一行当，在战争时期生意特别兴旺，那是不用说的。

世界上的事情，法尔赫特金全都干过，只是从来没有下过庄稼地。大概，他有他的算盘：靠动脑筋、想点子过日子，要轻巧些，不吃亏。要说他想的点子有多么了不起，那也不见得……

战争结束后，这位姑父要是上乌法来，承他不见外，总要来看看我。不过，说实话，他也不是常来打扰，每年至多三四次罢了。每次来到，等到吃过喝过，他那灵活的脑袋瓜总能想出个小点子来：

“你姑姑叫我买茶炊烟囱，可是我的钱不够啦……”他开口说。

“茶炊烟囱要多少钱？”

“这是有定价的——二十二卢布零五十戈比。这五十戈比我自己可以拿得出来。”

那时候还使用旧币。等到换成新币，茶炊烟囱的价格起初是两卢布四十戈比，后来涨到两卢布七十戈比。但是我没有把茶炊烟囱涨价当成一回事儿，我没有一次不满足姑姑要的茶炊烟囱。

有时候，这位姑父刚一开口：

“我出来的时候，你姑姑在门口吆喝说，给我买……”他还没有说完，我的手就伸进口袋。

“现在茶炊烟囱什么价钱？”

“好一点儿的，结实一点儿的，这会儿卖两卢布八十七戈比了。”

“给你，去买一个三卢布的吧，让姑姑高兴高兴……”

“那不用说，她会很高兴的。”

但是有一回，我半真半假地开玩笑说：

“有你这样的手艺，可以自己做嘛。”

“没有材料呀，也没有工夫。拿钱买要划得来些。”这位客人很吃力地回答道。从那以后，我就没有再向他提过这样不客气的问题了。

不久以前，这位精通几十种手艺的手艺人又有了业余爱好——当起了毛拉。既没有人选他，又没有人派他。他自觉自愿地担负起重担——要管管很多人的良心、信仰、罪过和德行。他踏上这一新的领域的勇气和决心，完全来自一点——那就是他对宗教方面的问题一无所知。小时候他曾经念过几段经文，可是后来在俄罗斯人中间住过一阵子，连那几段也忘记了。这是有一次他喝醉了，谈到主的时候，无意中露出来的。看样子，那几段经文他现在又想起来了。他本来就是一个记性很好、很用心的人嘛。

这位业余毛拉在门口就拉长声音说：

“大哥安好！……”又朝我们点了点头，“诸位也好。”

他说过这一句，就再也不理会我们了。他当起高贵的毛拉是很有气派的。他坐到病人床边上，念过一段经，就转入了正题。

“大哥，”他扯了扯一声不响地躺着的塔利普的被子，“喂，大哥呀！造物主的意志难以猜测。你要是想……逃脱，不念辞世经，是逃脱不了的。让我来给你念念经吧。”

塔利普没有睁眼，把头转了过去。法尔赫特金以为这是默许，便高声念起经来：

“我求真主保佑我不受魔鬼侵害，奉至仁慈的真主之命……”

塔利普从被窝里抽出一只手来，轻轻地摆了摆。法尔赫特金还在念经。这时候塔利普虽然没有睁眼睛，但先是亮了亮拳头，后来又把拇指从食指和中指中间伸出来，做了个蔑视的手势。法尔赫特金看到已经垂危的人这样奇怪的动作，念得更带劲儿了。塔利普又用双手做了一次蔑视的手势，法尔赫特金念得越发带劲儿。祈祷声已经像山羊的咩咩叫声了。塔利普一下子睁开眼睛，把眼睛瞪得老大老大的，吼了起来：

“够啦，不要败坏教门啦！让我死得安生点儿吧……”

这位毛拉不念了，但还是不肯罢休：

“上天的裁判，是猜不到的呀……”

“你猜不到，我猜到啦。已经裁判过啦，裁判书快到啦，我就是等着来吧。”

我们感到惊奇的是，一向十分随和，一向对大人、小孩都亲亲热热的塔利普，忽然这样声色俱厉、毫不客气地说起话来。但是我们心里马上高兴起来。既然他能做出蔑视的手势并且大骂自封的毛拉“败坏教门”，就是说，他还有希望哩。

瓦列金望着安静下来的“毛拉”，朝门口指了指。法尔赫特金懂了，他还是很机灵的。“那就随你吧，大哥。”他嘟哝着，朝门口走去。塔利普的儿媳妇出去送他，房里就剩下我们四个。

“这么看，塔利普大叔，你是想离开这个世界啦。”瓦列金说。

“已经够啦。伙计们，”他和和气气地说，“该说的说过啦，寿命已经到啦，应当知足了。”

“遗嘱留下了吗？祝福过了吗？”瓦列金又问道。

“没有什么遗嘱，大家用不着我的遗训，大家要的是大圣大贤的遗训，”塔利普说着，微微睁开一只眼睛，“祝福吗，我身子还结实、头脑还清楚的时候，早就给大家祝过啦。”

“你再也没有什么可说的了吗？还有什么最后的话吗？”

塔利普老半天没有作声。后来转过身平躺着，睁开双眼，带着十分伤感和恳切祈求的神情望了望。我看到他那种神情，浑身打了个哆嗦。

“有的。我有事要请你们办一下。”

“有什么事就说吧。大叔，我们一定办到。”纳西普保证说。

塔利普深深地叹了一口气。

“我死了，有些女人要哭的。你们要安慰安慰她们。”

“那是谁？大叔，是哪一些女人？”

“有些女人是我爱过的，可是她们不爱我。她们现在后悔不及，要哭的。你们告诉她们，我临死时原谅了她们。就这样安慰她们，让他们不要哭。”

“一定办到，大叔，我们一定办到。”我们毫不含糊地说。

“多谢……还有……还有一些女人也要哭，因她们觉得失去了最后的希望。这些女人都爱过我，可是我没有爱上她们。你们要安慰安慰她们,就说我临死的时候感觉到自己不应该无情无义,后悔不及,心里十分难受。我自己哭过了,让她们不要哭。”

“一定办到,大叔,我们发誓,一定办到。”我们发誓说。

“多谢,多谢你们的好心。我信得过……”

纳西普用仅剩的一个小指头挠了挠额头,然后问道:

“还有一些女人,对她们又怎样说呢?”

“一些什么样的女人?”

“那些爱过你、你也爱过她们的。”

“啊——啊!……这些女人你们不要去安慰,让她们哭好啦。她们应该痛哭流涕。”塔利普合上眼睛,很快又睁开,他的目光中流露出深沉的悲哀神情:“伙计们,我这一辈子有过很多梦想,很多胡思乱想,有时候梦想和胡思乱想简直分不清。但是现在坟墓已经朝着我张开了大嘴,我不能瞎说了,我要说:没有这样的女人。不,我从来没有这样幸运——我既爱她,她也爱我。”

塔利普用梦想建造起来的空中楼阁,因为纳西普提了一个很恰当的问题,顿时土崩瓦解了,甚至耳朵里好像都听到了响声——哗啦啦啦!……

大家老半天都没有说话。塔利普两眼望着顶棚,静静地躺着。三位客人中年龄最大的瓦列金又接起断了的话头儿:

“你现在死,还早了点儿,塔利普大叔,真是早了点儿……焦马河上的新石桥你还没看到呢。”

“石桥?”病人微微抬起头。这下瓦列金一语中的了。多年以来圆头塔利普就梦想在焦马河上造一座桥,每一次集会,每一次群众大会上,他都要大声疾呼,劝大家修桥。

“谁要修桥?”

“国家要修桥,最近刚刚作出的决定,”瓦列金毫不脸红地撒谎说:“一年就要修成。桥墩是钢筋水泥的。就按照你的心愿、按照你的想法来修。瞧,国家都采纳了你的梦想,并且就要使梦想变成现实。你就该等一等,等着穿上带铁掌的新靴子第一个在新桥上走过,谁知你却慌着往坟坑里钻。塔利普大叔,这可不大好。你死了,让谁第一个在新桥上走过呢?让‘金库’伊斯哈克扎着他那赢来的皮带第一个在桥上走过吗?凭什么让伊斯哈克这样光彩?”

“自然不能让伊斯哈克……把枕头给我垫高点儿。”我给他垫了垫枕头,他的身子抬高了一些。“你们去告诉他们,叫他们造桥墩不要用钢材,用钢材太浪费啦,水泥做桥墩就行了。国家本来就很缺钢材嘛。”

“我们一定去说。”

“你刚才说到伊斯哈克……是吗?今后事情就靠这种人啦,嗯?……”

“要是大家都死掉的话,就只有靠他了……”瓦列金毫无同情与怜悯地附和说。

“好啦,桥是桥,桥倒是没有什么,”我插话说,“塔利普大叔石桥、铁桥全都走过。对一个见过世面的人来说,这种事儿不稀罕。只不过,电线杆子已经架到卡赞古尔冈上啦,眼看就要架到咱们村上。塔利普大叔要是去了,就看不到小太阳在自己家里亮起来啦。那才可惜呢。”

“论规矩,论传统,论道理,第一盏电灯应当首先在这一家亮起来。这里就安一盏像牛尿泡那么大的,那里安一盏小点儿的。”瓦列金一面说,一面用手指着顶棚上应该安电灯的地方。

“把枕头再给我垫高一点儿!”

这一次是纳西普把枕头垫了垫。病人坐了起来,靠在床靠背上。

“我这一辈子都用松明照亮。伙计们,电灯这可是神光。是啊,卡赞古尔冈上栽电线杆子啦,可是我赶不上用电灯啦。”

“哦,是啊,看样子,看不到啦……”

“瓦列金,你这是怎么回事儿,就像只啄木鸟一样,一个劲儿地啄啄:‘看样子,看不到啦……看样子,看不到啦……’”

“我是顺着你说的呀!”

“你认为,顺着我,我就高兴吗?”塔利普脸上冒出汗来,他深深地叹了一口气。

瓦列金也叹了一口气。

“其实,桥啦,电灯啦,这都算不了什么。就是说,这都是无生命的东西。可怜的是一个活着的人,一个人要心碎啦,会十分孤单,十分伤心,度日如年,今后就没有人照顾啦。”

“你说的是谁?”塔利普盯着瓦列金问道。

“还能是别人?阿克云朵斯呗。”

“你说得离了谱儿啦,”塔利普不客气地说,“如果是说着玩儿,这并没有什么好玩儿的;如果是当真,一点门儿也没有。阿克云朵斯好比是一位仙女,对仙女应当尊敬。”

这一次瓦列金确实说得离了谱儿。我赶快给他打圆场:

“塔利普大叔,你没有明白他的意思。是这样,阿克云朵斯有一个姐姐，不久前死了丈夫，她就从焦马河上游搬到我们这里来住，”我说出了前几天我从小娘嘴里听来的消息，“她又能干，又长得漂亮，就跟妹妹一模一样，大家都是这样说的。”

“当真那么像吗？”

“确实一模一样。”

“哪怕是有一点点像阿克云朵斯，就算是天仙啦。叫什么名字？”

“阿伊云朵斯。”我不假思索就诌出一个名字。

“名字都有点与众不同，虽然名字都不是自己挑选的。”说到这里，塔利普叹了口气，“说实话，对阿克云朵斯我一辈子都看不够。能看看她姐姐就好啦……”

“怎么能不看呢，当然要看看。等你起了床……”

“唉——唉！看样子，我起不来啦……”

“塔利普大叔，别说丧气话啦。停犁节就要到啦，怎么能生病呢？”瓦列金把话题一下子引到另外一方面，“还要跳舞，还要好好热闹一番呢。到停犁节那一天，一大群人围着你，你在当中：就像风一样翩翩跳将起来，旋转起来像旋风，身子飞起来像羽毛，还要盘着腿跳。大家都来看，热热闹闹，一齐喝彩、鼓掌，各种各样的帽子一齐往天上飞。阿克云朵斯、阿伊云朵斯和别的一些美女子如醉如痴，一齐拿眼睛盯着你。可是你越跳越漂亮，越跳越有精神，越跳越有味道。嘿，才带劲儿呢！而且想停都停不住，甚至自己给自己伴唱起来：

好男儿要骑马呀！

好男儿要把剑挂!

跳呀跳起舞呀,嗨嗨嗨!

马腰都弯起啦,嗨嗨!

塔利普抬了抬身子。全村确实数他跳舞跳得最好,谁都比不上他。就是这会儿他起来跳,也不见得比别人差。

瓦列金还是只管往下说。

“女人们都在广场上发急呢,都在等着:‘他就要过来邀我跳舞啦。’你早就注意到,早就知道,要请谁跳舞啦。你踏着碎步在全场跳上一圈之后,就停在你选中的人面前……”

“儿媳妇!”塔利普很带劲地唤道。

儿媳妇马上跑了进来。

“爹,什么事?”她担心地问道。

“儿媳妇,来的都是贵客,都是请都难请到的客人。家里大概还有啤酒,多舀一些来!”

塔利普的儿媳妇看样子非常机灵,非常麻利。我们的眼睛还没有来得及眨一眨,一只老大的绿锅子就端上了桌,舀酒的舀子在锅子边上丁当响着。周围摆了四个花瓷碗,瓦列金把四个碗里都舀满了酒。

“好,既然主人如此盛情,咱们就来为停犁节干一杯。”掌酒的瓦列金说着,把一碗酒递给主人。

主人本来想探过身子来接,但又改变了主意。

“客人不喝,我先喝,那不好,”他说,“来,干一碗!”

啤酒进口很温和,但是后劲很大。第一碗下肚,全身火辣辣的。喝过第二碗和第三碗，心就扑腾扑腾跳了起来。塔利普到处看着，非常快活，不时地向大家敬酒。我们已经忘记到这里来是干什么的。第四碗一喝，不由得就唱了起来。瓦列金用鼻子哼着歌儿：

就像一根枝上的两片树叶，
当初我们天天不分离……

纳西普插上去接着唱道：

谁又能想到，到后来，
到后来我们各奔东西……

我没有唱。我的嗓子不行，我只是坐着听，喝了一碗，又是一碗。唱歌的也放开喉咙唱了起来。歌声从开着的窗户里飞了出去，飞遍了全村。瓦列金虽然带有鼻音，但他的声音还是十分洪亮的。歌声非常动人，特别是拖长声音唱的时候：

白天里我看你看不够，
希望你夜晚到我梦中来……

"嘿，这会儿有一张曼陀铃多好啊！"纳西普叫道，"那我就可以自弹自跳啦……"

他用已经不存在的几个手指拨起了不存在的曼陀铃琴弦。我打了一个哆嗦，我还从来没看见他弹过琴，但是那次他发了财回来，却带回了一张非常漂亮的曼陀铃。纳西普几次要起来跳舞，但是瓦列金不叫他跳，拉住他的袖子。不管怎么样，我们是来探望垂危病人的。可以说,病人一只脚已经走进了坟墓,应当懂规矩。

等到我们开始喝第三锅啤酒,塔利普已经穿起崭新的灰毡靴,耷拉着腿。坐在床沿上。大家谈起了战争,谈起前方一些惊险有趣的事情,谈起我们的战士多么勇敢,德国兵又是多么愚蠢。塔利普就在第一次对德战争中[1]经历过许多次战斗,转战过很多地方。他在近卫军中服役的事,附近一带都知道。这会儿他那股近卫军的劲头儿又上来了:

“不对,瓦列金,你不要这样说,不要把德国人全说成脓包。不是他们笨,是我们更聪明。他们不是胆小鬼,是我们更勇敢。瓦列金,打败德国人不是那么容易的。打败德国人,我才算近卫军军人。你是近卫军军人,他是近卫军军人,纳西普也是近卫军军人。打兔子的人不能算好汉;打倒狗熊的,才算好汉!”

“近卫军,冲啊!”纳西普举起还剩一个小指头的那只手,喊道。

他这么一喊,谈话才结束了。我们三个互相搂抱着,站到屋子当中。后来的一切就像在梦里一般,不过瓦列金和纳西普站在塔利普面前唱的那一支歌,有一半我还是记得的:

起死回生有药方,——

可是,没有药能治爱情的创伤。

我还记得,塔利普站在台阶上,对着我们的背影喊:

“嘿,你们真有两下子!跟你们坐上一阵子,抵得上活一辈

①指第一次世界大战。

子！”

等我们从塔利普家里走出来，街上已经麇集了一大群人。不知是在笑，还是在哭。

传送上天裁判通知书的黑衣使者不知在哪里走迷了路，又过了十年，才抵到塔利普。在这十年里，瓦列金亲自在他的屋里安了全村第一盏电灯。人们又多次欣赏了塔利普热情奔放的舞蹈。大家还曾经想到阿克云朵斯的姐姐玛尔古巴（这才是她的名字）给他说亲。但是他显然不是太热心，因为阿克云朵斯的姐姐和阿克云朵斯一点儿都不像……他就单身度过了自己的晚年。

……可是，焦马河上的桥至今还没有修好。正在有些人的头脑中，在人们的梦想和希望中修着呢。

世界就靠这支撑着……

把我们“保存下来”

从城里来的这位摄影师很有一股缠劲儿。他左说右劝，终于把我和小娘拉到村后最高的一座山冈上，让我们坐在一块平平的大石头上。

“您本身有名，现在再配上这儿的美景，让全国都看到。没说的，这儿真是美极啦！本身就值得保存下来，叫人非保存下来不可。咱们就把它保存下来！发明彩照的人真了不起。彩照能够把美景全部吃进去。”他一面说，一面煞有介事地来来回回忙活着。

我们管这地方叫后冈。来到这冈上，登上冈顶，放眼望去：四面的一切在脚底下。因此，我们村里的人一出摇篮，一学会走路，马上就能亲眼看到大地这样广阔。朝右边看，可以看到闪闪有光的焦马河，河那边是一道道碧绿的山冈；正面望去，是辽阔的阿洛夫村田野，还能看到赛拉诺夫村树林；朝左边看，巴尔苏安谷地，银加雷契夫树林就跃入眼底；再回过头去一看，是白山上的白城，还有乌法河泛着诱人的亮光。这是在阳光明丽的日子里。在天阴的时候，大地的面孔好像消瘦下来，呼哧呼哧喘着气，好像怯生生的，怕见人。在晴朗的日子，大地自己就朝着人跑，直想扑进人的怀抱。如我已经说过的：天地就是从我们村起步，又回到我们村。这是我们亲眼看到的，我们小时候是这样，直到老死还是这样。

夏季还刚刚开头，碧绿的大地还只是一片碧绿，蓝天还只是湛蓝湛蓝的。

"你们坐着，只管说话，想自己的事，只管拉家常，"摄影师说，"我干我的事。你们不要注意我。"

怎么能不注意呀？他是人，又不是苍蝇。就是苍蝇，飞到跟前，也不能不注意。我小娘好像真的没注意在一旁忙活着的那个人似的，就像一只雌鹰，安安稳稳地坐在自己的九十岁高峰上。她很从容地转动着头，望着弯弯曲曲的道路、山冈、谷地、田野，什么都看到了。是的，她是泰然自若的。一切都好好的。看来，她移交给我的这天地是完好的，就像她当初得到时那样。她轻轻拍着我的肩膀，这意思是说："现在把一切交给你啦。"常常是这样，她要我干什么活儿，或者派我去干什么事情，总是这样拍拍我的肩膀，说："去吧，就这样。"这还是她当年从大娘那儿学来的……

很久以前，当我们三个人在一起，也就是大娘还没有去世的时候，我没有把心分开。但是就在那一天，当黑黑的雪花往白白的土地上落的时候，我的心哧啦一声裂成了两半。到后来才重新长到一起，不过还是留下了缝儿。我就是不能光给小娘做儿子。

她虽然感觉出这一点,但没有不高兴的样子,相反,一有机会她就用尊敬和爱戴的口气提起大娘,这对我是一种安慰。

三四年以前,她对我说过这样的话:"我活到这么大年纪,还没见过比你大娘更宽厚、更贤惠的人。所以,我怎么都不明白:你爹为什么不喜欢她?我要是早知道她是什么样的人的话,我怎么也不嫁给你爹。"我把这话当做许可证,于是我便开始写这部作品。就是说,我要说说跟她同丈夫的人的好话,不会使她生气的。先前,她在比较年轻一些的时候,胸怀狭窄,很容易生气,睫毛尖儿上时常挂着泪水。

但是,不幸越多,越能磨练人的心性。先是大娘去世,让她永远接替了大娘的位置,增加了许多操心事。过了不久,我大哥穆尔塔萨又在打群架时被打死。小娘在悲痛与忍耐中经受了这次打击。后来战争开始了,我二哥萨里赫和我,然后又是我弟弟伊里亚斯,都上了前方。二哥萨里赫负了重伤回到家来,战争一结束,他也终因伤势太重死去。就在这时候,我爹也离开了我们。每死一个人,我小娘仅有的一颗心都要经受一番打击。是的,越来越痛苦了,可是同时也越来越坚强了。

小娘的目光一接触到坟地的围墙,就呆住了。怎么能不呆住呀?她这棵生命之树的第四代已经发芽了。可是枯死的根、折断的树枝有多少呀!她的十三个孩子当中有十个已经长眠在这石头围墙里面,在青青的草地下面……小娘没有作声。看样子,她沉浸在回忆中了。她终于抬起下巴,用眼神指了指搭在窄窄的纳则亚斯河上的桥,说:

"过去,我老是把你丢了。头一次,那时候你还在我怀抱里,我们出去走亲戚回来，就在那桥边，你从爬犁上掉了下去。我打了个盹儿，爬犁在斜坡上一滑，又猛然刹住，你当时裹在小被子里，一下子滚了出去。已经到了家门口，要进大门了，才发现你不见了。让马转过头，赶着爬犁又往回走。幸好那一夜有月亮。你滚到了离大路很远的地方，还没有醒呢。这事没敢告诉你大娘……带你去割草，你就在树林里不见了；带你去割麦，你又在麦地里走不出来了。到庙会上去，你又跟着玩把戏的跑，跑迷了路。等到一长了翅膀，就飞得远远的，连影子都见不到了。等你去打仗，就更不用说了，要么毫无音信，要么来一张阵亡通知书……就连现在，常常在梦里把你丢失。道路还没有走完啊。”

什么时候她的谈兴来了，我也不插话。她自己开了话头儿，自己会接下去的。果然，她的话头儿一开，就接着说了下去：

“那一年我从那片洼地里往这边走，头一次跟你爹面对面相见。那时候我是个三十岁的寡妇。那些年，每到春天，我们整条街的人都出来剥柳树皮，卖给店老板，每捆树皮能卖十五到二十个铜板，我们就很高兴了。你爹骑着大青马，就在这山坡上赶上了我。我在一年前，在宣礼员伊里亚斯家割麦子的时候见过他。可是那时候我们一句话也没有说，这一次他的胆子倒是大得很。我简直就呆住了，又害怕，又高兴。他骑着马跑到前面，猛然把马勒住，在光天化日下当着所有妇女的面，对我说：

“‘瓦齐法，你等一下。咱们来谈谈！’

“他是用下命令的口气说的，声音却十分温柔。我简直不知怎样才好，就朝女伴们看了看。在我们当中顶机灵的雅玛尔笑了起来，说：

“‘这有什么,你就等一等吧。他大概也不会把你吃掉。’

“我没有站下来,一直跟女伴们往前走。你爹就跟石头人一样,跟自己的马站在那儿,一动也不动。我走了没多远,两条腿走不动了,气也喘不上来,一颗心怦怦直跳。山坡在我面前竖立起来,就像悬崖一样。我不能走了,肩上的一捆柳树皮沉甸甸的,老是往地上坠。我站了下来,一阵马蹄声来到我跟前。

“‘把树皮给我,放到马鞍上。’

“我没有给他,说:‘我自己能行。’

“‘给我!’他又用下命令的口气说。‘咱们要谈谈。你扛着东西,怎么好谈呢?’他弯过身子,把我肩上的树皮接过去,放在鞍头上。

“我第一次看到这样喜欢发号施令的男人,不过这种发号施令,并没有看不起我的意思。我虽然有些慌乱,心里却一直在估量着。单单就看着他那多少有点儿白的大胡子,他究竟多大岁数呀?

“我们也不开口,就这样走了很久。

“‘我连你的声音还没有听到过呢,可是我的心早就跟你熟识了,’他小声说。‘你对我、我的情形、我的脾性,大概也是知道的,都在一个村子里嘛。现在是春天。你想一个夏天。到秋天,你要是能表示答应,我就请媒人去。一直跟我过的那一口子,她答应过了。我还要说说:我不光是要找一个年轻的老婆,还因为我实在喜欢你。’他笑了笑。‘要说爱你,我这么大岁数,说不出口了。我四十九岁啦。’

“我连口也没有开。又高兴,又害羞。就算不害羞,又能说什么呢？就这样，一个骑马，一个步行，一直走到省长街上。

“‘我把这捆树皮给你送到家吧。’他说。

“‘不用，谢谢啦。我自己扛回去。’

“他也没有再说。树皮我没有往背上背，又放到肩膀上。肩膀也挺直了，好像肩上不是一捆树皮，是一根鹅毛。也不往地上坠了，好像拉着我往天上飞……你爹也掉转马头，往回走了。过了没多久，你大娘就请可靠的人来做媒了……”

摄影师有时从右边走过来，有时从左边走过来，有时在前面蹲下来，有时干脆躺在草地上，摄影机咔嚓咔嚓直响。小娘不可能一点儿不注意。她马上把头上的头巾理了理，又拿手把新袍子底摆上的皱褶儿抻平了。

“我从来还没有跟你去世的爹照过相呢，真可惜呀……”她好像自言自语地说。

摄影师就像他说过的，并不讨厌我们说话。可他还是把我们折腾得够呛。一会儿叫我们这样站，一会儿叫我们那样站，叫我们走过来，又叫我们走过去。既然他是干这种事情的，那我们也不能怪他。

“你把我们这地方都保存下来啦，谢谢你，孩子，”我小娘对他说，“人的一生……不论像你那样咔嚓一响，还是像我这样活九十岁，都是一样……”

摄影师把我们这地方和我们本人“保存下来”以后，就走了。

我和小娘顺着狭窄的土路朝坡下走，我和我小娘都在自己的小时候光着脚走过这条小路。我们朝穆库绍夫泉走去。忽然很想捧起那冰凉的泉水，喝上几口。不是口渴，我是说，只是很想喝。也许,我们两个再也不会像这样一起到这儿来了……谁知道呢?

有两双小小的脚板已经到泉边去过,在土路上留下像橡树叶子似的小小脚印儿。就是说,自有比我们麻利的。

白雪上的黑炭

有一天早晨，年过九十的我小娘一声不响地坐着，不知为什么显得很愁闷。我问她身体好不好，她说“很好”，甚至还笑了笑。但是她的样子还是显得很不快活。我一再追问，她才说：

“今天天快亮的时候，我哭来着。”

“为什么哭？”

“不为什么……大概是老糊涂了……”

知道自己的娘流泪，谁都不会无动于衷，特别是自己的娘已经年过九十，自己也快到六十的时候。

我一遍又一遍地问：

“是不是受了委屈？还是有什么病？”

“我是怜惜人才哭的。”

“怜惜谁？”

“一个光脚丫儿的鬈发小姑娘。小姑娘才八岁。”

“谁家的小姑娘？”

“……家里没有火柴生炉子，那一天早晨，晴天，天很冷，她娘让她拿着一个铁簸箕，到邻居家去讨火炭。她只穿着一件长褂子，光着脚丫儿，从家里跑出来。她已经在往回跑了，可是在门口滑了一下跌倒了，簸箕里的火炭全飞了出去，好像是一滴滴黑黑的热泪把白雪烧化了。小姑娘就坐在那里，伤心地哭了起来，光光的脚后跟冻到了冰上。那个小姑娘就是我。今天天快亮的时候我醒过来，怜惜起那个小姑娘，就哭了起来。哭呀，哭呀，想忍都忍不住。要是能做得到的话，我要拿我最暖和的衣裳给她穿，拿最好吃的东西给她吃。要是能这样多好啊……可是不能啊，做不到。哭也好，伤心也好，可是做不到了……就因为毫无办法，我就一个劲儿地哭……”

瞧，是这么回事儿。我们的童年，不论是幸福的，不幸福的，都要跟随我们很多很多年。确切点儿说，童年一直留在我们心里，不肯离开。

就说我小娘吧——过了八十多年，她还在为自己的童年，为光着脚丫儿在雪地里跑的小姑娘哭。这是不是童心？大概就是童心。童心是纯洁的。

……白雪，即使撒上黑炭，也不会变黑……